[illegible] 주는 정성!

쁘게 돌아가더라도

책까지 아무렇게나 빨리 만들 수는 없습니다.

인스턴트 식품 같은 책보다는

오래 익힌 술이나 장맛이 밴 책을 만들고 싶습니다.

길벗이지톡은 독자여러분이 우리를 믿는다고 할 때 가장 행복합니다.

나를 아껴주는 어학도서, 길벗이지톡의 책을 만나보십시오.

독자의 1초를 아껴주는 정성을 만나보십시오.

미리 책을 읽고 따라해본 2만 베타테스터 여러분과 무따기 체험단, 길벗스쿨 엄마 2% 기획단,
시나공 평가단, 토익 배틀, 대학생 기자단까지!
믿을 수 있는 책을 함께 만들어주신 독자 여러분께 감사드립니다.

홈페이지의 '독자마당'에 오시면 책을 함께 만들 수 있습니다.
(주)도서출판 길벗 www.gilbut.co.kr
길벗 이지톡 www.eztok.co.kr
길벗 스쿨 www.gilbutschool.co.kr

500만 독자의 선택
무작정 따라하기 **일본어 시리즈**

일본어

첫걸음

초급

중급

500만 독자의 선택
무작정 따라하기

중국어, 기타 외국어 시리즈

	중국어	기타 외국어
초급	   	   
중급	   	

: 길벗이지톡 홈페이지에서 자료 받는 법 :

1

: 책 이름 검색 :

길벗이지톡 홈페이지(www.eztok.co.kr) 검색창에서 《중국어 한자 무작정 따라하기》를 검색합니다.

[자료에 따라 로그인이 필요할 수 있습니다]

2

: 해당 도서 클릭 :

검색 후 나오는 화면에서 해당 도서를 클릭합니다.

3

: 부록/학습자료 클릭 :

해당 도서 페이지에서 '부록/학습자료'를 클릭합니다.

4

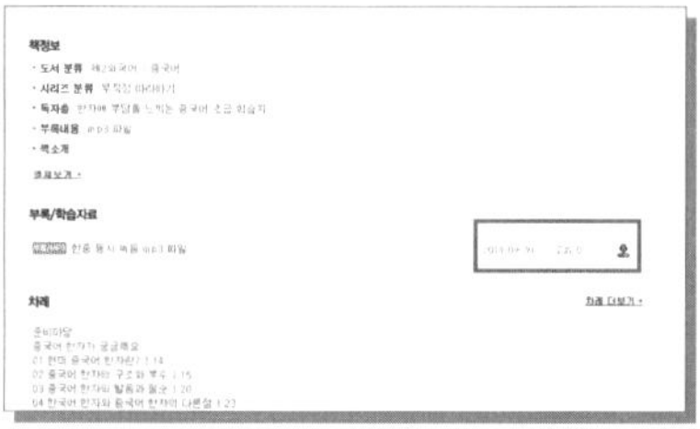

: 다운로드 :

다운로드 아이콘을 클릭해 자료를 받습니다.

중국어 한자 무작정 따라하기

한재균 지음

중국어 한자 무작정 따라하기

The Cakewalk Series – Chinese Characters

초판 발행 · 2014년 10월 10일
초판 2쇄 발행 · 2015년 1월 10일

지은이 · 한재균
발행인 · 김경숙
발행처 · 길벗이지톡
출판사 등록일 · 2000년 4월 14일
주소 · 서울시 마포구 월드컵로 10길 56(서교동)
대표 전화 · 02)332-0931 | **팩스** · 02)323-0586
홈페이지 · www.eztok.co.kr | **이메일** · eztok@gilbut.co.kr

기획 및 책임 편집 · 오윤희(tahiti01@gilbut.co.kr) | **표지디자인** · 강은경 | **제작** · 이준호, 손일순
영업마케팅 · 박성용, 한준희 | **웹마케팅** · 이승현, 고은애 | **영업관리** · 심선숙 | **독자지원** · 송혜란

편집진행 및 교정 · 이선우 | **본문디자인** · 조수영 | **표지 일러스트** · 삼식이 | **본문 일러스트** · 김혜연
전산편집 · 박진형 | **중국어 성우** · 전긍(국민대 교수) | **오디오 녹음** · 와이알미디어
CTP 출력 · 상지사 | **인쇄** · 상지사 | **제본** · 경문제책

ISBN 978-89-6047-893-0 03720
(길벗 도서번호 000616)

정가 13,000원

딱 한국 사람을 위한 중국어 한자책!

중국어 한자를 처음 접했을 때 한국어 한자(정자)와 중국어 한자(간체자)가 미묘하게 달라서 많이 헷갈렸는데, 이 책은 한국어 한자에서 간략히 바뀌는 중국어 한자를 알기 쉽게 정리해주고, 한 · 중 한자의 상관관계를 자연스럽게 깨닫게 해 주네요. 한국인이 중국어 한자에 쉽게 접근할 수 있는 학습 방법인 것 같습니다.

조시형, 53세, 회사원

획기적인 한자 연상법!

무조건 암기하는 것이 아니라 한자의 형태(모양)를 이야기처럼 풀어서 설명해주니 한자가 저절로 연상이 되서 기억하기 쉬웠어요! 또 형태가 비슷한 한자끼리 모여 있어서 풀이 설명을 보지 않아도 한자가 어떤 형태로 간략화 되었는지 짐작할 수 있어요. 게다가 우리말과 중국어를 함께 녹음한 mp3 파일이 있어서, 책 없이도 쉽게 한자를 익힐 수 있습니다.

유예림, 32세, 대학원생

체계적인 확장 학습이 가능해요!

한국어 한자의 음과 중국어 발음이 함께 표기되어 있어 비교하며 공부하는 재미가 있네요. 특히 표제 한자어, 다음에는 표제 한자가 포함된 중국어 단어, 그리고 표제 한자가 포함된 중국어 문장으로 점차 범위를 넓혀 가며 체계적으로 중국어를 공부할 수 있는 구성이 마음에 듭니다. 한자에 대한 두려움 때문에 중국어까지 어려워하는 분들께 최고의 책이 될 것 같습니다.

이재진, 35세, 회사원

HSK어휘도 문제없어요!

중국어 한자에 해당하는 HSK 급수를 하나하나 표기해 주어서, 시험을 준비할 때도 도움이 되는 책입니다. 외워야 할 HSK 어휘 앞에서 한숨부터 났었는데, 이 책으로 한자 한 글자의 기본의미는 물론 한자로 구성된 단어와 문장까지 쉽게 익힐 수 있어 한자에 대한 부담이 줄었어요.

김주형, 37세, 대학원생

漢字를 알면 중국어가 보인다!

漢字는 중국어를 기록하는 문자로 중국어의 독특한 특징입니다. 특히 漢字는 중국어 단어의 구성성분으로 중국어 어휘 학습의 토대가 되기 때문에 중국어를 잘하려면 우선 漢字를 제대로 익혀야 합니다.

漢字는 '모양(形), 소리(音), 뜻(義)'이라는 세 가지 요소의 결합체(삼위일체)입니다. 그 중 '뜻(義)글자'라는 점이 가장 큰 특징이기 때문에 일반적으로 漢字를 '表意文字[뜻(意)을 나타내는(表) 문자(文字) = 뜻글자]'라 합니다. 漢字는 형상으로 그 뜻을 나타내는 특징이 있고, 또 단어를 구성하는 능력이 강합니다. 통계에 의하면, '하나의 漢字로 구성된 중국어 단어는 약 17%이고, 두 개의 漢字로 구성된 중국어 단어는 약 73%이며, 세 개 이상의 漢字로 구성된 중국어 단어는 약 10%'라고 합니다.

이처럼 漢字는 표의문자이고, 또 대부분의 중국어 단어가 두 개의 漢字로 구성되어 있기 때문에, 중국어 단어에서 漢字 하나의 뜻을 알면, 그 漢字로 구성된 수많은 중국어 단어의 의미를 쉽게 연상 추측할 수 있습니다. 이로써 우리는 '중국어 단어의 구성성분인 漢字 학습을 통해 중국어 어휘력을 크게 향상시킬 수 있을 뿐만 아니라, 중국어 어휘를 정확히 습득하는 데 큰 도움이 된다'는 것을 쉽게 알 수 있습니다.

이 책은 '중국어는 漢字다. 漢字는 어렵다'라는 고정관념을 깨고, 한국어에서 쓰고 있는 漢字와의 대조를 통해, 중국어를 쉽고 재미있게 배울 수 있도록 기획한 획기적인 중국어 학습서입니다. 특히 중국어를 처음 접하는 학습자나 新HSK를 준비하는 학습자들에게 어렵게만 느껴졌던 漢字에 흥미를 불러일으켜, 중국어를 즐길 수 있는 길잡이가 될 것이라고 믿어 의심치 않아 적극 추천하는 바입니다.

(사) 전국한자교육추진총연합회 이사장 진 태 하

경계를 무너뜨린 중국 한자 이야기

10여 년도 더 된 세월이다. 동도(同道)로서 동고동락하며 지내는 분이 약간은 외도(外道)를 했다고 해서 더욱 세심히 이 책을 들여다보게 되었다. 책을 자세히 보니, 저자의 오랜 중국 유학 시절의 경험과 귀국 후 지금까지 중국어 교육에 천착하며 살아 온 전문가의 손길과 숨결이 동시에 느껴진다. 심지어 서향(書香)을 맛볼 수 있는 좋은 내용을 묶어 놓은 애기보따리 같은 느낌이 든다. 이 책과의 만남은 이렇게 즐겁게 시작되었다. 그리고 한 장 한 장 읽어가면서 그 유쾌함과 호기심은 점점 경이로움으로 바뀌었다.

'한자' 바로 보기의 색다른 접근법들 먼저 나를 놀라게 한 것은 저자가 현대중국어의 단어규칙을 전문으로 공부했던 사람인데도 불구하고, 그런 낱개 단어(詞) 하나하나를 다시 하나의 글자(字)로 실용적으로 분석하고 정리했다는 점이다. 우리와 중국 등 동아시아의 공통문자였던 '한자'라는 좋은 매개를 중심으로 현재의 한국어와 중국어 속에 나타난 한자의 차이점, 그리고 쓰임이 다른 것 등을 알기 쉽게 접하고 익힐 수 있게 자세히 설명하고 있다. 저자의 사람됨과 능력은 오래 전부터 알고 있던 바였고, 그래서 '중국'에 대한, 특히 중국 언어에 대한 소개를 기대하고 있던 터라 이 책은 신선함과 더불어 뿌듯함을 동시에 전해주었다. 한자는 중국인들만의 고유 문자라고 여기는 잘못된 상식을 이 책을 통해 학습하면서 깨닫게 되고, 또한 오랜 경험과 지식을 통해 축적한 풍부한 저자의 서술 내용이 다시 한 번 우리말 속에 녹아 있는 한자의 우수성과 과학성을 느끼게 해 준다.

一以貫之! (하나로 모든 것을 꿰뚫는다!) 이 책을 이해하는 또 하나의 키워드는 바로 일관성이다. 한 글자를 통해 한 단어를 그리고 한 문장을 관통하는 매력이 숨어 있다. 사람과 사람 사이의 유의미하고 따뜻한 인간적인 관계와 마찬가지로 이 책은 사람들이 쓰는 말과 글을 맺어주고 있다.

김현철(연세대 중문과 교수)

중국어 한자를 쉽게 익히는 방법, 한국어 한자 속에 답이 있다!

중국어를 중국식으로 사고하는 습관을 들이세요!

한 · 중 양국은 같은 한자 문화권에 속해 있어서 한자의 의미는 약 70% 같습니다. 바로 이 점이 한자의 의미를 전혀 모르는 서양인에 비해 한국인이 중국어를 쉽게 배울 수 있는 장점이지만, 반면 한국 한자어를 알고 있는 한국인이 현대 중국어를 배우는 데 불리한 점도 있습니다. 그것은 바로 중국어 어휘를 한국식으로 사고하여 추측하려고 한다는 것입니다. 다시 말해, 자신이 이미 알고 있는 한국어 한자의 '모양, 발음, 뜻, 어순' 등으로 추리를 하여 결과적으로 한국식 중국어를 하기 쉽습니다.

사실, 한국어와 중국어는 언어의 계통이 다르고, 언어체계 자체가 다를 뿐만 아니라, 사상 문화 등의 차이로 각각 독특한 언어체계와 어휘를 사용하고 있기 때문에, 2글자 위주의 현대중국어 어휘의 용법과 언어의 표현 방법에서 상당한 차이를 보이고 있습니다. 한국인은 중국어를 학습하는 과정에서 고급으로 갈수록 문법보다는 어휘에서 많은 실수를 합니다. 따라서 중국어를 학습하는 한국인이라면 한국 한자어와 현대중국어 어휘의 공통점과 차이점을 확실히 인식하여 정확한 현대중국어 어휘의 용법을 익혀야 합니다. 중국어 단어의 용법과 어순을 통해 중국어 문장을 분석하고 문형을 체계적으로 익히고, 반복 훈련함으로써 중국식으로 사고하는 습관을 들이세요.

新HSK 필수한자 314자를 모았습니다!

이 책에 수록된 중국어 한자는 〈中國語言文字工作委員會〉와 〈國家教育委員會〉에서 선별한 2500 상용한자 중 사용 빈도가 가장 높은 1000자의 상용한자에서 한국어 한자와 모양은 같으나 그 쓰임이 다른 新HSK 어휘 중 출현 빈도수가 가장 높은 87개의 중국어 한자, 국내외 중국어 교재에 나오는 번체자(繁體字)를 간략화한 한자 중에서 출현 빈도가 가장 높은 227개의 新HSK 필수간체자(簡體字)를 합해 모두 314자입니다. 新HSK 급수까지 표기해놓아 시험을 준비하는 수험생에게도 유용합니다.

한국어 한자와 대조를 통해 중국어 한자를 쉽게 익히세요!

이 책은 한국어 한자(정자)의 음과 훈을 중국어 한자의 음과 뜻의 대조를 통해, 두 개의 한자로 구성되어 있는 중국어 단어(간체자)나 구를 분해하여 하나의 한자 위주로 상세히 설명하였습니다. 첫째마당에서는 한국어 한자와 모양은 완전히 같으나 그 쓰임이 다른 중국어 상용한자를 선별하여 한국어 한자와의 음과 의미의 대조를 통해 익힐 수 있게 했습니다. 한국어 한자의 음과 훈(뜻)을 바탕으로 중국어 한자의 발음, 성조 및 뜻을 설명함으로써 한국어 한자의 의미를 통한 중국어 한자의 이해를 도모하였습니다. 둘째마당에서 넷째마당까지는 간체자(簡體字)를 한국어 한자의 '모양, 음, 뜻'과 대조하여 익힐 수 있도록 했습니다.

중국어 정복의 지름길은 오직 반복 훈련에 있습니다!

중국어 한자는 대부분 2글자 이상의 단어(單語)나 구(句) 혹은 문장(文章) 속에서 다른 글자와 결합되어 쓰이고 있기 때문에, 단어나 구, 혹은 문장 속에서 한자의 용법을 자연스럽게 익혀야 합니다. 다양한 실용 예문을 많이 접하고, 실제 회화나 독해, 작문에 응용하는 훈련을 해야 중국식으로 사고하는 능력을 키울 수 있습니다. 중국어를 잘하는 비결은 오직 반복 훈련에 있습니다. 이 책을 반복해서 보고 듣고 따라하다 보면 현대 중국어 어휘를 정확하게 사용할 수 있게 될 뿐만 아니라, 유창한 정통 표준 중국어까지 구사할 수 있게 될 것입니다.

熟能生巧 shú néng shēng qiǎo

익숙(熟)해지면(能) 요령(巧)이 생긴다(生).(훈련이 완벽을 만든다.)

2014년 10월 수리산 기슭에서

한재균

이 책이 출판되기까지 도움을 주셨던 많은 분들께 감사의 인사를 전합니다.

이 책은 저의 20여년에 걸친 중국 언어문화연구에 대한 작은 성과입니다. 길벗이지톡 오윤희 대리, 동생 상덕, 아들 정우, 딸 경희, 매제 채은수에게 깊은 감사의 뜻을 전합니다. 중국어 녹음을 도와준 국민대학교 전긍 교수님, 보이지 않은 곳에서 항상 저를 지지해주시고 격려해 주신 김기헌 목사님, 전국한자교육추진총연합회 진태하 이사장님, 연세대 김현철 교수님, 한국외대 김태성 교수님, 중국 南开大学 刘春兰 教授(남개대학교 유춘란 교수님), 끝으로 자나 깨나 항상 노심초사하신 모친 조귀례 여사, 누나 한공자 여사 및 건설적인 의견을 제시해준 여러 학생들께도 고마운 마음을 전합니다.

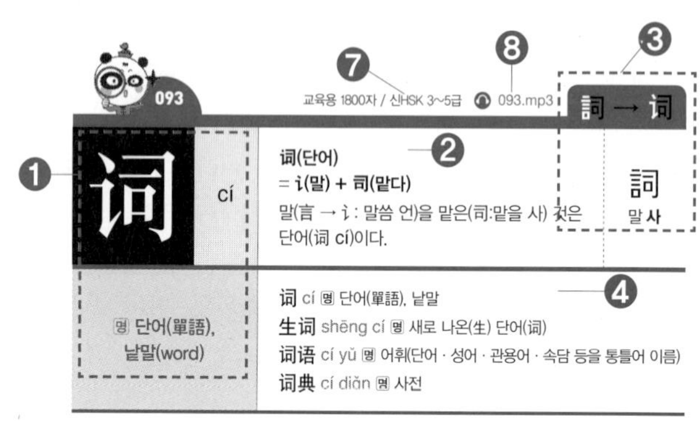

093
7
교육용 1800자 / 신HSK 3~5급
8
093.mp3
3
詞 → 词
1
词
cí
2
词(단어)
= 讠(말) + 司(맡다)
말(言 → 讠: 말씀 언)을 맡은(司:맡을 사) 것은 단어(词 cí)이다.
詞
말 사
명 단어(單語), 낱말(word)
4
词 cí 명 단어(單語), 낱말
生词 shēng cí 명 새로 나온(生) 단어(词)
词语 cí yǔ 명 어휘(단어 · 성어 · 관용어 · 속담 등을 통틀어 이름)
词典 cí diǎn 명 사전

● 알맞은 중국어 단어를 써 넣고, 듣고 따라 해 보세요. —— 5

1 이 단어는 무슨 뜻이지요?
这个　　什么 意思

这个 ______ 是 什么 意思?
zhè ge cí shì shén me yì si

2 나는 사전 두 권을 가지고 있다.
我　　两 本　　有

我 有 两本 __________。
wǒ yǒu liǎng běn cí diǎn

6

★ 잠깐만요!

- 수사(两) + 양사(本) + 명사(词典) : '本'은 책에 대한 양사
  两本词典(liǎng běn cí diǎn) 두(两) 권(本)의 사전(词典)
- 사람 + 有 + 사물 : 사람이 ~을 가지고 있다
  我有两本词典(wǒ yǒu liǎng běn cí diǎn)。나(我)는 두 권(两本)의 사전(词典)을 가지고 있다(有).

정답 **1.** 词 **2.** 词典

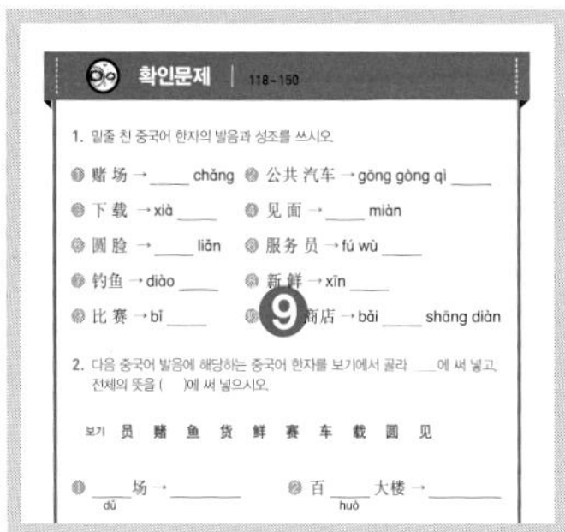

❶ 표제어

한 페이지에 하나의 한자를 배웁니다. 기본적으로 중국어 한자의 모양과 발음, 품사와 뜻을 실었습니다.

❷ 중국어 한자 풀이

한자는 부수의 결합으로 구성된 점을 감안하여 먼저 한자의 부수를 설명하고, 이어 각 부수에 우리말로 특정 의미를 부여하여 한자의 의미를 짧은 문장으로 만들어 쉽게 기억하도록 했습니다.

❸ 한 · 중 한자 비교

중국어 한자와 비교해가며 공부할 수 있도록 한국어 한자의 음과 훈을 함께 실었습니다. 한자의 모양에서 한국어 한자와 중국어 한자의 다른 부분(간략화 된 부분)을 색깔로 표시하여 한 · 중 한자의 모양 차이를 확실하게 이해할 수 있도록 하였습니다.

❹ 단어/표현

표제어가 포함된 新HSK에서 자주 쓰이는 단어와 구를 정리하였습니다. 단어 풀이에는 우리말 해석에 해당하는 한자를 각각 표기하여 이해를 도왔습니다.

❺ 문장 속 쓰임 확인하기

짧은 문장 속에서 자연스럽게 중국어의 쓰임을 익힐 수 있는 코너입니다. 우리말 해석에 해당하는 중국어 단어를 함께 표기하여 직독직해 훈련을 할 수 있습니다.

❻ 잠깐만요!

보충 어휘, 관련 문법, 구문 및 중국문화 등을 쉽고 재미있게 익힐 수 있도록 꼼꼼하게 정리하였습니다.

❼ 한국 교육용 한자 / 新HSK 급수 표기

모든 표제자에는 한국 교육용한자 1800자와 新HSK 급수가 표기되어 있어 한중 필수한자를 동시에 익힐 수 있습니다.

❽ 한 · 중 동시녹음 mp3 파일

중국어뿐만 아니라 우리말까지 내용 전체를 녹음한 mp3 파일을 제공합니다. 단어와 예문도 책의 특성에 맞게 한자 단위로 녹음하여 들으면서 한자를 쉽게 익힐 수 있습니다.

❾ 확인문제

배운 내용을 문제를 통해 다시 한번 확인해봅니다. 1번 문제에서는 중국어 한자의 병음과 성조를 복습합니다. 2번 문제에서는 병음과 성조를 보고 한자를 직접 써 보고, 그 한자와 결합된 중국어 단어와 뜻을 다시 한번 복습합니다.

❿ 색인

중국어 한자 한어병음 순으로 찾기와 한국어 한자의 음으로 중국어 한자 찾기, 두 가지 버전의 색인을 수록했습니다.

차 례

셋째마당

한국어 한자의 일부가 간략하게 바뀐 현대중국어 한자

넷째마당

한국어 한자 전체가 간략하게 바뀐 현대중국어 한자

01 현대중국어 한자란?
02 현대중국어 한자의 구조와 부수
03 현대중국어 한자의 발음과 필순
04 한국어 한자와 현대중국어 한자의 다른점

준비마당

중국어 한자가 궁금해요

중국어를 공부할 때 가장 기본이 되는 중국어 한자 기초 지식을 정리했습니다. 중국어 한자는 무엇이고 어떤 특징이 있으며, 중국어 문자의 기본인 성조와 발음, 쓰는 순서를 알아봅니다. 그리고 중국어 한자와 한국어 한자는 어떤 차이가 있는지 살펴봅니다.

01 현대중국어 한자란?

중국은 다수민족 국가로 본토 민족인 한족(漢族)을 비롯해 55개의 소수민족이 함께 살고 있기 때문에 광동어, 상해어, 민남어 등과 같은 수많은 방언과 조선족이 사용하는 조선어 등 여러 소수민족의 언어가 함께 사용되고 있습니다. 그중 '한족(漢族)이 쓰는 말(語)'을 줄여서 '한어(漢語)'라고 하며, '한어(漢語)를 기록한 문자(文字)'를 줄여서 '한자(漢字)'라 합니다.

현재 한국, 일본, 대만, 홍콩 및 해외 화교들은 한자의 정자인 번체자(繁體字)를 사용하고 있으나, 중국 대륙이나 국제무대에서는 한자 정자의 필획 수를 간략히 한 간체자(簡體字)를 사용하고 있습니다.

간체자(簡體字)란, 한자를 쓰기 쉽고 기억하기 쉽도록 한자 정자의 필획 수를 간략히 줄인 중국식 약자로, 한국어 한자와 그 모양이 다릅니다.

번체자	간체자	번체자	간체자
漢 (漢 → 汉)	汉	語 (言 → 讠)	语
簡 (門 → 门)	简	體 (體 → 体)	体
華 (華 → 华)	华	書 (書 → 书)	书

중국어 한자란 번체자(漢, 語, 簡, 體…)와 간체자(汉, 语, 简, 体…), 그리고 모양을 간략히 할 필요가 없는 간체자처럼 필획이 간단한 정자(天, 地, 人, 上, 中, 下, 左, 右, 木, 水, 西, 南, 北, 男, 女…)를 통칭하는 말입니다.

잠깐만요!

현재 중국에서 발행되는 간행물은 기본적으로 간체자로 되어 있으나, 거리의 간판들 중에는 번체자(정자)로 쓰여 있는 것들이 다소 있고, 또한 홍콩(香港 xiāng gǎng), 대만(台湾 tái wān), 마카오(澳门 ào mén) 등은 기본적으로 번체자(정자)를 사용하고 있으니, 간체자는 물론 번체자(정자)도 알아두어야 합니다.

02 현대중국어 한자의 구조와 부수

1. 중국어 한자의 구조

① 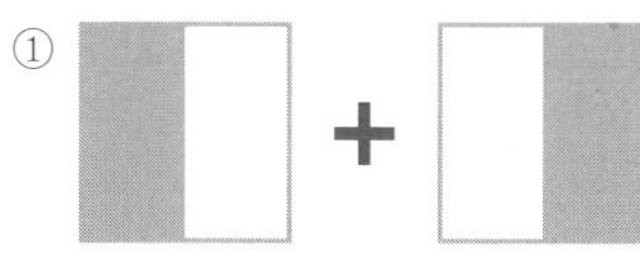

좌(左)우(右) 구조: **왼쪽 부수 + 오른쪽 부수**

왼쪽 부수를 먼저 쓰고 오른쪽 부수를 나중에 씁니다.

예 汉, 认, 场, 让, 礼, 坏, 观, 灯

② 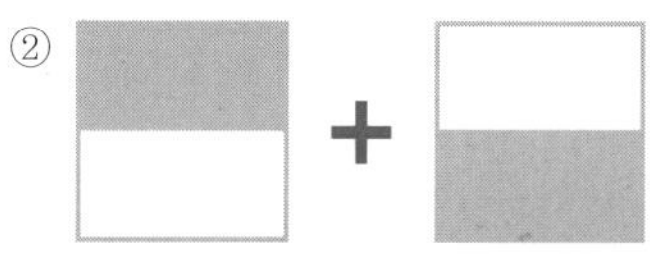

상(上) 하(下) 구조 : **위쪽 부수 + 아래쪽 부수**

위쪽 부수를 먼저 쓰고 아래쪽 부수를 나중에 씁니다.

예 写, 声, 药, 币, 艺, 台, 务, 圣

③ 

제 부수 구조: **한 글자가 그대로 부수**

예 车(車), 办(辦), 乐(樂), 东(東), 为(爲), 长(長), 几(幾), 马(馬)

④ 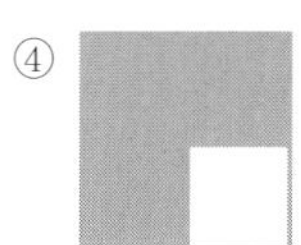

좌(左)상(上) 양면(兩面) 포위 구조: **글자의 왼쪽과 위를 둘러쌈**

예 厂, 历, 压, 厅, 广, 床, 应, 库

⑤ 우(右)상(上) 양면(兩面) 포위 구조: 글자의 오른쪽과 위를 둘러쌈

예 习, 可, 司, 岛

⑥ 좌(左)하(下) 반(半) 포위 구조: 글자의 왼쪽과 아래를 둘러쌈

예 这, 边, 达, 远, 连, 适, 运, 过

⑦ 상(上)좌(左)하(下) 삼면(三面) 포위 구조 : 왼쪽이 오른쪽을 둘러쌈

예 区, 医

⑧ 좌(左)상(上)우(右) 삼면(三面) 포위 구조 : 위쪽이 아래를 둘러쌈

예 风, 冈, 网, 向, 问, 间, 闻, 闭

⑨ 좌(左)하(下)우(右) 삼면(三面) 포위 구조 : 아래쪽이 위를 둘러쌈

예 凶, 画

⑩  사면(四面) 포위 구조 : 글자의 바깥 둘레를 에워쌈

예 国, 图, 园, 团

⑪ 상(上)중(中)하(下) 병렬 구조 : 위쪽 + 중간 + 아래쪽 부수

예 意, 累, 参, 复, 劳

⑫ 좌(左)중(中)우(右) 병렬구조 : 왼쪽 + 중간 + 오른쪽 부수

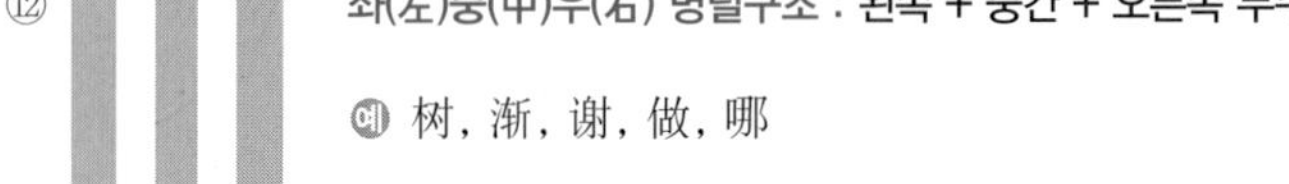

예 树, 渐, 谢, 做, 哪

2. 부수로 쓰일 때 모양이 달라지는 중국어 한자

'人(사람 인)'이 단독으로 쓰일 때는 그대로 '人'이라 쓰지만, 부수로 쓰일 때는 '亻(사람인 변)'의 형태로 쓰이며 '사람'과 관련이 있습니다. 예를 들면, '인구'는 중국어로 '人口 [rén kǒu]'라고 쓰며, 여기서 '人(사람 인)'은 단독으로 쓰였습니다. '休(쉴 휴)'는 '사람(亻)이 나무(木) 밑에서 쉰다'라는 의미로, '亻(사람인 변)'은 부수이며, '사람'과 관련이 있습니다. 이처럼 단독으로 쓰일 때와 부수로 쓰일 때 형태가 다른 중국어 한자는 다음과 같습니다.

단독으로 쓰일 때와 부수로 쓰일 때 형태가 다른 한자			
言 → 讠	食 → 饣/飠	金 → 钅	糸 → 纟
手 → 扌	水 → 氵	心 → 忄	艸 → 艹 → 艹
火 → 灬	示 → 礻	衣 → 衤	肉 → 月
玉 → 王	犬 → 犭	刀 → 刂	竹 → ⺮
爪 → 爫	足 → 𧾷	彐 → 彐	老 → 耂
辵(쉬엄쉬엄 갈 착) → 辶		走 → 辶	
阜(언덕 부) → 阝(좌부 변)		邑(마을 읍) → 阝(우부 방)	

3. 한자 부수의 의미

한자	부수의 의미	예
水(氵)	'물'과 관련	江(강), 河(강), 湖(호수), 海(바다), 洋(큰 바다), 洗(씻다), 游(수영하다)
	'액체'와 관련	酒(술), 汤(국), 汁(즙), 汗(땀), 泡(거품)
火(灬)	'불'과 관련	炒(볶다), 烧(그슬리다), 煎(지지다), 炸(튀기다), 煮(삶다)

心(忄)	'사람의 감정, 심리상태'와 관련	憾(유감), 恨(한), 憎(증오), 惊(놀람), 愉快(유쾌)
言(讠)	'말하는 것'과 관련	说(말하다), 谈(말하다), 话(말), 诉(알리다)
口	'입'과 관련	吃(먹다), 喝(마시다), 叫(부르다), 吵(떠들다)
食(饣)	'먹는 것'과 관련	饭(밥), 饿(배고프다), 饱(배부르다), 馆(식당), 餐(음식, 식당)
衣(衤)	'옷, 입는 것'과 관련	裤(바지), 裙(치마), 袜(양말), 衬衫(셔츠)
金(钅)	'금속(쇠)'과 관련	铁(철), 钉(못), 银(은), 铜(동)
木	'나무'와 관련	树(나무), 板(판자), 椅(의자), 桌(탁자)
艹(艹)	'풀'과 관련	草(풀), 葱(파), 蒜(마늘), 萝(무), 蕉(파초)
糸(纟)	'실(견직물)'과 관련	线(실), 丝(비단), 绸(비단), 细(가늘다)
貝(贝)	'재물'과 관련	财(재물), 货(재화), 资(자금), 费(비용), 贵(비싸다)
玉(王)	'보배'와 관련	珍(진주), 珠(진주), 宝(보배), 玲(옥), 珑(옥)
	▶ 玉이 단독으로 쓰일 때는 王 밑에 점(丶)을 생략할 수 없으나(白玉: 백옥), 부수인 '구슬옥 변'으로 쓰이면 점(丶)을 생략합니다(珍珠: 진주). 부수가 구슬옥 변(王)인 한자는 '왕(王)'이 아니라 모두 '옥(보배)'과 관련이 있습니다.	
目	'눈'과 관련	眼(눈), 睛(눈동자), 睡(자다), 瞎(눈이 멀다), 瞪(눈을 부릅뜨다)
示(礻)	'보는 것, 비는 것'과 관련	视(보다), 福 (복), 祈(빌다), 祷(기도하다), 祭(제사지내다)
手(扌)	'손과 관계있는 동작'과 관련	打(때리다), 摸(만지다), 把(잡다), 握(잡다), 抱(포옹하다)
魚(鱼)	'물고기'와 관련	鲤(잉어), 鲸(고래), 鳗(장어), 鳅(미꾸라지)
鳥(鸟)	'조류'와 관련	鸡(닭), 鸭(오리), 鸽(비둘기), 鸦(갈매기)

<table>
<tr><td>隹</td><td>‘새’와 관련</td><td>麻雀(참새), 孔雀(공작)</td></tr>
<tr><td>犭</td><td>‘짐승’과 관련</td><td>狗(개), 猪(돼지), 猫(고양이), 猴(원숭이),
狮(사자)</td></tr>
<tr><td>人(亻)</td><td>‘사람’과 관련</td><td>你(너), 您(당신), 他(그), 信(믿다),
住(살다)</td></tr>
<tr><td>女</td><td>‘여자’와 관련</td><td>她(그 여자), 妈(엄마), 奶(할머니),
姐(언니/누나), 妹(여동생)</td></tr>
<tr><td>足</td><td>‘다리’와 관련</td><td>跑(달리다), 跳(뛰다), 踢(차다), 踏(밟다),
踩(밟다)</td></tr>
<tr><td rowspan="2">肉(月)</td><td>‘신체의 일부나 살(지방)’과
관련</td><td>脸(얼굴), 脚(발), 腿(다리), 腹(배),
胸(가슴), 胖(뚱뚱하다)</td></tr>
<tr><td colspan="2">▶ ‘月(달 월)’은 단독으로 쓰일 때는 ‘달(月)’이라는 뜻이고, 쓸 때도 좀 통통하게 씁니다. 그러나 ‘육달월 변(月 = 肉)’으로 쓰이면 신체(살/지방)와 관련이 있고, 쓸 때도 좀 날씬하게 씁니다.</td></tr>
</table>

03 현대중국어 한자의 발음과 필순

1. 한어병음

중국어 발음을 '한어병음(汉语拼音)'이라고 하며, 간단히 줄여서 '병음(拼音)'이라고도 합니다. 한어병음은 영어와 마찬가지로 로마자(a,b,c···)로 되어 있으나, 영어발음과 다른 발음들(zhi, chi, shi, zi, ci, si 등등)도 있으니 주의해야 합니다. 특히 중국어는 영어의 강약 악센트(accent)와는 다른 소리의 높낮이를 나타내는 '성조(聲調)'가 있기 때문에 영어식으로 발음해서는 정확한 중국어를 구사할 수 없습니다.

중국어 한자의 발음은 [성모(자음) + 운모(모음) + 성조]의 삼위일체로 이루어져 있습니다.

马 [mǎ] → [m(자음) + a(모음) + ˇ(성조)]

2. 중국어의 성조

중국어를 처음 들으면 마치 노래를 부르는 것처럼 들리는데, 이는 바로 성조 때문입니다. '성조(聲調)'란 소리(聲)의 높낮이(調)를 나타내는 것으로, 중국어 발음에는 4가지 성조(聲調)가 있는데, 이것을 4성(四聲)이라고 합니다.

4성은 머리에 모자를 쓴 것 같은 4가지의 성조 부호(ˉ ˊ ˇ ˋ)로 표시합니다. 즉, 제1성은 (ˉ), 제2성은 (ˊ), 제3성은 (ˇ), 제4성은 (ˋ)의 부호로 표시합니다. 4성(四聲) 외에 '경성(輕聲)'이라는 것이 있는데, 어떤 음절이 앞 음절의 영향을 받아 그 고유의 성조(聲調)를 상실하고 짧고 약하게 소리 나는 발음을 말합니다.

중국어는 이렇게 4가지의 소리의 높낮이에 따라서 단어의 뜻이 달라집니다. [ma]를 예로 들어볼까요?

제1성	제2성	제3성	제4성	경성
mā (妈)	má (麻)	mǎ (马)	mà (骂)	ma (吗)
엄마	삼	말	욕하다	~까?

그래서 성조를 정확하게 발음하지 않으면, 우리가 중국어를 아무리 유창하게 구사한다 해도 중국인은 알아듣지 못합니다.

3. 중국어 한자 쓰는 순서

① 왼쪽에서 오른쪽으로 씁니다.

儿 → 丿 儿

② 위에서 아래로 씁니다.

三 → 一 二 三

③ 먼저 가로획을 쓰고, 그 다음 세로획을 씁니다.

十 → 一 十

④ 받침은 맨 나중에 씁니다.

这 → 丶 亠 ナ 文 文 这 这

⑤ 가운데를 꿰뚫은 형태의 획은 가장 마지막에 씁니다.

中 → 丨 冂 口 中

⑥ 꿰뚫은 형태가 아닌 좌우로 대칭이 되는 형태의 글자는 가운데 획을 먼저 쓰고, 그 다음 왼쪽 획에서 오른쪽 획의 순서로 씁니다.

小 → 亅 小 小

⑦ [몸+안]의 형태로 이루어진 글자는 '몸'부터 쓰고 난 후, '안'을 씁니다.

国 → 丨 冂 冂 冃 冃 囯 国 国

⑧ 입이 위로 터진 글자는 '안'부터 쓰고 난 후, '몸'을 씁니다.

凶 → 丶 㐅 凶 凶

⑨ 입이 우로 터진 글자는 '위 → 안 → 왼쪽 → 아래'의 순서로 씁니다.

区 → 一 フ 又 区

⑩ 오른쪽 위에 있는 점이나 안에 있는 점은 맨 나중에 찍습니다.

代 → 丿 亻 仁 代 代

⑪ 맨 위나 왼쪽 위에 점이 있으면 그 점을 먼저 찍습니다.

门 → 丶 门 门

⑫ 먼저 삐침(오른쪽에서 왼쪽으로 긋는 사선)을 쓰고, 그 다음 파임(왼쪽에서 오른쪽으로 긋는 사선)을 씁니다.

文 → 丶 亠 ナ 文

⑬ 위에서 아래로 에워 싼 획은 세로획보다 먼저 씁니다.

力 → フ 力

⑭ 아래로 에운(에워싸진) 획은 맨 나중에 씁니다.

他 → 丿 亻 仁 仲 他

⑮ 허리를 끊는 획은 맨 나중에 씁니다.

女 → く 夊 女

04 한국어 한자와 현대중국어 한자의 다른점

한자는 '모양(形), 소리(音), 뜻(意)'의 결합체로, 이 세 가지를 한자의 3요소라 합니다. 중국과 한국은 모두 한자 문화권으로 같은 한자를 사용하고 있으나, 현재 중국어 한자는 한국어 한자와 '모양(形), 소리(音), 뜻(意)'에 있어서 일부 같거나 아주 다릅니다.

1. 한국어 한자는 현대중국어 한자와 모양이 다르다

우리는 중국에서 전래된 한자의 정자를 그대로 사용하고 있으나, 현재 중국에서는 한자의 필획을 간략화한 중국식 약자인 '간체자(簡體字)'를 사용하고 있습니다.

한국어 한자 (정자)	현대중국어 한자 (간체자)
漢 (𦰩 → 又)	汉
語 (言 → 讠)	语
簡 (門 → 门)	简
體 (體 → 体)	体

2. 한국어 한자는 현대중국어 한자와 음(音)이 다르다

한국어 한자의 음(音)이 중국어 한자의 음(音)과 비슷한 한자도 다소 있으나, 한국어와 중국어는 근본적으로 그 발음 체계가 다르기 때문에 한국어 한자와 중국어 한자의 발음은 대부분 다릅니다.

특히 중국어에는 중국어만의 독특한 4성이 있기 때문에 한국어 한자와는 발음이 근본적으로 다릅니다.

한/중 음(音)이 비슷한 한자		한/중 음(音)이 전혀 다른 한자	
韓 [한]	韩 [hán]	國 [국]	国 [guó] (궈´)
中 [중]	中 [zhōng]	學 [학]	学 [xué] (쉐´)
民 [민]	民 [mín]	吃 [흘]	吃 [chī] (츠ˉ)
正 [정]	正 [zhèng]	堂 [당]	堂 [táng] (탕´)

3. 한국어 한자는 한 글자 위주, 현대중국어 한자어는 두 글자 위주이다

한국어 한자(고대 중국어)는 한자 한 글자 위주였으나, 현대중국어에 와서는 사회 발달로 여러 어휘가 생겨나 동음(同音)을 구별하기 위해 두 글자 위주의 단어로 바뀌게 되었습니다(약 75% 이상).

우리는 '木(나무 목)', '石(돌 석)' 등 한자를 한 글자로 쓰고 있지만, 현대중국어에서는 나무를 '木头[mù tou]', 돌을 '石头[shí tou]'라고 두 글자로 쓰고 있습니다.

	한국어 한자	현대중국어 한자
선생님	师	老师
호랑이	虎	老虎
귀	耳	耳朵
눈	目	眼睛
코	鼻	鼻子
달	月	月亮

4. 한국어 한자와 현대중국어 한자는 뜻이 대부분 같지만 다른 뜻도 있다

한국어 한자와 현대중국어 한자는 한자의 뜻이 대부분 같거나 부분적으로 같지만, 일부는 전혀 다른 뜻을 나타내기도 합니다.

① 뜻(意)이 완전히 같은 한자

한국어 한자	현대중국어 한자	뜻
人	人 [rén]	사람
書	书 [shū]	책
水	水 [shuǐ]	물
學	学 [xué]	배우다

② 뜻(意)이 부분적으로 같은 한자

한국어 한자	뜻	현대중국어 한자	뜻
大	크다	大 [dà]	크다 / 나이가 많다
小	작다	小 [xiǎo]	작다 / 나이가 어리다
高	높다	高 [gāo]	높다 / 키가 크다
多	많다	多 [duō]	많다 / 얼마나
好	좋다	好 [hǎo]	좋다 / 매우, 아주

③ 뜻(意)이 전혀 다른 한자

한국어 한자	뜻	현대중국어 한자	뜻
喝	꾸짖다	喝 [hē]	마시다
胖	크다	胖 [pàng]	뚱뚱하다
喂	두렵다	喂 [wèi]	여보세요! / 먹이다
吻	입술	吻 [wěn]	키스하다

④ 뜻(意)은 같으나, 다른 한자를 사용하는 경우

한국어 한자	현대중국어 한자	뜻
犬(견)	狗 [gǒu]	개
豚(돈)	猪 [zhū]	돼지
驛(역)	站 [zhàn]	역
箸(저)	筷子 [kuài zi]	젓가락

5. 한국어 한자의 약자(속자)와 모양이 같은 현대중국어 한자

우리는 일반서적이나 매스컴 등 일상생활에서 한자의 약자나 속자를 쓰는 경우를 흔히 볼 수 있습니다. 조사에 따르면 한국에서 흔히 쓰이는 한국어 한자의 약자(속자)와 모양이 같은 중국어 한자(간체자)는 모두 52개가 있습니다. 이 한자들은 한 · 중 공통 약자이니 알아 두면 한 · 중 한자를 이해하는 데 많은 도움이 될 것입니다. 괄호 안의 한자가 한 · 중 공통 약자입니다.

한국어 한자(한 · 중 공통 약자)

趕 쫓을 간 (赶)	蓋 덮을 개 (盖)	區 구분할 구 (区)	舊 옛 구 (旧)	國 나라 국 (国)
擔 멜 담 (担)	斷 짧을 단 (断)	當 마땅 당 (当)	黨 무리 당 (党)	獨 홀로 독 (独)
燈 등 등 (灯)	亂 어지러울 난 (乱)	來 올 래 (来)	勵 힘쓸 려 (励)	戀 그리워할 연 (恋)
禮 예 례 (礼)	樓 다락 루 (楼)	萬 일만 만 (万)	彌 미륵 미 (弥)	幷 아우를 병 (并)
辭 말씀 사 (辞)	寫 베낄 사 (写)	狀 형상 상 (状)	敍 펼 서 (叙)	聲 소리 성 (声)
屬 무리 속 (属)	數 셈 수 (数)	壽 목숨 수 (寿)	濕 젖을 습 (湿)	雙 두 쌍 (双)
巖 바위 암 (岩)	餘 남을 여 (余)	與 더불 여 (与)	醫 의원 의 (医)	潛 잠길 잠 (潜)
點 점 점 (点)	靜 고요할 정 (静)	條 가지 조 (条)	晝 낮 주 (昼)	卽 곧 즉 (即)
眞 참 진 (真)	盡 다할 진 (尽)	參 참여할 참 (参)	體 몸 체 (体)	樞 지도리 추 (枢)
蟲 벌레 충 (虫)	稱 일컬을 칭 (称)	學 배울 학 (学)	華 빛날 화 (华)	獻 드릴 헌 (献)
號 이름 호 (号)	會 모일 회 (会)			

일러두기

- 이 책에서 말하는 중국어 한자는 현대중국어 한자(획이 간단한 정자 + 간체자)를 의미합니다.
- 간체자의 분류는 간체자를 만든 원리를 토대로 간체자를 모르는 한국인이 누구나 다 쉽게 이해할 수 있도록 저자의 주관적인 견해로 분류하였습니다.
- 이 책에 예로든 어휘나 문장은 대부분 국내외 중국어 초급 교재를 참고한 것이며, 그 밖의 어휘나 문장은 현대 중국어 회화에서 가장 상용하는 문구를 저자가 선별한 것입니다.
- 단어의 품사는 다음과 같은 약어로 표기하였습니다.
  명 명사 대 대명사 동 동사 형 형용사 부 부사 전 전치사 접 접속사
  수 수사 양 양사 조동 조동사 감 감탄사 성 성어 접미 접미사 수량 수량사
- 이 책의 한어병음 및 성조는 발음의 편의상 실제 소리 나는 대로 표기하였습니다.
  一点儿 [yì diǎr]　一下 [yí xià]　一起 [yì qǐ]　不累 [bú lèi]
  단, 3성의 성조변화는 본래대로 표기하였습니다.
  很好 [hěn hǎo]　水果 [shuǐ guǒ]
- 이 책에 나오는 중국어 지명, 건물명, 음식명 등은 중국어 원래 발음을 한국어로 표기하였습니다.
  北京 [běi jīng] → 베이징(북경)　麻婆豆腐 [má pó dòu fu] → 마 파 떠우푸(마파두부)
  天安门 [tiān ān mén] → 티엔 안 먼(천안문)

첫째마당

한국어 한자(정자)와 모양(形)이 같은 현대중국어 한자(간체자)

중국과 한국은 모두 한자 문화권으로 같은 한자를 사용하고 있으나, 현대중국어 한자는 한국어 한자와 '모양(形), 소리(音), 뜻(意)'에 있어서 일부 같거나 아주 다릅니다. 첫째마당에서는 한국어 한자와 현대중국어 한자가 같은 한자 87자를 알아보겠습니다.

001

一	yī	一(하나/첫째/좀) = 一(한 손가락을 옆으로 편 모양) 한 손가락을 옆으로 펴는 것(一)은 하나(一 yī), 첫 째(一 yī), 좀(一 yī)이라는 뜻이다.	한 **일**
일, 하나		一起 yì qǐ 부 함께 一定 yí dìng 부 꼭, 반드시 一共 yí gòng 부 모두, 합계, 전부 一样 yí yàng 형 같다, 한 가지이다 一切 yí qiè 형 일체(一切), 전부, 모든 것	
명 첫째, 첫 번째		第一 dì yī 수 제(第)1(一), 첫째, 첫 번째	
좀, 잠시		等一下 děng yí xià 좀(一下) 기다리다(等) 等一会儿 děng yí huìr 잠시(一会儿) 기다리다(等)	

● **알맞은 중국어 단어를 써 넣고, 듣고 따라 해 보세요.**

1 이 과일 들은 모두 얼마죠?
这 水果 些 多少钱

这些 水果 ________ 多少钱?
zhè xiē shuǐ guǒ yí gòng duō shao qián

2 그가 아직 안 왔으니, 우리 먼저 여기서 잠시 기다리자.
他 还 没来 我们 先 在这儿 等 ~吧

他 还没来，我们 先 在这儿 等 ________ 吧。
tā hái méi lái wǒ men xiān zài zhèr děng yí huìr ba

잠깐만요!

- '一 [yī]'는 원래 제1성이나, 4성 앞에서는 제2성으로 발음하고, 1, 2, 3성 앞에서는 제4성으로 발음해야 합니다.
  一下 [yí xià], 一会儿 [yí huìr], 一些 [yì xiē], 一起 [yì qǐ]
- 중국어 발음 중에 3성이 겹쳐서 나올 때는 발음의 편리상 앞 3성은 제2성으로 발음해야 합니다.
  3성(ˇ)+3성(ˇ) 은 → 2성(ˊ)+3성(ˇ)
  很好 [hěn hǎo] → 很好 [hén hǎo] 水果 [shuǐ guǒ] → 水果 [shuí guǒ]

정답 **1.** 一共 **2.** 一会儿

교육용 1800자 / 신HSK 1.5.6급  002.mp3

在	zài	在(있다/~에서) = 一(하나)+亻→ 人(사람)+土(땅) 한(一) 사람(亻= 人) 옆 오른쪽 땅(土: 흙 토)에 서(在 zài) 있다(在 zài).	있을 **재**
동 ~에 있다		在 家 zài jiā 동 집(家)에 있다(在) 现 在 xiàn zài 명 현재, 지금 正 在 zhèng zài 부 지금(막)(正) ~하고 있다(在) 实 在 shí zài 부 참으로, 정말	
전 ~에, ~에서		在 家 看 书 zài jiā kàn shū 집(家)에서(在) 책(书)을 보다(看)	

● **알맞은 중국어 단어를 써 넣고, 듣고 따라 해 보세요.**

1 그는 어디에 있습니까?
他 哪儿

他 ______ 哪儿?
tā zài nǎr

2 그녀는 상점(안)에서 물건을 산다.
她 商店里 东西 买

她 ______ 商店里 买东西。
tā zài shāng diàn li mǎi dōng xi

잠깐만요!

- '在 [zài]'는 우리말 한자어에서는 주로 '있다'라는 동사의 의미로 사용되고 있으나, 중국어에서는 '있다'라는 동사 외에 '~에서'라는 전치사의 의미로도 자주 사용되고 있습니다.
  他在图书馆看书(tā zài tú shū guǎn kàn shū)。그는(他) 도서관(图书馆)에서(在) 책(书)을 본다(看).
- '实在 [shí zài]'는 현대중국어에서는 '실제'라는 의미가 아니라, '참으로, 정말로'라는 뜻의 부사입니다.
  实在抱歉(shí zài bào qiàn)。정말(实在) 미안합니다(抱歉).

정답 **1.** 在 **2.** 在

本 bĕn	本(공책/근본/본전/권) = 木(나무)+一(뿌리) 나무(木: 나무 목)는 뿌리(一) 부분이 제일 근본(本)이며 책 한 권(本 bĕn)과 같다.	책 **본** 근본 **본**
명 책, 공책	本 子 bĕn zi 명 공책 笔记 本 bǐ jì bĕn 필기(笔记)하는 공책(本), 노트(笔记)북(本), 노트북 컴퓨터	
명 (사물의) 근본	本 来 bĕn lái 부 본래	
명 본전	本 钱 bĕn qián 명 본전	
양 권(책을 세는 단위)	一 本 书 yì bĕn shū 한(一) 권(本)의 책(书), 책 한 권	

● **알맞은 중국어 단어를 써 넣고, 듣고 따라 해 보세요.**

1 나는 어제 책 두 권을 샀다.
我 昨天 书 两 买了

我 昨天 买了 两 ______ 书。
wŏ zuó tiān măi le liăng bĕn shū

2 이 노트북 컴퓨터의 가격은 얼마니?
这 电脑的 价格 多少

这台 __________ 电脑的价格 是 多少?
zhè tái bǐ jì bĕn diàn năo de jià gé shì duō shao

잠깐만요!

- 两本书(liăng bĕn shū) : 两(수사) + 本(양사) + 书(명사) : 두(两) 권(本)의 책(书)
- 这台电脑(zhè tái diàn năo) : 这(대) + 台(양) + 电脑(명) : 이(这)(1대(台)) 컴퓨터(电脑)
- '笔记本电脑 [bǐ jì bĕn diàn năo]'는 노트북(笔记本) 컴퓨터(电脑)를 말합니다. 하지만 일반적으로 '笔记本 [bǐ jì bĕn]'이라고 줄여서 말하는 경우가 더 많습니다.

정답 **1.** 本 **2.** 笔记本

菜	cài	菜(채소/요리) = 艹(풀)+采(캐다) 풀(艹=草: 풀 초)에서 캐(采: 캘 채) 낸 채소(菜)로 요리(菜 cài)를 만든다.	나물 **채**

명 채소	蔬 菜 shū cài 명 채(菜)소(蔬)
명 요리	做 菜 zuò cài 동 요리(菜)를 만들다(做) 菜 单 cài dān 명 요리(菜)를 적어 놓은 쪽지(单), 메뉴, 메뉴판
명 반찬	饭 菜 fàn cài 명 밥(饭)과 반찬(菜)

● **알맞은 중국어 단어를 써 넣고, 듣고 따라 해 보세요.**

1 너는 어떤 요리를 즐겨 먹니?
你 什么 喜欢 吃

你 喜欢吃 什么 ______?
nǐ xǐ huan chī shén me cài

2 종업원, 메뉴판 좀 갖다 주세요!
服务员 一下 拿

服务员，拿一下 __________ !
fú wù yuán ná yí xià cài dān

- 우리 한자어는 '채소(菜蔬)'라고 쓰지만, 중국어는 거꾸로 '蔬菜 [shū cài]'라고 합니다.
- 喜欢 [xǐ huan] + 동사 : ~하기를 좋아하다, 즐겨(喜欢) ~하다(동사)
  喜欢吃(xǐ huan chī) 즐겨(喜欢) 먹다(吃)
  喜欢看(xǐ huan kàn) 즐겨(喜欢) 보다(看)
  喜欢听(xǐ huan tīng) 즐겨(喜欢) 듣다(听)

정답 **1.** 菜 **2.** 菜单

005

茶	chá	茶(차) = 艹(풀)+人(사람)+木(나무) 풀(艹)잎처럼 사람(人)이 나무(木) 잎을 끓여 마시는 것이 차(茶 chá)이다.	차 **차** 차 **다**
명 차(tea)		喝 茶 hē chá 동 차(茶)를 마시다(喝) 茶 杯 chá bēi 명 찻(茶)잔(杯) 一杯 茶 yì bēi chá 한(一) 잔(杯)의 차(茶), 차 한 잔 热 茶 rè chá 뜨거운(热) 차(茶)	

● **알맞은 중국어 단어를 써 넣고, 듣고 따라 해 보세요.**

1 차 드세요.
请

请 ________。
qǐng hē chá

2 탁자 위에 뜨거운 차 한 잔이 있다.
桌子 上 有

桌子上 有 ________。
zhuō zi shàng yǒu yì bēi rè chá

잠깐만요!

- 一杯茶(yì bēi chá) : 一(수사) + 杯(양사) + 茶(명사) : 차(茶) 한(一) 잔(杯)
  一杯热茶(yì bēi rè chá) 한 잔(一杯)의 뜨거운(热) 차(茶), 뜨거운 차 한 잔

정답 **1.** 喝茶 **2.** 一杯热茶

打	dǎ	打(치다/걸다/~하다) = 扌→ 手(손)+丁(못) 손(扌= 手: 손 수) 오른쪽 옆을 못(丁: 못 정)으로 치려고(打) 한다(打 dǎ).	칠 **타**

동 (손 · 기구 등으로) 치다, 때리다, (구기운동을) 하다	打 球 dǎ qiú 동 공(球)을 치다(打), 구기운동을 하다 打 篮球 dǎ lán qiú 동 농구(篮球)를 하다(打)
동 (전화를) 걸다	打 电话 dǎ diàn huà 동 전화(电话)를 걸다(하다)(打)
동 ~하다	打 扫 dǎ sǎo 동 청소(扫)를 하다(打) 打 扮 dǎ ban 동 화장하다, 치장하다, 단장하다
동 ~할 생각이다 명 계획	打 算 dǎ suan 동 ~할 생각이다, ~하려고 하다 명 계획

● 알맞은 중국어 단어를 써 넣고, 듣고 따라 해 보세요.

1 그녀는(她) 엄마(妈妈) 에게(给) 전화하고 있다(在).

她 在 给 妈妈 ＿＿＿＿＿＿。

tā zài gěi mā ma dǎ diàn huà

2 날이(天) 개었다(晴了), 우리(我们) 농구하러 가자(去 吧).

天晴了，我们去 ＿＿＿＿＿＿ 吧。

tiān qíng le wǒ men qù dǎ lán qiú ba

잠깐만요!

• 현대중국어에서 '打 [dǎ]'는 뜻이 가장 많은 동사입니다. '打'는 '(손으로) 치다, 때리다'가 본래 의미였으나, 그 의미가 확대되어 현재는 32가지 의미로 쓰이고 있는 타동사입니다.

打扰 [dǎ rǎo] 방해하다
打针 [dǎ zhēn] 주사를 놓다/맞다
打交道 [dǎ jiāo dao] 왕래하다, 사귀다, 교제하다
打听 [dǎ ting] 물어보다, 알아보다
打折 [dǎ zhé] 할인하다
打工 [dǎ gōng] 아르바이트하다
打招呼 [dǎ zhāo hu] 인사하다, 아는 체하다

• 在 [zài] + 동사 : 진행을 나타냄
在打电话(zài dǎ diàn huà) : 전화를 하고 있다.

정답 **1.** 打电话 **2.** 打篮球

大 dà	**大(크다/많다/세다)** **= 一(하늘)+人(사람)** 하늘(一)을 뚫고 사람(人)이 서 있으니 체구가 크다(大 dà).	**클 대**
형 (체적 · 면적이) 크다, 넓다	**大人** dà ren 명 큰(大)사람(人), 대인, 어른 **大小** dà xiǎo 명 크고(大) 작음(小), 크기 **地方大** dì fang dà 장소(地方)가 넓다(大)	
형 (수량이) 많다	**年纪大** nián jì dà 나이·연세(年纪)가 많다(大)	
형 (힘 · 강도가) 세다	**力气大** lì qi dà 힘(力气)이 세다(大) **风大** fēng dà 바람(风)이 세다(大)	

● **알맞은 중국어 단어를 써 넣고, 듣고 따라 해 보세요.**

1 이 학교는 매우 크다.
这个学校 很

这个学校 很 ______。
zhè ge xué xiào hěn dà

2 그는 나이가 너무 많다.
他 年纪 太

他 年纪 太 ______ 了。
tā nián jì tài dà le

잠깐만요!

- 这个学校(zhè ge xué xiào) : 这(대) + 个(양) + 学校(명) : 이(这个) 학교(学校)
- '大 [dà]'는 '크다'가 본래 의미였으나, 그 의미가 확대되어 '(장소가) 넓다, (나이가) 많다, (힘 · 바람이) 세다' 등의 의미로 쓰이고 있습니다.
- 현대중국어에서 '地方 [dì fang]'은 우리말의 '지방'이라는 의미가 아니라, '장소'라는 의미입니다.
  这里是什么地方(zhè lǐ shì shén me dì fang)? 여기가 어디죠?
- 太~了 [tài~le] : 너무 ~하다
  太小了(tài xiǎo le) 너무(太) 작다(小了). 太贵了(tài guì le) 너무(太) 비싸다(贵了).

정답 **1.** 大 **2.** 大

的	dì dí de	的(과녁) = 白(희다)+勹(싸다)+丶(점) 흰(白: 흰 백)색으로 둥그렇게 둘러싼(勹: 쌀 포) 판에 점(丶)을 찍어놓은 것이 과녁(的)이다.	과녁 **적**

[dì] 명 과녁, 목표	目 的 mù dì 명 목적
[dí] 부 확실히	的 确 dí què 부 확실히
명 택시	的 士 dí shì 명 택시(taxi) 打的 dǎ dī 택시를 타다
[de] 조 ~의	我的 书 wǒ de shū 나(我)의(的) 책(书)
조 ~한	漂亮的 衣服 piào liang de yī fu 예쁜(漂亮的) 옷(衣服)
조 특정인이나 사물을 지칭	卖票 的 mài piào de 표(票)를 파는(卖)사람(的), 매표원 我 的 wǒ de 내(我) 것(的) 好 的 hǎo de 좋은 것
조 긍정의 어감 표시	好 的 hǎo de 좋아

● **알맞은 중국어 단어를 써 넣고, 듣고 따라 해 보세요.**

1 이것은 내 것 이다.
(这 是)

这 是 ________。

zhè shì wǒ de

2 우리 택시로(택시를 타고) 가자.
(我们 去吧)

我们 ________ 去吧。

wǒ men dǎ dī qù ba

잠깐만요!

- 중국에서 택시(taxi)를 표현하는 방법은 여러 가지입니다.
  중국 대륙 : 出租汽车 [chū zū qì chē] (出租车 [chū zū chē]라고 줄여서 말하기도 함)
  대만 : 计程车 [jì chéng chē] 홍콩 : 的士 [dí shì] (영어 'taxi'를 음역한 것임)
- '打的 [dǎ dī]'의 '的'는 '的士 [dí shì]'의 줄임말입니다.

정답 1. 我的 2. 打的

多	duō	多(많다/얼마나) = 夕(저녁)+夕(저녁) 저녁(夕: 저녁 석)에 또 저녁(夕: 저녁 석)이니 세월이 얼마나(多duō) 많이(多duō) 흘렀는지 모르겠구나.	많을 **다**
형 (수량이) 많다		多 少 duō shao 대 많고(多) 적음(少), 얼마 很 多 hěn duō 아주(很) 많다(多) 不 多 bù duō 많지(多) 않다(不) 差 不多 chà bu duō 차이(差)가 많지 않다(不多), 거의	
동 초과하다		多 余 duō yú 형 여분의, 나머지의	
부 얼마나		多 么 duō me 부 얼마나 多 大 duō dà 나이가 얼마나(多) 되니(大)? 몇 살이니? 多 高 duō gāo 키가 얼마나(多) 크니(高)?	

● **알맞은 중국어 단어를 써 넣고, 듣고 따라 해 보세요.**

1 너 몇 살이니?
你

你 ________?
nǐ duō dà

2 너 키가 얼마나 크니?
你

你 ________?
nǐ duō gāo

- '多大 [duō dà]', '多高 [duō gāo]'에서 '多 [duō]'는 '多么 [duō me]'를 줄여서 쓴 말입니다.
- 多余 [duō yú] + 的 : 남은 것 (여기서 '的'는 특정한 사물을 지칭함)
  如果有多余的，请给我(rú guǒ yǒu duō yú de qǐng gěi wǒ)。만약(如果) 남은 것(多余的)이 있으면 (有) 저에게 주세요(请给我).

정답 **1.** 多大 **2.** 多高

好	hǎo hào	好(좋다/좋아하다/매우) = 女(여자)+子(아들) 여자(女) 오른쪽에 아들(子)이 있으니 아주(好 hǎo) 보기 좋다(好 hǎo).	좋을 **호** 좋아할 **호**

[hǎo] 형 좋다	好 人 hǎo rén 명 좋은(好) 사람(人) 好 处 hǎo chu 명 좋은(好) 점(处), 장점, 혜택
형 (몸이) 건강하다	身体 好 shēn tǐ hǎo 몸(身体)이 건강하다(好)
형 ~하기 쉽다	好 说 hǎo shuō 말하기(说) 쉽다(好) 好 办 hǎo bàn 처리하기 쉽다
부 아주, 대단히	好 大 hǎo dà 아주(好) 크다(大) 好 漂亮 hǎo piào liang 아주(好) 예쁘다(漂亮)
감 좋아, 됐어	好 hǎo ! 好的 hǎo de ! 好了 hǎo le !
[hào] 동 좋아하다	爱 好 ài hào 명 취미

● 알맞은 중국어 단어를 써 넣고, 듣고 따라 해 보세요.

1 그는 좋은 사람이다.
他 是

他 是 (一)个 ________。
tā shì (yí) ge hǎo rén

2 그녀는 아주 예쁘다.
漂亮

那个女孩儿 ______漂亮。
nà ge nǚ hár hǎo piào liang

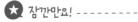

• 女孩 [nǚ hái] 여자, 여자아이

정답 1. 好人 2. 好

喝	hē	喝(마시다) =口(입)+曷(다하다) 입(口)의 크기를 다하여(曷 : 다할 갈) 벌려 마실 것을 마시다(喝 hē).	꾸짖을 **갈** 고함칠 **갈**
동 마시다		喝 水 hē shuǐ 동 물(水)을 마시다(喝) 喝 茶 hē chá 동 차(茶)를 마시다(喝) 喝 酒 hē jiǔ 동 술(酒)을 마시다(喝) 喝 汤 hē tāng 동 국(汤)을 마시다(喝), 국을 먹다	

● **알맞은 중국어 단어를 써 넣고, 듣고 따라 해 보세요.**

1 나는 콜라를 즐겨 마신다.
我 可乐 爱

我爱 ______ 可乐。
wǒ ài hē kě lè

2 날씨가 너무 더우니, 물 좀 많이 마셔라.
天气 太 热了 点儿 多

天气太热了，多 ______ 点儿 ______。
tiān qì tài rè le duō hē diǎr shuǐ

★ 잠깐만요!

- 우리 한자어에서 '喝(갈)'은 주로 '꾸짖다, 고함치다'의 의미로 쓰이나, 현대중국어에서는 '마시다'라는 의미로 쓰이며, '喝 [hē]'라고 발음합니다.
- 爱(喜欢) + 동사 : 즐겨 ~하다(이때 '爱(喜欢)'는 동사를 수식하는 부사처럼 쓰임)
  爱(喜欢)吃(ài chī) 즐겨 먹다 爱(喜欢)看(ài kàn) 즐겨 보다
- 우리는 '국을 먹다'라고 표현하지만, 중국인들은 '喝汤 [hē tāng]'이라고 해서 '국을 마신다'라고 합니다. 우리는 밥과 함께 국을 먹지만, 중국인들은 음식을 먹고 난 후 음식이 잘 내려가도록 국을 물처럼 마시는 습관이 있기 때문입니다.

정답 **1.** 喝 **2.** 喝, 水

012

교육용 1800자 / 신HSK 1.4.5급  012.mp3

<table>
<tr><td>和</td><td>hé
huo</td><td>**和(~와, ~과)**
= 禾(벼)+口(입)
벼(禾: 벼화)를 찧어 쌀로 만들어 입(口)에 넣으면 너와(和 hé) 내가 다 화목하다(和 hé).</td><td>화목할 **화**
화할 **화**</td></tr>
<tr><td colspan="2">[hé]
형 온화하다, 부드럽다, 평화롭다, 화목하다</td><td colspan="2">温 和 wēn hé 형 (태도가) 온화하다, 부드럽다
柔 和 róu hé 형 (담배 · 술맛이) 부드럽다
和 平 hé píng 명 평화(平和)
和 睦 hé mù 형 화목(和睦)하다</td></tr>
<tr><td colspan="2">접 ~와, ~과</td><td colspan="2">哥哥 和 弟弟 gē ge hé dì di 형(오빠)과 남동생
爸爸、妈妈 和 我 bà ba mā ma hé wǒ 아빠, 엄마 그리고 나(병렬되는 것이 둘 이상일 때는 마지막 둘 사이에 위치)</td></tr>
<tr><td colspan="2">[huo] 형 (날씨가) 따뜻하다</td><td colspan="2">暖 和 nuǎn huo 형 (날씨가) 따뜻하다</td></tr>
</table>

● **알맞은 중국어 단어를 써 넣고, 듣고 따라 해 보세요.**

1 나는 친구와 내일 병원에 간다.
朋友 明天 医院 去

我 ______ 朋友 明天 去医院。
wǒ hé péng you míng tiān qù yī yuàn

2 봄에는 날씨가 따뜻하다.
春天 天气

春天 天气 __________。
chūn tiān tiān qì nuǎn huo

잠깐만요!

- '和 [hé]'가 '~와(과)'의 의미로 쓰일 때는 '跟 [gēn]'과 같은 의미이나, 회화체에서는 '跟'이 더 많이 쓰입니다.
- 우리 한자어에서는 '平和(평화)'라고 쓰지만, 중국인들은 거꾸로 '和平 [hé píng]'이라고 합니다.
- 우리 한자어에서는 '병원'을 '病院'이라고 쓰지만, 중국에서는 '医院 [yī yuàn]'이라고 합니다. '病院'은 일본식 한자입니다.
  中医院 [zhōng yī yuàn] 한방(中) 병원(医院)　　西医院 [xī yī yuàn] 양방(西) 병원(医院)

정답 **1.** 和 **2.** 暖和

叫 jiào	叫(부르다, ~하게 하다) =口(입)+丩(얽히다) 입(口)이 얽히도록(丩: 얽힐 규) 불러(叫) 일을 하도록 시키다(叫 jiào).	부르짖을 **규**
동 부르다	**叫 醒** jiào xǐng 동 불러(叫) 깨우다(醒)	
동 (이름을) ~라 부르다(하다)	**我 叫 雪花** wǒ jiào xuě huā。 나(我)는 설화(雪花)라고 해(叫).	
동 (동물이) 짖다, 지저귀다, 울다	**鸟 叫** niǎo jiào 새(鸟)가 지저귀다(叫) **狗 叫** gǒu jiào 개(狗)가 짖다(叫)	
사동 ~하게 하다	**叫 他 拿来** jiào tā ná lái 그 더러(叫他) 가져오라(拿来) 하세요!	

● **알맞은 중국어 단어를 써 넣고, 듣고 따라 해 보세요.**

1 너 이름을 뭐라고 부르니?(너 이름이 뭐니)?
你 名字 什么

你 ______ 什么名字?

nǐ jiào shén me míng zi

2 그더러(그로 하여금) 오후 회의에 참석하라고 해라.
他 下午 会议 参加

______ 他参加下午的会议。

jiào tā cān jiā xià wǔ de huì yì

잠깐만요!

• 중국어로 '너 이름이 뭐니(존대어가 아님)?'라고 물을 때는 '你叫什么(名字)?'라고 말하며, 줄여서 '你叫什么?'라고도 많이 말합니다.

정답 **1.** 叫 **2.** 叫

014

교육용 1800자 / 신HSK 1.4.5.6급 

看	kàn kān	看(보다/~라 생각하다) = 手(손)+目(눈) 손(手: 손수) 밑에 눈(目: 눈 목)을 비비며 본다 (看 kàn).	볼 **간** 지킬 **간**

[kàn] 동 보다, ~라고 생각하다	看 见 kàn jiàn 동 (직접) 보다, 보이다 看 不起 kàn bu qǐ 동 무시하다, 경시하다 看 法 kàn fǎ 명 견해 看 来 kàn lái 동 보아하니 ~하다 看 病 kàn bìng 동 병(病)을 보다(看), 진찰하다 你 看 怎么样? nǐ kàn zěn me yàng 네가(你) 보기에(看) 어때(怎么样)?
[kān] 동 지키다, 돌보다	看 家 kān jiā 동 집(家)을 보다(지키다)(看) 看 孩子 kān hái zi 동 아이(孩子)를 돌보다(看)

● 알맞은 중국어 단어를 써 넣고, 듣고 따라 해 보세요.

1 엄마는 TV를 보고 계신다.
妈妈 电视 在

妈妈 在 ______ 电视。
mā ma zài kàn diàn shì

2 어제 나는 왕 선생님을 보았다.
昨天 我 王 老师

昨天 我 __________ 王老师了。
zuó tiān wǒ kàn jiàn wáng lǎo shī le

잠깐만요!

- 电视 diàn shì 명 T.V, 텔레비전
  在看电视(zài kàn diàn shì)。 텔레비전(电视)을 보고(看) 있다(在).('在'는 진행을 나타냄)
  看见王老师了(kàn jiàn wáng lǎo shī le)。 왕 선생님을 (직접) 보았다.(了: 상태의 변화를 나타냄)

정답 1. 看 2. 看见

老 lǎo	老(늙은/낡은/오래 된) = 土(흙)+丿(비스듬히)+匕(숟가락) 흙(土: 흙 토)에 비스듬히(丿: 삐침) 숟가락(匕: 숟가락 비)을 꽂은 노인(老)은 늙었다(老 lǎo).	늙을 **로**
형 늙은, 낡은, 오래 된	老 爷爷 lǎo yé ye 명 할아버지 老 朋友 lǎo péng you 명 오랜(老) 친구(朋友) 老 同学 lǎo tóng xué 명 옛(老) 동창(同学)	
접두 존경의 의미를 나타냄	老 师 lǎo shī 명 선생님 老 虎 lǎo hǔ 명 호랑이 老 鼠 lǎo shǔ 명 쥐 老 板 lǎo bǎn 명 상점주인, (구멍가게 · 중소기업) 사장	
부 늘, 언제나, 항상	老 是 lǎo shi 부 늘, 언제나, 항상	
형 얌전한, 솔직한	老 实 lǎo shi 형 얌전한, 솔직한	

● **알맞은 중국어 단어를 써 넣고, 듣고 따라 해 보세요.**

1 우리 둘은 옛 동창이자, 오랜 친구이기도 하다.
我们 俩 … 也是

我们俩 是 ＿＿＿＿＿＿, 也是 ＿＿＿＿＿＿。
wǒ men liǎ shì lǎo tóng xué yě shì lǎo péng you

2 할아버지, 제가 당신이 물건 드시는 것을 도와 드릴게요.(제가 물건을 들어 드릴게요.)
您 东西 拿 帮 吧

＿＿＿＿＿＿, 我 来帮 您拿东西 吧。
lǎo yé ye wǒ lái bāng nín ná dōng xi ba

잠깐만요!

- '老师 [lǎo shī], 老虎 [lǎo hǔ], 老鼠 [lǎo shǔ]'의 '老 [lǎo]'는 '늙다'라는 의미가 아니라, 실제적 의미 없이 문법적 기능만 하는 허사로 '존경'의 의미를 나타내고 있습니다. 옛날에 선생님(师: 스승 사)은 가장 존경 받는 분이었으며, 호랑이(虎: 호랑이 호)는 '산신령'으로 간주 되었고, 쥐(鼠: 쥐 서)는 '양상군자(梁上君子)'로 간주 되어 존경의 의미로 '老 [lǎo]'를 덧붙인 것 같습니다.

정답 **1.** 老同学, 老朋友 **2.** 老爷爷

去	qù	去(가다/과거) = 土(흙)+厶(사사롭다) 흙(土: 흙 토) 밑으로 사사로이(厶: 사사로울 사) 간(去 qù) 것들은 과거(去 qù)사 이다.	갈 **거** 과거 **거**
동 가다		去过 qù guo 가(去)본 적(过)이 있다 过去 guò qù 명 과거 去年 qù nián 명 작(去)년(年)	
동 떠나다		去世 qù shì 동 [경어] 세상(世)을 떠나다(去), 돌아가시다	

● **알맞은 중국어 단어를 써 넣고, 듣고 따라 해 보세요.**

1 나는 작년에 중국을 간 것이다.
我 中国 去 是~的

我是 ________ 去中国的。
wǒ shì qù nián qù zhōng guó de

2 그녀의 어머니는 작년에 병으로 돌아가셨다.
她 母亲 在 因病

她母亲在 ________ 因病 ________ 。
tā mǔ qīn zài qù nián yīn bìng qù shì

- 是 + 시간/장소/방법 + 的 : 시간, 장소, 방법을 강조함('是'는 생략하기도 함)
  你(是)什么时候来的(nǐ (shì) shén me shí hou lái de)? 너(你) 언제(什么时候) 왔니(来的)?
  我(是)去年来的(wǒ (shì) qùnián lái de)。나(我)는 작년(去年)에 왔다(来的).
- 동사 + 过 : ~한적이 있다 (과거의 경험을 나타냄)
  吃过(chī guò) 먹어 본적이 있다　看过(kàn guò) 본적이 있다
- '因病 [yīn bìng]'은 '병(病) 때문에(因)'라는 뜻으로, '因为病 [yīn wèi bìng]'을 줄여서 쓴 말입니다.

정답 **1.** 去年 **2.** 去年, 去世

교육용 1800자 / 신HSK 1~3,5,6급 017.mp3

上	shàng	上(위/오르다) =丨(막대)+一(가로획)+一(기준이 되는 탁자) 막대(丨)를 세워 중간에 가로 획(一)을 긋고 아래 기준이 되는 탁자(一) 위(上)에 올려놓은 것이니 오르다(上 shàng)는 의미이다.	위 **상** 오를 **상**
명 위		桌子 上 zhuō zi shàng 탁자(桌子) 위(上) 上 面 shàng mian 명 (공간적) 위, (순서상) 앞 上 午 shàng wǔ 명 오전(午: 정오)	
동 (높은 것 · 탈 것에) 오르다		上 车 shàng chē 동 차(车)에 오르다(上), 차를 타다 上 班 shàng bān 동 근무(班)하러 가다(上), 출근하다 上 网 shàng wǎng 동 인터넷(网)을 하다	

● **알맞은 중국어 단어를 써 넣고, 듣고 따라 해 보세요.**

1 탁자 위에 사과가 좀 있다.
苹果 一些 有

________ 有一些苹果。
zhuō zi shàng yǒu yì xiē píng guǒ

2 나는 이미(벌써) 2시간 동안 인터넷을 했다.
我 已经 两个小时 了

我已经 ______ 了两个小时的 ______ 了。
wǒ yǐ jīng shàng le liǎng ge xiǎo shí de wǎng le

잠깐만요!

- '上'은 우리 한자어에서는 주로 '위'라는 명사로 많이 쓰이지만, 중국어에서는 '위'라는 명사의 의미와 '오르다'라는 동사의 의미 모두 자주 쓰입니다.
- '上网 [shàng wǎng]'은 동사(上)와 목적어(网)가 결합된 형식의 단어입니다. 일반적으로 수식하는 말은 동사(上)와 목적어(网) 사이에 두어야 합니다.
  上了一个小时的网(shàng le yí ge xiǎo shí de wǎng)。 1시간(一个小时) 동안 인터넷(网)을 했다(上了).
- 已经 [yǐ jīng] ~ 了 : 이미 ~했다
  2번 문장에서 앞의 '了'는 '동작의 완료'를, 뒤의 '了'는 '상태의 변화'를 나타냅니다.

정답 **1.** 桌子上 **2.** 上, 网

少	shǎo shào	少(적다/젊다/모자라다) = 小(작다)+ 丿(일부가 떨어져 나가다) 작은(小: 작을 소) 물건에서 그 일부가 떨어져 나가(丿) 그 양이 적어지고(少 shǎo) 또 젊어졌다(少 shào).	적을 **소** 젊을 **소**
[shǎo] 형 적다		不 少 bù shǎo 형 적지(少) 않은(不), 많은 多 少 duō shao 대 많고(多) 적음(少), 얼마 减 少 jiǎn shǎo 동 감소하다, 줄다	
동 모자라다, 부족하다		缺 少 quē shǎo 동 (인원 · 수량이) 모자라다, 부족하다	
[shào] 형 젊다		少 年 shào nián 명 소년 少 爷 shào ye 명 [옛말] 도련님	

● **알맞은 중국어 단어를 써 넣고, 듣고 따라 해 보세요.**

1 오늘(今天) 그녀(她)는 적지 않은(많은) 과일(水果)을 샀다(买了).

今天 她 买了 ________ 水果。

jīn tiān tā mǎi le bù shǎo shuǐ guǒ

2 이곳(这里)에 아직(还) 의자(椅子) 하나(一把)가 모자란다.

这里 还 ________ 一把椅子。

zhè lǐ hái quē shǎo yì bǎ yǐ zi

잠깐만요!

- 一把椅子(yì bǎ yǐ zi) : 一(수사) + 把(양사) + 椅子(명사)
  '把 [bǎ]'는 의자를 세는 양사입니다.
- '还'가 부정문에 쓰이면 '아직'이라는 뜻을 나타냅니다.
  他还没来(tā hái méi lái)。그(他)는 아직(还) 안 왔다(没来).

정답 **1.** 不少 **2.** 缺少

水	shuǐ	**水(물)** **= 丨(골짜기)+ 7(물이 왼쪽으로 흐르는 모양)+ ㄑ(물이 오른쪽으로 흐르는 모양)** 골짜기(丨)를 따라 굽이(7) 굽이(ㄑ) 흘러가는 것은 물(水 shuǐ) 이다.	물 **수**
명 **물, 용액**		**墨 水** mò shuǐ 명 먹(墨)물(水), 잉크 **自来 水** zì lái shuǐ 명 저절로(自) 나오는(来) 물(水), 수돗물 **水 果** shuǐ guǒ 명 물(水)이 들어있는 과실(果), 과일 **水 平** shuǐ píng 명 수(水)준(準)	

● **알맞은 중국어 단어를 써 넣고, 듣고 따라 해 보세요.**

1 나는 과일을 즐겨 먹는다.
我 喜欢 吃

我 喜欢吃 ＿＿＿＿＿。
wǒ xǐ huān chī shuǐ guǒ

2 나는 반드시 열심히 공부해서, 내 중국어 수준을 향상시켜야 한다.
我 一定 努力 学习 我的 汉语 提高 要

我 一定要 努力学习，提高 我的汉语 ＿＿＿＿＿。
wǒ yí dìng yào nǔ lì xué xí　tí gāo wǒ de hàn yǔ shuǐ píng

잠깐만요!

• 우리말 한자어로 '수준'은 '水準'이라고 쓰지만, 현대중국어에서는 '수준'을 '水平 [shuǐ píng]'이라고 합니다. '水準'은 고대중국어이고, '水平 [shuǐ píng]'은 현대중국어입니다.
提高 [tí gāo] (수준 · 질을) 향상시키다(높이다)
提高水平(tí gāo shuǐ píng) 수준(水平)을 향상시키다(提高).

정답 **1.** 水果 **2.** 水平

是	shì	是(옳다/~이다) = 日(해)+正(바르다) 해(日)처럼 바르게(正) 온 세상을 비추는 것이 옳은(正) 것 이다(是 shì).	옳을 **시**
형 옳다, 맞다		是 非 shì fēi 명 시비, 옳고(是) 그름(非)	
감 예, 네, 그렇습니다		是 shì 감 예, 네, 그렇습니다 是 的 shì de 예, 네, 그렇습니다	
동 ~이다		是 否 shì fǒu 부 ~인지(是) 아닌지(否) ~是 我的 ~shì wǒ de ~은(는) 내 것(我的) 이다(是)	

● **알맞은 중국어 단어를 써 넣고, 듣고 따라 해 보세요.**

1 물건은 좋기는 좋은데, 그저 좀 비싸다.
东西 就是 有点儿 贵

东西 好 ______ 好，就是 有点儿贵。
dōng xi hǎo shì hǎo jiù shì yǒu diǎr guì

2 너는 학생 이니? 네, 저는 학생 입니다.
你 学生 是~吗? 我 学生 是

你 ______ 学生吗? ______，我 是 学生。
nǐ shì xué sheng ma shì wǒ shì xué sheng

잠깐만요!

- '是 [shì]'나 '是的 [shì de]'가 감탄사로 쓰일 때는 '是的'는 주로 구어체에 사용되며, 긍정의 의미를 더 강조할 때 씁니다.
- '有点儿 [yǒu diǎr]'은 '좀'이라는 뜻으로, 뒤에 부정적인 말이 옵니다.
  有点儿热(yǒu diǎr rè)。좀(有点儿) 덥다(热).
  有点儿冷(yǒu diǎr lěng)。좀(有点儿) 춥다(冷).
- '是'의 부정은 반드시 '不是 [bú shì]'입니다. '不'는 4성 앞에서는 2성으로 발음해야 합니다.
  我们不是日本人(wǒ men bú shì rì běn rén)。우리들(我们)은 일본인(日本人)이 아닙니다(不是).

정답 **1.** 是 **2.** 是, 是

太	tài	太(크다/너무/아주) = 大(크다)+丶(점) 큰 대(大: 큰 대) 아래에 점(丶)을 찍으면 太陽(태양)이라는 '太'자 외에, 아주(太 tài) 너무(太 tài) 하다는 뜻으로 많이 쓰인다.	클 태
형 크다, 높다		太阳 tài yáng 명 해, 태양 太太 tài tai 명 아내, 부인(기혼 여성에 대한 존칭) 太极拳 tài jí quán 명 태극(太极)권(拳) 打太极拳 dǎ tài jí quán 태극권(太极拳)을 하다(打)	
부 지나치게, 아주, 너무		太好了 tài hǎo le 아주(太) 좋다(好)	

● 알맞은 중국어 단어를 써 넣고, 듣고 따라 해 보세요.

1 비가 멎고, 해가 떴다.
雨 停了 出来了

雨停了，__________ 出来了。
yǔ tíng le tài yáng chū lái le

2 너 태극권 할 줄 아니?
你 会打 吗?

你会打 __________ 吗?
nǐ huì dǎ tài jí quán ma

잠깐만요!

- '太 [tài]'는 '太~了'의 형태로 '너무 ~하다'라는 뜻의 부사로 쓰이며, 좋은 의미와 좋지 않은 의미 모두 다 쓸 수 있습니다.
  太好了(tài hǎo le)。아주(太) 좋다(好了).
  太贵了(tài guì le)。너무(太) 비싸다(贵了).
- 会 [huì] (배워서) 할 줄 할다
  我会打太极拳(wǒ huì dǎ tài jí quán)。나(我)는 태극권(太极拳)을 할 줄 안다(会打).

정답 **1.** 太阳 **2.** 太极拳

喂	wèi	喂(여보세요/먹이다) = 口(입)+畏(두려워하다) 입(口)으로 두려워(畏: 두려워할 외) 여보세요(喂 wéi)라고 부른다(喂 wéi).	부르는 소리 **위** 먹일 **위**
감 여보세요, 야, 어이		喂 wèi 감 여보세요	
동 (음식을) 먹이다		喂 奶 wèi nǎi 동 젖(奶)을 먹이다(喂) 喂 饭 wèi fàn 밥(饭)을 먹이다(喂) 喂 狗 wèi gǒu 개(狗)를 먹이다(喂), 개(狗)에게 먹이를 주다(喂)	

● 알맞은 중국어 단어를 써 넣고, 듣고 따라 해 보세요.

1 여보세요, 당신은 누구세요?
您 哪位

______, 您 是 哪位?
wèi nín shì nǎ wèi

2 환자 에게 밥을 먹이다(먹여주다).
病人 给

给病人 __________。
gěi bìng rén wèi fàn

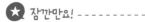

- 给 [gěi] + 사람 + 동사 : ~에게 …하여 주다
  我给你吃(wǒ gěi nǐ chī)。내(我)가 너에게(给你) 먹여(吃) 줄게.
- 우리말 한자어나 고대중국어(서면어)에서는 '환자'를 '患者 [huàn zhě]'라고 쓰지만, 현대중국어(구어)에서는 '病人 [bìng rén]'이라고 합니다.

정답 **1.** 喂 **2.** 喂饭

想 xiǎng	想(생각하다/~하고 싶다/보고 싶다) = 相(서로)+心(마음) 서로(相: 서로 상) 마음으로(心: 마음 심) 생각하니(想) 보고 싶다(想 xiǎng).	생각할 **상** 상상할 **상**
동 생각하다	想 象 xiǎng xiàng 명동 상상(하다)	
동 ~하고 싶다	想 唱歌 xiǎng chàng gē 노래(歌)를 부르고(唱) 싶다(想)	
동 그리워하다, 보고 싶어 하다	想 家 xiǎng jiā 동 집(家) 생각을 하다(想), 집(家)을 그리워하다(想) 想 念 xiǎng niàn 동 그리워하다	

● **알맞은 중국어 단어를 써 넣고, 듣고 따라 해 보세요.**

1 너 무슨 생각을 하고 있니?
你 什么 在~呢

你 在 ______ 什么呢?
nǐ zài xiǎng shén me ne

2 너 어디에 앉고 싶니?
你 在哪儿 坐

你 ______ 坐在哪儿?
nǐ xiǎng zuò zài nǎr

잠깐만요!

- '想'은 우리말 한자로 주로 '생각하다'라는 의미로 쓰이지만, 중국어에서는 '생각하다' 외에 '그리워하다, 보고 싶다'라는 의미로도 자주 쓰입니다. '그리워하다'라는 뜻으로 '想念 [xiǎng niàn]'이 있으나 주로 문어체에 쓰이며, 회화체에서는 일반적으로 '想 [xiǎng]'이라고 말합니다.
  我想你(wǒ xiǎng nǐ)。나는(我) 네가(你) 보고 싶다(想).
- 在 [zài] + 동사 : 진행을 나타냄.
  想 [xiǎng] 생각하다　　在想(zài xiǎng) 생각하고 있다

정답 **1.** 想 **2.** 想

小	xiǎo	小(작다/어리다) = 丨(물건 하나)+八(나누다) 물건 하나(丨)를 양쪽으로 나누니(八: 나눌 팔) 작아졌다(小 xiǎo).	작을 **소**

형 (크기가) 작다	大 小 dà xiǎo 명 크고(大) 작은 것(小), 크기 小 姐 xiǎo jiě 명 아가씨 小 时 xiǎo shí 명 시간(의 양) 小 心 xiǎo xīn 조심하세요! 조심해!
형 (나이가) 어리다	比 我 小 一岁 bǐ wǒ xiǎo yí suì 나(我)보다(比) 한 살(一岁) 어리다(小)
접 (자신보다) 연소자를 나타냄	小 李 xiǎo lǐ 명 샤오 리, 이 군

● **알맞은 중국어 단어를 써 넣고, 듣고 따라 해 보세요.**

1 내 방은 너무 작다.
我的房间 太

我的房间 太 ______ 了。
wǒ de fáng jiān tài xiǎo le

2 이(한 분의) 아가씨를 나는 안다.
这 位 我 认识

这位 __________ 我认识。
zhè wèi xiǎo jiě wǒ rèn shi

잠깐만요!

- '小李 [xiǎo lǐ] 아가씨'의 '小'는 접두사로, 중국인들은 습관상 자신과 나이가 비슷하거나 어린 사람을 부를 때 '성(姓)' 앞에 '小 [xiǎo]'를 붙여 친근함을 나타냅니다. 반대로 자신보다 나이가 많거나, 존경의 의미로 친근하게 부를 때는 '성(姓)' 앞에 '老 [lǎo]'를 붙여 부릅니다.
  小李 [xiǎo lǐ] 이 군　小王 [xiǎo wáng] 왕 군　老王 [lǎo wáng] 왕 형　老张 [lǎo zhāng] 장 형
- '小姐 [xiǎo jiě]'는 현재 중국에서 술집 · 식당 · 호텔 등 접객업소에서 주로 사용하는 어휘이며, 일반적으로는 '姑娘 [gū niang]'이나 '大姐 [dà jiě]'를 사용합니다.

정답 **1.** 小 **2.** 小姐

些	xiē	些(조금/약간) = 此(이것)+二(두 개) 이것(此 : 이 차) 밑에 두(二) 개 밖에 없으니 양이 적다(些 xiē).	적을 **사**
명 조금, 약간		一 些 yì xiē 양 약간, 조금 这 些 zhè xiē 대 이것(这)들(些), 이들 那 些 nà xiē 대 저것(那)들(些), 저들 有 些 yǒu xiē 대 어떤 것(사람) 부 좀, 약간	

● **알맞은 중국어 단어를 써 넣고, 듣고 따라 해 보세요.**

1 날이 아주 추워서, 그는 더운물을 약간 마셨다.
天气 很 冷 他 热水 喝了

天气 很冷，他 喝了 __________ 热水。

tiān qì hěn lěng tā hē le yì xiē rè shuǐ

2 이 군은 이 노래들을 아주 좋아한다.
小李 歌儿 很 喜欢

小李 很喜欢 __________ 歌儿。

xiǎo lǐ hěn xǐ huān zhè xiē gēr

잠깐만요!

- 현대중국어는 한국어에 비해 존댓말이 거의 발달되어 있지 않습니다. 그래서 '这些 [zhè xiē]'는 '이것들' 뿐만 아니라 '이 사람들', '이분들'도 될 수 있습니다. 이런 현상은 아마도 영어의 영향을 받은듯 합니다.
  这是我儿子(zhè shì wǒ ér zi)。This is my son. 얘는 제 아들입니다.
  这是我爸爸(zhè shì wǒ bà ba)。This is my father. 이 분은 제 아버지입니다.
  这是我爷爷(zhè shì wǒ yé ye)。This is my grandfather. 이 분은 제 할아버지입니다.

정답 **1.** 一些 **2.** 这些

有	yǒu	有(있다/~만큼) = 一(하늘)+ 丿(아래)+ 月(달) 하늘(一) 아래에(丿) 달(月)이 있으니(有) 그 만큼(有) 풍요롭다.	있을 **유**
동 있다, 가지고 있다		有 名 yǒu míng 형 이름(名)이 있다(有), 유명(有名)하다 有 趣 yǒu qù 형 재미(趣)가 있다(有) 有 利 yǒu lì 형 이로운 점(利 lì)이 있다(有), 유리(有利)하다	
동 ~만큼 …하다 (동등 비교)		有 这么 yǒu zhè me 이(这么) 만큼(有) 没 有~ méi yǒu~ ~만큼 …하지 않다	

● **알맞은 중국어 단어를 써 넣고, 듣고 따라 해 보세요.**

1 나는 그녀만큼 그렇게 예쁘지 않다.
我 她 那么 漂亮

我 ________ 她 那么漂亮。
wǒ méi yǒu tā nà me piào liang

2 책에 너의 이름이 있다.
书上 你的 名字

书上 ______ 你的名字。
shū shàng yǒu nǐ de míng zì

- '有'는 우리 한자어에서는 주로 '있다, 가지고 있다'의 의미로 사용되지만, 중국어에서는 '있다'의 의미 외에도 '~만큼 …하다'의 의미로도 자주 사용되고 있습니다.
  他有我这么高(tā yǒu wǒ zhè me gāo)。그는(他) 나(我)만큼(有) 이렇게(这么) 키가 크다(高).
  他没有我这么高(tā méi yǒu wǒ zhè me gāo)。그는(他) 나(我)만큼(有) 이렇게(这么) 키가 크지(高) 않다(没).

정답 **1.** 没有 **2.** 有

027

坐	zuò	坐(앉다/타다) = 人人(두 사람)+土(흙) 두 사람(人人)이 흙(土: 흙 토) 위에 앉아(坐 zuò) 있는 것처럼 탈것에 타고(坐 zuò) 있다.	앉을 **좌**
동 앉다		请 坐 qǐng zuò 앉으(坐)세요(请) 坐 下 zuò xià 동 (아래로下) 앉다(坐), 착석하다(下: 방향 보어)	
동 (탈것을) 타다		坐 火车 zuò huǒ chē 기차(火车)를 타다(坐) 乘 坐 chéng zuò 동 (차·배·비행기 등을) 타다	

● **알맞은 중국어 단어를 써 넣고, 듣고 따라 해 보세요.**

1 모두 다 앉으세요(착석하세요).
大家 都 吧

大家 都 ＿＿＿＿＿ 吧。
dà jiā dōu zuò xià ba

2 여러분이 지하철 2호선에 승차하신 것을 환영합니다.
你们 地铁 2号线 欢迎

欢迎 你们 ＿＿＿＿＿ 地铁二号线。
huān yíng nǐ men chéng zuò dì tiě èr hào xiàn

• '坐 [zuò]', '乘 [chéng]', '乘坐 [chéng zuò]'는 모두 '(차 · 배 · 비행기 등을) 타다'라는 의미입니다. 단 '坐 [zuò]'는 회화체에 주로 쓰이며, '乘 [chéng]'이나 '乘坐 [chéng zuò]'는 회화체에서 공손한 표현으로 쓰이기도 하지만, 주로 문어체에 많이 쓰입니다.

정답 **1.** 坐下 **2.** 乘坐

做	zuò	做(하다/~이 되다) = 人(사람)+故(연고) 사람(人)은 연고(故)가 있어 하게(做 zuò) 된다(做 zuò).	지를 **주** 만들 **주**
동 하다, (밥 · 글을) 짓다		做 作业 zuò zuò yè 숙제(作业)를 하다(做) 做 生意 zuò shēng yi 동 장사(生意)를 하다(做) 做 饭 zuò fàn 동 밥(饭)을 하다(짓다)(做)	
동 ~이 되다, ~노릇을 하다		做 妈妈 zuò mā ma 엄마(妈妈)가 되다(做)	

● **알맞은 중국어 단어를 써 넣고, 듣고 따라 해 보세요.**

1 그는 숙제를 하고 있다.
他 在

他 在 ＿＿＿＿＿＿。
tā zài zuò zuò yè

2 너 밥 할 줄 아니?
你 会~吗

你 会 ＿＿＿＿＿＿ 吗?
nǐ huì zuò fàn ma

잠깐만요!

- 在 [zài] + 동사 : ~을 하고 있다(동작의 진행을 나타냄)
  在吃(zài chī) 먹고(吃) 있다(在).
  在看(zài kàn) 보고(看) 있다(在).
  在做作业(zài zuò zuò yè)。숙제를(作业) 하고(做) 있다(在).
  在看电视(zài kàn diàn shì)。텔레비전(电视)을 보고(看) 있다(在).
- '会 [huì]'는 동사 앞에서 '~할 줄 안다'라는 의미로 쓰이며, 이 때는 배워서 할 줄 아는 것을 뜻합니다.
  会说(huì shuō) 말 할 줄 한다.　　会游泳(huì yóu yǒng) 수영을 할 줄 안다.

정답 **1.** 做作业 **2.** 做饭

白	bái	白(희다/밝다/헛되이) = 丿(내리쬐다)+日(해) 내리쬐는(丿) 해(日: 해 일)는 희고(白) 밝아(白) 그 아래서 헛되이(白 bái) 시간을 보내기 쉽다.	흰 **백** 헛될 **백**
형 희다		白色 bái sè 명 흰(白)색(色)	
형 밝다		白天 bái tiān 명 밝은(白)날(天), 낮	
부 헛되이, 쓸데없이		白白地 bái bái de 부 헛되이 白费力气 bái fèi lì qi 힘(力气)을 헛되이(白) 소비하다(费), 헛수고하다 白跑 bái pǎo 동 헛(白)걸음을 하다(跑) 白跑一趟 bái pǎo yí tàng 한 차례(一趟) 헛걸음을 하다(白跑)	
부 공짜로		白吃 bái chī 동 공짜(白)로 먹다(吃)	

● **알맞은 중국어 단어를 써 넣고, 듣고 따라 해 보세요.**

1 오늘 구내식당이 문을 닫아, 우리는 한 차례 헛걸음을 했다.
今天 食堂 关门 我们 一趟

今天 食堂 关门，我们 __________ 一趟。

jīn tiān shí táng guān mén wǒ men bái pǎo le yí tàng

2 당신에게 헛되이 수고를 끼치게 할 수는 없죠.
让您 受累 不能

不能 __________ 让您 受累。

bù néng bái bái de ràng nín shòu lèi

잠깐만요!

- '食堂 [shí táng]'은 학교와 회사의 '구내식당'만을 의미합니다. 길거리의 식당은 '食堂'이라 하지 않고, '饭馆 [fàn guǎn]'이나 '餐厅 [cān tīng]', 혹은 '饭店 [fàn diàn]'이라 합니다.
- 让 [ràng] ~하여금 …하게 하다(사역동사)
  累 [lèi] 피곤하다, 수고하다　　受累 [shòu lèi] 수고를 끼치다.
  让您受累了(ràng nín shòu lèi le)。당신으로 하여금(让您) 수고를 하게 했습니다(受累了).
  (당신에게) 수고를 끼쳤습니다.

정답 **1.** 白跑了 **2.** 白白地

030

比	bǐ	**比(비교하다/~보다)** 앉아 있는 두 사람을 견주어 비교(比)해 보니 한 사람이 다른 한 사람 보다(比 bǐ) 나은 점이 각각 있다.	견줄 **비** 겨룰 **비** 비율 **비**
동 **비교하다**		**比 较** bǐ jiào 동 비교하다 부 비교적	
동 **겨루다**		**比 赛** bǐ sài 명 경기, 시합	
명 **비, 비율**		**比 例** bǐ lì 명 비율	
전 **~보다**		**比 昨天 热** bǐ zuó tiān rè。 어제(昨天)보다(比) 덥다(热).	

● **알맞은 중국어 단어를 써 넣고, 듣고 따라 해 보세요.**

1 나는 너보다 나이가 2살 많다.
我 你 两岁 大

我 ______ 你 大 两岁。
wǒ bǐ nǐ dà liǎng suì

2 두 가지 옷을 좀 비교해 보자.
两 件 衣服 把 一下

把两件衣服 __________ 一下。
bǎ liǎng jiàn yī fu bǐ jiào yí xià

잠깐만요!

- 大 [dà] 형 나이가 많다
  我比你大(wǒ bǐ nǐ dà)。나(我)는 너보다(比你) 나이가 많다(大).
- 중국어에서 비교문을 부정할 때는 반드시 '比 [bǐ]' 앞에 부정어 '不 [bù]'를 두어 비교문 전체를 부정해야 합니다.
  不比 [bù bǐ] ~보다 …하지 않다
  我不比你大(wǒ bù bǐ nǐ dà)。나(我)는 너보다(比你) 나이가 많지 않다(不~大). 나는 너보다 어리다.
  我不比你漂亮(wǒ bù bǐ nǐ piào liang)。나는 너보다 예쁘지 않다.
- '比较'는 '비교적'이라는 '부사'로도 많이 쓰입니다.
  比较好(bǐ jiào hǎo)。비교적(比较) 좋다(好). 比较贵(bǐ jiào guì)。비교적(比较) 비싸다(贵).

정답 **1.** 比 **2.** 比较

031 교육용 1800자 / 신HSK 2급 031.mp3

别	bié	别(다르다/이별하다/구별하다/특별한/~마라) = 口(입)+力(힘)+ 刂(칼) 입(口) 아래에 힘(力)을 주고 옆에 칼(刂)을 들이대면 다른(别 bié) 특별한(别 bié) 사람으로 알고 헤어지니(别 bié) 그러지 마라(别 bié).	다를 **별** 이별할 **별** 구별할 **별** 특별할 **별**

형 다르다	别的 bié de 대 다른(别) 것(的) 别人 bié rén 대 다른(别) 사람(人), 남, 타인
동 이별하다	离别 lí bié 동 이별하다
동 구별하다	区别 qū bié 명 구별, 차이 特别 tè bié 부 특별히, 아주
부 ~하지 마라	别着急 bié zháo jí 서두르지(着急) 마(别)! 조급해 하지 마!

● **알맞은 중국어 단어를 써 넣고, 듣고 따라 해 보세요.**

1 이 책은 다른 사람 것 이지 내 것 이 아니다.
这本书 的 是 我的 不是

这本书 是 __________ 的，不是 我的。
zhè běn shū shì bié rén de bú shì wǒ de

2 너 이 옷을 입지 마라, 별로 예쁘지 않다.
你 这件衣服 穿 不太好看

你 ______ 穿 这件衣服了，不太好看。
nǐ bié chuān zhè jiàn yī fú le bú tài hǎo kàn

잠깐만요!

- '我'라는 인칭대명사에 '的'가 붙어 '나의(내) 것'이라는 의미의 명사가 되었습니다.
  你的(nǐ de) 너의(네) 것(的) 他的(tā de) 그(他)의 것(的)
  别人的(bié rén de) 다른 사람(别人) 것(的)
- '别~了 [bié le] (더 이상) ~하지 마라
  别吃了(bié chī le) 먹지 마! 别看了(bié kàn le) 보지 마!
  别提了(bié tí le) 말도 (꺼내지) 마!

정답 1. 别人 2. 别

穿 chuān	穿(입다/신다) = 穴(구멍)+牙(어금니) 구멍(穴: 구멍 혈) 밑에 어금니(牙 : 어금니 아)로 구멍을 뚫는(穿) 것처럼 옷을 입고(穿), 신발 · 양말을 신는다(穿 chuān).	뚫을 **천** 구멍 **천**
동 뚫다	**滴水穿石** dī shuǐ chuān shí 성 한 방울씩 뚝뚝 떨어지는 물(滴水)이 바위(石)를 뚫는다(穿), 작은 힘이라도 꾸준히 끈기 있게 계속하면 성공할 수 있다.	
동 (옷을) 입다, (신발 · 양말을) 신다	**穿衣服** chuān yī fu 옷(衣服)을 입다(穿) **穿鞋** chuān xié 신발(鞋)을 신다(穿) **穿袜子** chuān wà zi 양말(袜子)을 신다(穿)	

● **알맞은 중국어 단어를 써 넣고, 듣고 따라 해 보세요.**

1 그녀는 붉은색 옷 한 벌을 입고 있다.
她 红色 衣服 一件 着

她 ______ 着 一件 红色的衣服。
tā chuān zhe yí jiàn hóng sè de yī fu

2 너는 오늘(옷을) 아주 예쁘게 입었구나.
今天 很 漂亮

你 今天 ______ 得 很漂亮。
nǐ jīn tiān chuān de hěn piào liang

잠깐만요!

- '穿 [chuān]'은 본래 '뚫는다'라는 의미였으나, 그 의미가 확대되어 '(옷을) 입다, (신발 · 양말을) 신다'의 의미로 많이 쓰입니다.
- 件 [jiàn] 벌(옷에 대한 양사)
- 동사 + 着 : 상태의 지속을 나타냄
  穿 [chuān] 입다　　　穿着(chuān zhe) 입고 있다
- 동사 + 得 + 정도 : '得'는 '정도'를 나타내는 구조조사
  穿得很漂亮(chuān de hěn piào liang)。(옷을) 예쁘게 입었다.
  说得很好(shuō de hěn hǎo)。(말을) 아주 잘 한다.
  写得很好(xiě de hěn hǎo)。(글씨를) 아주 잘 쓴다.

정답 **1. 穿 2. 穿**

得	dé děi de	**得(얻다/~해야 한다/조사)** **= 彳(조금 걷다)+旦(아침)+寸(손)** 조금 걸어(彳: 조금 걸을 척) 아침 일찍(旦: 아침 단)부터 손(寸=手)에 뭔가를 얻어(得 dé) 무슨 일을 해야 한다(得 děi).	얻을 **득**
[dé] 동 **얻다, 획득하다**		**获 得** huò dé 동 획득하다, 얻다 **得 意** dé yì 형 득의하다, 대단히 만족하다 **得意 地** dé yì de 부 득의 양양하게, 으쓱해져서	
[děi] 조동 **~해야 한다**		**我 得 走了**(wǒ děi zǒu le)。 나(我)는 가야 한다(得走了).	
[de] 조 **동사/형용사+得+결과보어/정도보어**		**看 得 懂** kàn de dǒng 보아서(看得) 이해하다(懂) **听 得 懂** tīng de dǒng 들어서(听得) 이해하다(懂)	

● **알맞은 중국어 단어를 써 넣고, 듣고 따라 해 보세요.**

1 선생님이(老师) 그녀는(她) 중국어를(汉语) 매우 잘한다고 하자(说), 그녀는(她) 아주(很) 으쓱해져서 웃었다(笑了).

老师说 她 汉语 说 ______ 很好，她 很 __________ 笑了。

lǎo shī shuō tā hàn yǔ shuō de hěn hǎo　tā hěn dé yì de xiào le

2 이번(这次) 기회는(机会) 얻기 어려우니(难), 너는(你) 잘(好好儿) (표현)(表现)해야 한다.

这次 机会 难 ______，你 ______ 好好儿 表现。

zhè cì jī huì nán dé　nǐ děi hǎo hāor biǎo xiàn

★ 잠깐만요!

- '难得 [nán dé]'는 '얻기(得) 어렵다(难)'라는 뜻으로, '得'가 '얻다'라는 의미로 쓰일 때는 [dé]로 발음해야 합니다.
- 表现 biǎo xiàn 동 표현하다, 나타내다 명 표현, 행동, 태도
  他最近在学习中的表现很好(tā zuì jìn zài xué xí zhōng de biǎo xiàn hěn hǎo)。
  그(他)는 요즘(最近) 배우는 과정 중의(在学习中的) 태도(表现)(학습태도)가 아주(很) 좋다(好).

정답 **1.** 得, 得意地 **2.** 得, 得

件 jiàn	件(한 가지/한 벌) = 人(사람)+牛(소) 사람(亻=人) 오른쪽의 소(牛: 소우)에게 옷 한 벌(件)을 입히는 일 한 가지(件 jiàn)를 했다.	사건 **건** 건 **건** 물건 **건**
양 (일의) 한 가지, 하나	一 件 事 yí jiàn shì 한 가지(一件) 일(事) 一 件 礼物 yí jiàn lǐ wù 하나(一件)의 선물(礼物), 선물 하나	
양 벌(옷을 세는 단위)	一 件 衣服 yí jiàn yī fu 옷(衣服) 한 벌(一件)	
명 물건	邮 件 yóu jiàn 명 우편(邮)물(件)	
명 서류	文 件 wén jiàn 명 서류, 파일 文件 名 wén jiàn míng 명 (컴퓨터) 파일(文件)명(名)	

● **알맞은 중국어 단어를 써 넣고, 듣고 따라 해 보세요.**

1 이 일은 아무도 모른다.
这 事 谁都 不知道

这 ______ 事 谁都 不知道。
zhè jiàn shì shéi dōu bù zhī dào

2 그녀는 옷 사기를 무척 좋아해, 어제 또 2벌을 샀다.
她 衣服 买 非常 喜欢 昨天 又 两 买了

她 非常喜欢 买衣服，昨天 又 买了 两 ______。
tā fēi cháng xǐ huān mǎi yī fu zuó tiān yòu mǎi le liǎng jiàn

잠깐만요!

- 우리 한자어에서는 '선물(膳物)'이라고 쓰지만, 현대중국어에서는 '선물'을 '礼物 [lǐwù]'라고 합니다. '선물(膳物)'은 한국식 한자어입니다.
- '又 [yòu]'는 '또'라는 뜻으로 과거시제에 쓰입니다.
  看了又看(kàn le yòu kàn)。보고(看了) 또 봤다(又看). (了 : 동작의 완료를 나타냄)
  又见面了(yòu jiàn miàn le)。또(又) 만났네(见面了). (了 : 상태의 변화를 나타냄)

정답 **1.** 件 **2.** 件

就 jiù	就(맞이하다, 접대하다) = 京(서울)+尤(더욱) 서울(京: 서울 경) 옆 더욱(尤: 더욱 우) 좋은 곳에서 바로(就) 나의 꿈을 성취하는 성과(就 jiù)를 올렸다.	이룰 **취** 나아갈 **취**
동 (일에) 나아가다, 취임하다	**就 业** jiù yè 동 취업하다 **成 就** chéng jiù 명 성과	
부 곧, 바로, 즉시	**这 就 来** zhè jiù lái 지금(这) 바로(就) 갈게(来) **一～就…** yī ~ jiù … ～하자마자(一) 바로(就) …하다 **一看 就 知道** yí kàn jiù zhī dao 보자마자(一看) 바로(就) 안다(知道)	
부 이미, 벌써	**昨天 就 知道了**(zuó tiān jiù zhī dao le)。 어제(昨天) 이미(就) 알았다(知道了).	

● **알맞은 중국어 단어를 써 넣고, 듣고 따라 해 보세요.**

1 조급해하지 마, 나는 곧 바로 돌아올게.
着急 别 我 马上 回来

别 着急，我 马上 ______ 回来。

bié zháo jí wǒ mǎ shàng jiù huí lái

2 나는 화요일에 이미 베이징(북경)에 도착했다.
我 星期二 北京 到～了

我 星期二 ______ 到北京了。

wǒ xīng qī èr jiù dào běi jīng le

잠깐만요!

- '成就 [chéng jiù]'는 '성과'라는 의미로, 한국어의 '成就(성취)'와는 의미가 다소 다릅니다.
- '就 [jiù]'가 '이미, 벌써'라는 의미로 쓰일 때는 흔히 앞에 시간을 나타내는 말이 옵니다.
  他昨天就到中国了(tā zuó tiān jiù dào zhōng guó le)。그(他)는 어제(昨天) 이미(就) 중국에 도착했다(到中国了).

정답 **1.** 就 **2.** 就

可	kě	可(~해도 좋다/~할 만 하다) = 丁(장정)+口(입) 장정(丁: 장정 정)이 입(口)으로 한 말은 들어도 좋다/들을 만하다(可 kě).	옳을 **가** 가히 **가**

동 ~해도 좋다, ~할 수 있다, ~할 만 하다	可以 kě yǐ 동 ~할 수 있다, ~해도 좋다, ~해도 된다 可能 kě néng 부 아마도 可爱 kě ài 형 귀엽다 可是 kě shì 접 그러나 可惜 kě xī 형 아깝다, 애석하다, 아쉽다 可怜 kě lián 형 불쌍하다 可见 kě jiàn 동 ~라는 것을 알 수 있다 可靠 kě kào 형 믿을 만하다 可怕 kě pà 형 무섭다 没什么可看的 méi shén me kě kàn de 뭐(什么) 볼만한 것(可看的)이 없다(没)

● **알맞은 중국어 단어를 써 넣고, 듣고 따라 해 보세요.**

1 오늘 다 못 보면, 너는 내일 다시(또) 보면 된다.
今天 看不完 你 明天 再

今天看不完，你 ________ 明天再看。
jīn tiān kàn bù wán nǐ kě yǐ míng tiān zài kàn

2 그는 아마도 나를 모를 것이다.
他 我 不认识

他 ________ 不认识我。
tā kě néng bú rèn shi wǒ

잠깐만요!

- '可能'은 우리말 한자어에서는 '가능하다'라는 동사의 의미로만 쓰이지만, 중국어에서는 '가능하다'라는 의미 외에 '아마도'라는 부사의 의미로도 많이 쓰입니다.
  可能性很大(kě néng xìng hěn dà)。가능성이 매우 높다(충분히 있다).
  他可能在睡觉(tā kě néng zài shuì jiào)。그는 아마도 잠을 자고 있을 것이다.
- '再 [zài]'는 '또(더)'라는 의미이며, 미래 시제에 쓰입니다.
  再来一个(zài lái yí ge)。하나(一个) 또(더)(再) 주세요(来).
  再来一瓶(zài lái yì píng)。한 병(一瓶) 더(再) 주세요(来).

정답 **1.** 可以 **2.** 可能

累	lèi lěi	累(피곤하다/쌓이다) = 田(밭)+糸(실) 밭(田: 밭 전) 아래에 실(糸: 실 사)이 쌓여(累 lěi) 있으니 피곤하다(累 lèi).	포갤 **루** 쌓일 **루**
[lèi] 형 **피곤하다**		很 累 hěn lèi 매우(很) 피곤하다(累) 不 累 bú lèi 피곤하지(累) 않다(不) 有点儿 累 yǒu diǎr lèi 좀(有点儿) 피곤하다(累) 劳 累 láo lèi 동 피로하다, 지치다	
[lěi] 동 **쌓이다, 축적되다**		积 累 jī lěi 동 누(累)적(积)되다, (조금씩) 쌓이다, 축적되다	

● **알맞은 중국어 단어를 써 넣고, 듣고 따라 해 보세요.**

1 나는 피곤해서 잠자러 가고 싶어.
我 睡觉 想去~了

我 ______ 了，想去睡觉了。
wǒ lèi le xiǎng qù shuì jiào le

2 내가 지금 일하는 것은 업무 경험을 쌓기 위해서이다.
我 现在 工作 工作 经验 为的是

我 现在工作 为的是 ________ 工作经验。
wǒ xiàn zài gōng zuò wèi de shì jī lěi gōng zuò jīng yàn

★ 잠깐만요!

- 우리말 한자어에서 '累积'은 주로 '누적되다, 쌓이다'의 의미로 쓰입니다. 중국어도 의미는 같지만 거꾸로 '积累 [jī lěi]'라고 쓰며, 이때 '累'는 제3성 '[lěi]'로 읽어야 합니다.
  积累经验(jī lěi jīng yàn)。경험(经验)을 쌓다(积累).
- '累'를 '[lèi]'라고 제 4성으로 읽으면 '피곤하다'라는 형용사가 됩니다. 회화체에서는 '쌓이다'라는 의미보다는 '피곤하다'는 의미의 '累 [lèi]'가 많이 쓰이고 있습니다.
  我很累(wǒ hěn lèi)。나는 아주 피곤하다.
- 为的是 [wèi de shì] ~하기 위해서(문어체)
  这次来中国，为的是学习汉语(zhè cì lái zhōng guó, wèi de shì xué xí hàn yǔ)。이번(这次) 중국에 온 것은(来中国) 중국어를 공부하기(学习汉语) 위해서이다(为的是).

정답 **1.** 累 **2.** 积累

교육용 1800자 / 신HSK 2,4,5,6급  038.mp3

往 wǎng	往(가다/~로 향하다/~로) = 彳(천천히 걷다)+主(주인) 천천히 걸어(彳 : 조금 걸을 축)서 주인(主: 주인 주)에게 로(往) 간다(往 wǎng).	갈 **왕**
동 가다	往 返 wǎng fǎn 동 왕(往)복(返)하다 往 往 wǎng wǎng 부 왕왕, 자주, 종종	
동 (~로) 향하다	开 往 kāi wǎng (열차가) ~를 향해(往) 출발(开)하다	
전 ~로(=向 xiàng)	往前 走 wǎng qián zǒu 앞으로(往前) 가다(走)	

● **알맞은 중국어 단어를 써 넣고, 듣고 따라 해 보세요.**

1 이번 차는 상하이(상해)를 향해 출발한다(상하이 행이다).
这趟车 上海

这趟车 是 ＿＿＿＿＿ 上海的。
zhè tàng chē shì kāi wǎng shàng hǎi de

2 네가 곧장 북쪽으로 가면, 바로 베이징대학을 찾을 수 있을 것이다.
你 一直 北 走 就 北京大学 能找到

你 一直 ＿＿＿ 北走，就 能找到 北京大学了。
nǐ yì zhí wǎng běi zǒu jiù néng zhǎo dào běi jīng dà xué le

잠깐만요!

- '往(갈 왕)'은 우리 한자어에서는 '가다'라는 동사의 의미로 주로 사용되고 있으나, 중국어에서는 '가다'라는 동사 외에 '~로'라는 방향을 나타내는 전치사로 자주 사용되고 있습니다.
  往前走(wǎng qián zǒu)。앞으로(往前) 가다(走).
  往东走(wǎng dōng zǒu)。동쪽으로(往东) 가다(走).
- 趟 [tàng] 양 차례, 번, 사람이나 차의 왕래하는 횟수를 나타냄
  这趟车(zhè tàng chē)。이(这) 번(趟) 차(车).

정답 **1.** 开往 **2.** 往

要	yào yāo	要(필요하다/요구하다) = 襾(덮다)+女(여자) 덮은 것(襾 : 덮을 아) 아래의 여자(女)를 원하고(要 yào) 요구한다(要 yào).	필요할 **요** 요구할 **요**

[yào] 동 필요하다, 원하다, 바라다, 가지다	需 要 xū yào 동 필요하다 不 要 bú yào 동 필요(要) 없다(不), 싫다, ~하지 마라(=别 bié) 主 要 zhǔ yào 부 주로
조동 ~하려고 하다	要 买 东西 yào mǎi dōng xi 물건(东西)을 사려고 한다(要买)
조동 ~해야 한다	一定 要来 yí dìng yào lái 반드시(一定) 와야 한다(要来)
접 만약	要 是 yào shi 접 만약, 만약 ~이라면 要 不 yào bù 접 그렇지 않으면
[yāo] 동 요구하다	要 求 yāo qiú 명동 요구(하다)

● **알맞은 중국어 단어를 써 넣고, 듣고 따라 해 보세요.**

1 이번 주말 나는 자전거를 사러가려 하는데, 비가 오지 말아야 할 텐데.
这 周末 我 自行车 去买 下雨 希望

这周末 我 ______ 去 买自行车，希望 __________ 下雨。
zhè zhōu mò wǒ yào qù mǎi zì xíng chē xī wàng bú yào xià yǔ

2 너 물 좀 마실 필요가 있니?(너 물 좀 마실래?)
你 水点儿 喝 吗

你 __________ 喝点儿水 吗?
nǐ xū yào hē diǎr shuǐ ma

잠깐만요!

- 希望 [xī wàng] (생각한 바가 실현되기를) 희망하다, 바라다
  希望下雨(xī wàng xià yǔ) 비가 왔으면(下雨) 좋겠다(希望).
  希望不要下雨(xī wàng bú yào xià yǔ) 비가 오지(下雨) 말았으면(不要) 좋겠다(希望).
- 喝水 [hē shuǐ] 물(水)을 마시다(喝)　　喝点儿水(hē diǎr shuǐ) 물(水)을 좀(点儿) 마시다(喝).

정답 **1.** 要, 不要 **2.** 需要

着	zhe zháo zhuó	**着(~하고 있다/~붙다)** **= 양(羊)+삐친 털(ノ)+눈(目)** 양(羊)의 아래 삐친 털(ノ) 밑에 눈(目)이 붙어 있다(着 zhe/zháo/zhuó).	둘 **착** 붙을 **착** 입을 **착**
[zhe] 조 ~하고 있다, ~하면서		等 着 děng zhe 기다리고(等) 있다(着) 听 着 tīng zhe 들어, 들어(听)봐(着) 走 着 去 zǒu zhe qù 걸어서(走着) 가다(去)	
[zháo] 동 (불이) 붙다, (조급함을) 느끼다 (동작의 목적 달성을 나타냄)		着 火了 zháo huǒ le 불(火)이 붙었다(着~了), 불이야! 着 急 zháo jí 동 조급해하다, 안달하다, 초조해하다 睡 着了 shuì zháo le 잠(睡)이 들었다(着了)	
[zhuó] 동 (옷을) 몸에 걸치다, 접촉하다		衣 着 yī zhuó 명 옷차림, 복장 (= 穿着 chuān zhuó)	

● **알맞은 중국어 단어를 써 넣고, 듣고 따라 해 보세요.**

1 그녀는 울다 울다 잠이 들었다.
她 哭 哭 睡着了

她 哭 ______ 哭 ______ 睡着了。
tā kū zhe kū zhe shuì zháo le

2 조급해하지 마, 지금 겨우 2시 반이야.
别 现在 才 两点半

别 __________ ，现在 才 两点半。
bié zháo jí xiàn zài cái liǎng diǎn bàn

- 哭 [kū] 울다 — 哭着(kū zhe) 울고(哭) 있다(着:상태의 지속을 나타냄)
- 别 [bié] ~하지 마라(= 不要 bú yào) — 别/不要哭(bié kū)! 울지(哭) 마라(别/不要)!
- 才 [cái] 겨우 : 수량이나 능력이 적음을 나타냄.
  他才十二岁(tā cái shí èr suì)。그(他)는 겨우(才) 12세(十二岁) 이다.
  不过才一年半(bú guò cái yī nián bàn)。겨우(才) 1년 반(一年半)에 불과(不过)하다.

정답 **1.** 着, 着 **2.** 着急

041 교육용 1800자 / 신HSK 2,4~6급 041.mp3

正 zhèng	正(바르다/마침) = 一(하늘)+止(그치다) 하늘(一) 아래에서 그치니(止: 그칠 지) 마침(正 zhèng) 바르다(正 zhèng).	바를 **정** 마침 **정**
형 바르다	正面 zhèng miàn 명 정면 (↔ 背面 bèi miàn) 正式 zhèng shì 형 정식의, 공식의 (↔ 非正式 fēi zhèng shì) 正常 zhèng cháng 형 정상의 (↔ 不正常 bú zhèng cháng) 正确 zhèng què 형 정확하다 (↔ 不正确 bú zhèng què)	
부 마침, 꼭, 딱	正好 zhèng hǎo 형 딱(꼭)(正) 맞다(好) 부 (때)마침 正在 zhèng zài 부 지금(마침)(正) ~하고 있다(在)	
부 마침, 한창, 바야흐로 (동작의 진행 혹은 상태의 지속을 나타냄)	正下着雪 zhèng xià zhe xuě 한창(正) 눈이 오고 있다(下着雪)	

● **알맞은 중국어 단어를 써 넣고, 듣고 따라 해 보세요.**

1 너 마침 잘 왔다.
你

你来得 __________。
nǐ lái de zhèng hǎo

2 밖에 한창 눈이 오고 있다.
外面 雪 下着

外面 ______ 下着雪。
wài miàn zhèng xià zhe xuě

- 来得 [lái de] 온 것이 ~하다 来得早(lái de zǎo) 온 것이(来得) 이르다(早), 일찍 왔다
- '正 [zhèng]'은 우리말 한자어에서 주로 '바르다'라는 형용사로 사용되고 있으나, 현대중국어에서는 '바르다'라는 의미 외에, '마침, 꼭, 딱' 혹은 '마침, 한창, 바야흐로'라는 부사의 의미로 자주 사용되고 있습니다.
大小正合适(dà xiǎo zhèng hé shì)。크기(大小)가 꼭(正) 맞는다(合适).
窗外正下着雨(chuāng wài zhèng xià zhe yǔ)。창(窗) 밖(外)에 한창(正) 비(雨)가 내리고 있다(下着).

정답 **1.** 正好 **2.** 正

走	zǒu	走(걷다/떠나다) = 土(흙)+卜(점)+人(사람) 흙(土: 흙 토) 밑에서 점(卜: 점 복)을 치는 사람(人)이 걸어서(走) 떠난다(走).	달릴 **주** 갈 **주**
동 걷다		走着 去 zǒu zhe qù 걸어서(走着) 가다(去) 走 路 zǒu lù 동 걷다 一直 往前 走 yì zhí wǎng qián zǒu 곧장(一直) 앞으로(往前)(걸어)가다(走)	
동 떠나다, 출발하다		什么 时候 走 shén me shí hou zǒu? 언제(什么时候) 떠나요(走)? 车 刚 走 chē gāng zǒu 차(车)가 막(刚) 떠났다(走)	

● **알맞은 중국어 단어를 써 넣고, 듣고 따라 해 보세요.**

1 걸어가면 반시간 남짓 걸리니, 너 차 타고 가거라.
半个小时 多 要 你 坐车 去吧

________ 要 半个多小时，你 坐车去 吧。
zǒu lù yào bàn ge duō xiǎo shí nǐ zuò chē qù ba

2 너 가지 마라. 아마 비가 올 거야.
你 别 可能 要下雨

你 别 ________ 了，可能 要下雨。
nǐ bié zǒu le kě néng yào xià yǔ

★ 잠깐만요!

- '去 [qù]'와 '走 [zǒu]'는 모두 '가다'라는 의미를 나타냅니다. 단 '去'는 목적지를 향해 간다는 의미로 뒤에 '목적지'가 오지만, '走 [zǒu]'는 '걸어가다, 떠나다, 출발하다'라는 의미로 목적지가 불분명할 때 쓰여 뒤에 '목적지'가 오지 않습니다.
  你去哪儿(nǐ qù nǎr)? 너(你) 어디(哪儿) 가니(去)?
  时间不早了，我该走了(shí jiān bù zǎo le, wǒ gāi zǒu le)。 시간(时间)이 늦어서(不早了), 나는(我) 가야 한다(该走了).
- '走路 [zǒu lù]'는 '길을 걷다'라는 의미가 아니라 그냥 '걷다'라는 의미입니다. 단어의 구조상 동사 '走 [zǒu]'와 목적어 '路 [lù]'를 합하여 사용하는 특수한 단어입니다. 일반적으로 걷는 것은 길 위를 걷는 것(走在路上)이기 때문에 '走路 [zǒu lù]'라고 쓰며, 그냥 '걷다'라고 해석하면 됩니다.
  走路去(zǒu lù qù)。 걸어서(走路) 가다(去).

정답 **1. 走路 2. 走**

신HSK 3급 043.mp3

矮	ǎi	矮(키가 작다) = 矢(화살)+委(맡기다) 화살(矢 : 화살 시) 오른쪽 옆에 맡겨진(委 : 맡길 위) 사람은 키가 작다(矮 ǎi).	키 작을 **왜**
형 (사람의 키가) 작다		个子 矮 gè zi ǎi 키(个子)가 작다(矮) 矮 个子 ǎi gè zi 작은(矮) 키(个子) 矮 一点儿 ǎi yì diǎr (키가) 좀(一点儿) 작다(矮)	
형 (높이가) 낮다		有点儿 矮 yǒu diǎr ǎi (높이가) 좀(有点儿) 낮다(矮)	

● **알맞은 중국어 단어를 써 넣고, 듣고 따라 해 보세요.**

1 그는 나 보다 좀 작다.
他 我 比

他 比 我 ＿＿＿＿＿＿。
tā bǐ wǒ ǎi yì diǎr

2 이 의자는 좀 낮으니, 바꿔주세요.
这把椅子 换一把吧

这把椅子 ＿＿＿＿＿＿ ， 换 一把 吧。
zhè bǎ yǐ zi yǒu diǎr ǎi huàn yì bǎ ba

잠깐만요!

- 중국어로 '키가 작다'는 표현은 형용사 '矮 [ǎi]'를 써서 '个子矮(gè zi ǎi)'라고 해야 합니다. 또한 '키가 크다'는 표현은 '个子大(gè zi dà)(X))'가 아니라 '个子高(gè zi gāo)(O))'라고 해야 합니다.
- 중국어에서는 '大小 [dà xiǎo]'는 나이가 많고(大) 적음(小)을 나타내며, '高矮 [gāo ǎi]'는 키가 크고(高) 작음(矮)을 나타냅니다.
  他比我大(tā bǐ wǒ dà)。그(他)는 나보다(比我) 나이가 많다(大).
  他比我高(tā bǐ wǒ gāo)。그(他)는 나보다(比我) 키가 크다(高).
- '把 [ba]'는 자루가 있는 기구에 대한 양사이며, '这一把椅子'를 줄여서 '这把椅子'라고 쓴 것입니다. '一'는 흔히 생략되는 경우가 많습니다.

정답 **1.** 矮一点儿 **2.** 有点儿矮

搬	bān	搬(옮기다/이사하다) = 扌(손)+般(일반) 손(扌=手)으로 일반(般: 일반 반) 물건을 옮겨(搬) 이사하다(搬 bān).	옮길 **반**
동 옮기다		搬 一下 bān yí xià 좀(一下) 옮기다(搬) 搬 桌子 bān zhuō zi 탁자(桌子)를 옮기다(搬) 搬 进来 bān jìn lái 옮겨(搬)오다(进来)	
동 이사하다		搬 家 bān jiā 동 이사하다	

● **알맞은 중국어 단어를 써 넣고, 듣고 따라 해 보세요.**

1 나는 다음 주에 이사한다.
我 下星 期

我 下星期 ________。
wǒ xià xīng qī bān jiā

2 이 의자를 좀 옮겨.
这把 椅子

________这把椅子。
bān yí xià zhè bǎ yǐ zi

잠깐만요!

- 한국어에서는 조사가 문법적 역할을 하기 때문에 반드시 조사가 붙어야 합니다. 하지만 중국어는 어순이 문법적 역할을 대신하기 때문에 조사가 붙지 않습니다.
  我 把椅子 搬了(wǒ ba yǐ zi bān le)。나(我)는 의자를(把椅子) 옮겼다(搬了).
  주어 목적어 동사
  중국어는 일반적으로 [주어+동사+목적어]의 어순으로 배열하지만 위의 문장은 목적어 '椅子'를 강조하기 위해 '把자문'을 써서 '椅子'를 동사 앞으로 가져온 것입니다.
- '星期 [xīng qī]'는 '요일(주)'을 뜻하는 명사입니다.
  这星期(zhè xīng qī) 이번(这) 주(星期)　　下星期(xià xīng qī) 다음(下) 주(星期)

정답 1. 搬家 2. 搬一下

被	bèi	被(이불/~당하다) = 衤(옷)+皮(가죽) 옷(衤=衣: 옷 의)의 가죽(皮: 가죽 피)에 상처를 입다(被 bèi).	이불 **피** 당할 **피**
명 이불		**被子** bèi zi 명 이불	
동 ~에게 …를 당하다 (피동)		**西瓜 被 他们 吃完 了**(xī guā bèi tā men chī wán le)。 수박(西瓜)은 그들에 의해(被他们) 다 먹어졌다(吃完了). 수박은 그들이 다 먹었다. **蛋糕 被 弟弟 吃了 一半**(dàn gāo bèi dì di chī le yí bàn)。 케이크(蛋糕)는 동생에 의해(被弟弟) 반이 먹어졌다(吃了一半). 케이크는 동생이 반을 먹었다.	

● **알맞은 중국어 단어를 써 넣고, 듣고 따라 해 보세요.**

1 우유는(牛奶) 고양이(猫)에 의해 마셔졌다(우유는 고양이가 마셨다).

牛奶 ______ 猫 喝了。

niú nǎi bèi māo hē le

2 컵은(杯子) 그(他)에 의해서 깨졌다(컵은 그가 깼다).

杯子 ______ 他 打破了。

bēi zi bèi tā dǎ pò le

잠깐만요!

- 打破 [dǎ pò] 동 깨다 打破了(dǎ pò le) 깼다, 깨뜨렸다
  记录被他打破了(jì lù bèi tā dǎ pò le)。기록(记录)은 그에 의해(被他) 깨졌다(打破了). 그는 기록을 깼다.

정답 1. 被 2. 被

渴	kě	渴(목이 마르다) = 氵(물)+曷(다하다) 물(氵=水)이 다하니(曷: 다할 갈) 목이 마르다(渴 kě).	목마를 **갈**
형 목이 마르다, 갈증이 나다		口 渴 kǒu kě 형 목(口)이 마르다(渴) 真 渴 zhēn kě 정말(真) 목이 마르다(渴), 갈증이 난다 我 渴了(wǒ kě le)。나(我)는 목이 마르다(갈증이 난다)(渴了).	
형 간절하다		渴 望 kě wàng 동 갈망하다, 간절히 바라다	

● **알맞은 중국어 단어를 써 넣고, 듣고 따라 해 보세요.**

1 목이 마르니? 빨리 물 좀 마셔.
快 水点儿 喝

______了吗? 快 喝点儿水。
kě le ma　　kuài hē diǎr shuǐ

2 이렇게 오랫동안 걸었더니, 정말 갈증이 나는 구나!
这么 久 走了 啊

走了 这么久，__________啊！
zǒu le zhè me jiǔ　zhēn kě a

잠깐만요!

- 喝水 [hē shuǐ] 물(水)을 마시다(喝)
  快喝点儿水(kuài hē diǎr shuǐ)。빨리(快) 물(水)을 좀(点儿) 마셔라(喝).
- 走了 [zǒu le] 걸었다　　这么久(zhè me jiǔ) 이렇게(这么) 오랫동안(久)
  走了这么久(zǒu le zhè me jiǔ)。이렇게(这么) 오랫동안(久) 걸었다(走了).

정답 **1.** 渴 **2.** 真渴

包	bāo	包(싸다) = 勹(싸다)+巳(뱀) 포대에 싸여(勹: 쌀 포) 있는 뱀(巳: 뱀 사)을 천으로 다시 싸다(包 bāo).	쌀 **포**
동 (천 · 종이 · 얇은 것으로) 싸다		**包 饺子** bāo jiǎo zi 만두(饺子)를 싸다(包), 만두를 빚다 **打 包** dǎ bāo 동 (종이·천 등으로) 포장(包)하다(打), 싸다 **面 包** miàn bāo 명 밀가루(面)로 싼 것(包), 빵	
명 가방		**皮 包** pí bāo 명 가죽(皮) 가방(包) **钱 包** qián bāo 명 돈(钱) 가방(包), 지갑 **背 包** bèi bāo 명 등(背) 가방(包), 배낭	

● **알맞은 중국어 단어를 써 넣고, 듣고 따라 해 보세요.**

1 너 만두 빚을 줄 아니?
你 饺子 能 吗?

你 能 ______ 饺子 吗?
nǐ néng bāo jiǎo zi ma

2 가방 안은 무엇인지(안에 무엇이 들어있는지) 나에게 좀 보여 주세요.
里面 什么 让我 看看

让我 看看 ______ 里面 是 什么?
ràng wǒ kàn kan bāo lǐ miàn shì shén me?

잠깐만요!

- '馒头 [mán tou]'는 우리나라에서 즐겨먹는 '만두(饅頭)'가 아니라, '(소가 없는) 찐빵'을 말합니다.
- '打包 [dǎ bāo]'는 (음식점에서 먹고 남은 음식을) '싸 주세요!'라고 할 때 쓰는 표현입니다.
- '面包 [miàn bāo]'에서 '面 [miàn]'은 '얼굴(面)'을 뜻하는 한자가 아니라 '麵(밀가루 면)'의 간체자입니다. 그래서 '面包'는 '밀가루(麵(面))로 감싼 것(包)' 즉, '빵'이라는 의미입니다.

정답 **1.** 包 **2.** 包

除 chú	除(제거하다/~외에) = 阝(언덕)+余(남다) 언덕(阝=阜 : 언덕부) 오른쪽에 남아 있는(余=餘: 남을 여) 풀을 제거(除)하는 것 외에(除) 또 없애버릴(除 chú) 것이 있다.	제거할 **제** 덜 **제** 나눗셈 **제** 섣달 그믐날 밤 **제**
동 제거하다, 없애다	除去 chú qù 동 (냄새를) 제거하다, 없애버리다	
전 ~을(를) 제외하고, ~이외에	除(了) A 以外 chú (le) A yǐ wài A를 제외하고, A 이외 除非 A，否则 B chú fēi A, fǒu zé B 다만 A해야만 한다(除非A), 그렇지 않으면(否则) B한다	

● 알맞은 중국어 단어를 써 넣고, 듣고 따라 해 보세요.

1 그 외에 다른 사람들은(其他人) 모두(都) 도착했습니다(到了)(왔습니다).

_____ 他 __________，其他人 都 到了。

chú tā yǐ wài　　　qí tā rén dōu dào le

2 다만 네가(你) 나와 같이(跟我) 가야만 한다. 그렇지 않으면 나는(我) 틀림없이(肯定) 가지 않는다(不去).

__________ 你跟我 去，__________ 我 肯定 不去。

chú fēi nǐ gēn wǒ qù　　　fǒu zé wǒ kěn dìng bú qù

잠깐만요!

- '除 [chú]'는 본래 '없애다, 제거하다'의 의미였으나, 현대중국어에서는 그 의미가 확대되어 '~을 제외하고, ~이외'의 의미로 많이 쓰입니다.
- 肯定 [kěn dìng] 동 긍정하다, 인정하다 부 틀림없이, 확실히
  他肯定认识你(tā kěn dìng rèn shi nǐ)。그(他)는 분명히(肯定) 너(你)를 안다(认识).

정답 **1.** 除, 以外 **2.** 除非, 否则

地	dì de	地(땅/장소/조사) = 土(흙)+也(또한) 흙(土: 흙 토) 또한(也: 또한 야) 땅(地 dì)에 깔리면 장소(地 dì)가 된다.	땅 **지**
[dì] 명 땅		土 地 tǔ dì 명 토지, 땅 地 图 dì tú 명 땅(地)을 그린 그림(图), 지도 地 铁 dì tiě 명 땅(地) 아래 철도(铁), 지하철(地下鐵)	
명 장소, 곳		地 方 dì fang 명 장소, 곳(place) 什么 地方 shén me dì fang 어디(where)	
[de] 조 형용사+地 = 부사		高兴 地 gāo xìng de 부 기쁘게, 반갑게	

● **알맞은 중국어 단어를 써 넣고, 듣고 따라 해 보세요.**

1 내가 사는 곳은 여기서 별로 멀지 않다.
我 住的 离这儿 不太远

我 住的 ＿＿＿＿＿＿ 离这儿 不太远。
wǒ zhù de dì fang lí zhèr bú tài yuǎn

2 딸을 보자, 엄마는 기뻐서(반가워서) 웃었다.
女儿 看到 妈妈 笑了

看到女儿，妈妈 ＿＿＿＿＿＿ 笑了。
kàn dào nǚ ér mā ma gāo xìng de xiào le

잠깐만요!

- 不太 [bú tài] 별로(그다지) ~않다　　不太好(bú tài hǎo) 별로(그다지) 좋지 않다
- 우리말 한자어의 '지하철(地下鐵)'은 중국어로 '地铁 [dìtiě]'라고 합니다. '铁 [tiě]'는 '鐵'의 간체자입니다.
- 동사 + 到 : 동사의 목적 달성(到)을 의미함
  看到(kàn dào) 보았다　　买到(mǎi dào) 샀다

정답 **1.** 地方 **2.** 高兴地

跟 gēn	跟(~와/ 따라가다) = 足(발)+艮(멈추다) 발(足: 발족)을 멈추지(艮: 멈출 간) 않고 다른 여행객과 함께(跟) 가이드를 따라갔다(跟 gēn).	뒤꿈치 **근**
명 (구두) 뒤꿈치	高 跟鞋 gāo gēn xié 명 높은(高) 뒤꿈치(跟) 신발(鞋), 하이힐	
전 ~와(과)	跟~一起 gēn ~ yì qǐ ~와(跟) 함께(一起)	
동 따라가다	跟 我 来 gēn wǒ lái 저(我)를 따라(跟) 오세요(来) 跟 不 上 gēn bu shàng 따라갈(跟) 수 없다(不上)	

● **알맞은 중국어 단어를 써 넣고, 듣고 따라 해 보세요.**

1 너는 그와 함께 앉아라.
你　他　坐~吧

你 ______ 他 坐 __________ 吧。
nǐ gēn tā zuò yì qǐ ba

2 선생님, 저를 따라 오세요.
老师　我　请~来

老师，请 ______ 我来。
lǎo shī qǐng gēn wǒ lái

- 跟 [gēn] ~ 一样 [yí yàng] : ~과(跟) 같다(一样)
  我的跟你的一样(wǒ de gēn nǐ de yí yàng)。내 것(我的)은 네 것(你的)과(跟) 같다(一样).
  孩子在前面跑，妈妈在后面跟着(hái zi zài qián miàn pǎo mā ma zài hòu miàn gēn zhe)。아이(孩子)는 앞에서(在前面) 뛰어가고(跑), 엄마(妈妈)는 뒤에서(在后面) 따라 가고 있다(跟着).

정답 1. 跟, 一起 2. 跟

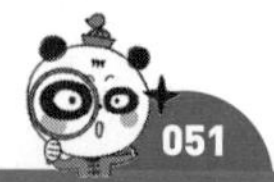

更 gēng gèng	更(고치다/다시/더욱) = 一(한 번)+日(말하다)+人(사람) 한(一) 번 말했던(日) 사람(人)은 더욱(更 gēng) 잘 고친다(更 gēng).	고칠 경 다시 갱
[gēng] 동 바꾸다, 고치다	变更 biàn gēng 동 변경하다 更改 gēng gǎi 동 변경하다, 바꾸다 更衣室 gēng yī shì 명 옷(衣)을 다시(更) 입는 방(室), (목욕탕 · 수영장의) 탈의실	
[gèng] 부 더욱	更加 gèng jiā 부 더욱(更) 더(加), 한층 더	

● **알맞은 중국어 단어를 써 넣고, 듣고 따라 해 보세요.**

1 우리의 내일이 더욱 좋아지기를 바란다.
我们的 明天 会~好 希望

希望我们的明天会 ______ 好。

xī wàng wǒ men de míng tiān huì gèng hǎo

2 너 더욱 더 예뻐졌구나.
你 漂亮了

你 __________ 漂亮了。

nǐ gèng jiā piào liang le

잠깐만요!

- '会 [huì]'는 '~할(일) 것이다'라는 의미로, 가능이나 실현을 나타냅니다.
  明天会更好(míng tiān huì gèng hǎo)。내일(明天)은 더욱(更) 좋아(好)질 것이다(会).
- 漂亮 [piào liàng] 예쁘다
  漂亮了(piào liàng le)。예뻐(漂亮)졌다(了). (了:상태의 변화)

정답 **1. 更 2. 更加**

花	huā	花(꽃/소비하다) = 艹(풀)+化(변화하다) 풀(艹)이 변하여(化: 변화할 화) 꽃(花)이 되니 꽃(花)을 보다가 시간을 소비했다(花 huā).	꽃 화

명 (~儿) 꽃	一 朵 花 yì duǒ huā 한(一) 송이(朵)의 꽃(花), 꽃 한 송이 花 园 huā yuán 명 화원, (화원이 있는) 아파트 花 生 huā shēng 명 땅콩
형 (눈이) 침침하다, 아물아물하다	头 晕 眼 花 tóu yūn yǎn huā 머리(头)가 어지럽고(晕), 눈(眼)이 침침하다(花)
동 (돈 · 시간을) 소비하다	花 钱 huā qián 동 돈(钱)을 쓰다(花), 소비하다, 들이다 花 时间 huā shí jiān 시간(时间)을 소비하다(花), 시간을 들이다

● **알맞은 중국어 단어를 써 넣고, 듣고 따라 해 보세요.**

1 화원 안의 꽃은 정말 예쁘구나!
　　里的　真　漂亮啊

______ 里的 ______ 真漂亮 啊！

huā yuán lǐ de huā zhēn piào liang a

2 많은 돈(거금)을 들여 컴퓨터 한 대를 샀다.
　　很多　钱　电脑　一台　买了

______ 了 很多钱 买了 一台电脑。

huā le hěn duō qián mǎi le yì tái diàn nǎo

잠깐만요!

- '花(꽃 화)'는 우리말에서 '꽃'이라는 명사로 사용되지만, 현대중국어에서는 '꽃'이라는 의미 외에도 '돈(시간)을 소비하다' 혹은 '(눈이) 침침하다'라는 동사의 의미로도 많이 사용됩니다.
- '落花生 [luò huā shēng] 꽃(花)이 떨어져(落) 생긴 것(生)'을 줄여서 일반적으로 '花生 [huā shēng] 땅콩'이라고 합니다. '花生 [huā shēng]'은 껍질을 벗기지 않은 '땅콩'을 말하고, 껍질을 벗긴 '땅콩 알맹이'는 '花生米 [huā shēng mǐ]'라고 합니다.

정답 **1. 花园, 花　2. 花**

接 jiē	接(맞이하다, 접대하다) = 扌(손)+妾(첩) 손(扌 →手)으로 첩(妾: 첩 첩)을 맞이하여(接) 접대하다(接 jiē).	사귈 **접** 대접할 **접**
동 맞이하다, 마중하다	接 客人 jiē kè rén 손님(客人)을 마중하다(接) 接待 客人 jiē dài kè rén 손님(客人)을 대접(接待)하다	
동 (전화를) 받다	接 电话 jiē diàn huà 전화(电话)를 받다(接)	
동 받아들이다	接 受 jiē shòu 동 받아(接)들이다(受), 수락하다	

● **알맞은 중국어 단어를 써 넣고, 듣고 따라 해 보세요.**

1 오후 2시에 나는 공항에 가서 한 손님을 마중해야 한다.
下午 两点 我 机场 去 一个客人 要

下午 两点，我 要去 机场 ______ 一个客人。
xià wǔ liǎng diǎn wǒ yào qù jī chǎng jiē yí ge kè rén

2 나에 대한 선생님의 질책을 나는 지금도 여전히 받아들일 수 없다.
对我的 老师 批评 我 现在 还 不能

老师 对我的 批评，我 现在还 不能 __________。
lǎo shī duì wǒ de pī píng wǒ xiàn zài hái bù néng jiē shòu

잠깐만요!

- 현대중국어에서 '接受 [jiē shòu]'는 '받아들이다, 수락하다'라는 의미이며, 우리말의 '접수(하다)'라는 의미와는 다소 다릅니다.
  批评 [pī píng] 명 비평, 비판, 꾸지람, 질책
  接受批评(jiē shòu pī píng) 질책(批评)을 받아들이다(接受).

정답 **1.** 接 **2.** 接受

拿	ná	拿(잡다/~로) = 合(합하다)+手(손) 두 개를 합하여(合: 합할 합) 손(手: 손 수)으로 든다(拿 ná).	잡을 **나**
동 (손으로) 쥐다, 잡다, 가지다		拿着 ná zhe 들(拿)고(着), 가지(拿)고(着) 拿东西 ná dōng xi 물건(东西)을 들다(拿) 拿过来 ná guò lái 가지고(拿) 오다(过来)	
전 ~로써(=用)		拿木头做的 ná mù tóu zuò de 나무(木头)로(拿=用) 만든 것(做的)	

● **알맞은 중국어 단어를 써 넣고, 듣고 따라 해 보세요.**

1 나는 지금 가지러 갈 시간이 없다.
我 现在 去 时间 没有

我现在没有时间去 ______。
wǒ xiàn zài méi yǒu shí jiān qù ná

2 여동생은 아주 조심스럽게 3개의 잔을 들고 있다.
妹妹 很 小心地 三个 杯子

妹妹很小心地 __________ 三个杯子。
mèi mei hěn xiǎo xīn de ná zhe sān ge bēi zi

잠깐만요!

- 현대중국어 문장 중에는 뒤에서부터 앞으로 해석해야 하는 문장들이 종종 있습니다.
  没有时间去(méi yǒu shí jiān qù) 갈(去) 시간(时间)이 없다(没有).
  没什么可看的(méi shén me kě kàn de) 볼 만한 것(可看的)이 없다.
  没什么可吃的(méi shén me kě chī de) 먹을 만한 것(可吃的)이 없다.
  没什么可说的(méi shén me kě shuō de) 할 만한 말(할 말)(可说的)이 없다.
- 현대중국어에서 '小心 [xiǎo xīn]'은 '소심하다'라는 뜻이 아니고, '조심하다, 주의하다'라는 동사의 뜻으로 회화체에 자주 쓰이는 표현입니다.
  小心感冒(xiǎo xīn gǎn mào)! 감기 조심하세요!
  小心狗(xiǎo xīn gǒu)! 개 조심!
  小心车(xiǎo xīn chē)! 차 조심!

정답 1. 拿 2. 拿着

提	tí	提(끌어올리다/제기하다) = 扌(손)+是(옳다) 손(扌→手: 손 수)으로 옳다(是: 옳을 시)고 제기하다(提 tí).	끌 제

동 (아래에서 위로) 끌어올리다, 향상시키다	提 高 tí gāo 동 향상시키다
동 (기일을) 앞당기다	提 前 tí qián 동 (예정된 시간보다) 앞당기다, 미리 ~하다
동 (말 · 이야기를) 꺼내다, 제기하다, 제공하다	提 问 tí wèn 명동 의문(问)을 제기(하다)(提), 질문(하다) 提 醒 tí xǐng 동 일깨우다, 상기시키다, 알려주다 提 供 tí gōng 동 제공하다 免费 提供 miǎn fèi tí gōng 무료(免费)로 제공(提供)하다

● **알맞은 중국어 단어를 써 넣고, 듣고 따라 해 보세요.**

1 만약 네가 잊어버리면, 내가 너에게 상기시켜 줄게.
要是 你 忘记了 我 你

要是 你 忘记了，我 会 ________ 你的。
yào shì nǐ wàng jì le wǒ huì tí xǐng nǐ de

2 제가 미리 여러분에게 통지 할 것입니다.
我 你们 通知 会~的

我 会 ________ 通知 你们的。
wǒ huì tí qián tōng zhī nǐ men de

잠깐만요!

- 会~的 [huì~de] : ~할(일) 것이다(강조의 의미를 나타냄)
  我会回来的(wǒ huì huí lái de)。나(我)는 돌아(回来)올 것이다(会).
- '忘记了'는 '忘了'와 같은 의미입니다.

정답 **1.** 提醒 **2.** 提前

向 xiàng	向(방향/~로) = 宀 → 冂(집)+口(입구) 집(宀 → 冂: 집 면) 입구(口)의 방향(向)으로 (向) 향하다(向 xiàng).	향할 **향**
명 방향	方 向 fāng xiàng 명 방향	
전 ~로(= 往 wǎng)	向 南 走 xiàng nán zǒu 남쪽(南)으로(向) 가다(走) 向 前 看 xiàng qián kàn 앞(前)으로(向) 보다(看), 앞을 보다, 앞을 내다보다 一 向 yí xiàng 부 줄곧, 내내	

● **알맞은 중국어 단어를 써 넣고, 듣고 따라 해 보세요.**

1 네가 앞으로 조금 걸어가면, 바로 그 슈퍼가 보일 것이다.
你 走走 就 那家超市 能看见

你 ____________ 走走 就 能看见 那家超市。
nǐ xiàng qián zǒu zǒu jiù néng kàn jiàn nà jiā chāo shì

2 네 왼쪽으로 봐라. 나는 바로 과일 가게 옆에 있다.
你 看 我 就 水果 店 旁边 在

你 ____________ 看，我 就 在水果店旁边。
nǐ xiàng zuǒ kàn wǒ jiù zài shuǐ guǒ diàn páng biān

잠깐만요!

- '向'은 우리말 한자어에서는 주로 '방향'이라는 명사로 쓰이나, 중국어에서는 '방향'이라는 명사 외에 '~로'라는 '전치사'로도 자주 쓰입니다. '向 [xiàng]'이 '~로'라는 전치사로 쓰일 때는 '往 [wǎng]'이 전치사로 쓰일 때의 의미와 같습니다.
  向前走(xiàng qián zǒu)! 앞으로(向前) 가세요(走)! = 往前走(wǎng qián zǒu)!
- '超市 [chāo shì]'는 '超级市场 [chāo jí shì chǎng] 슈퍼(超级)마켓(市场)'의 줄임말입니다.

정답 **1.** 向前 **2.** 向左

像 xiàng	像(닮다/~와 같다) = 亻(사람)+象(코끼리) 사람(亻→人 : 사람 인)이 그린 코끼리(象: 코끼리 상)의 형상이 실물과 닮았다(像 xiàng).	형상 **상** 모양 **상**
동 닮다, 비슷하다	很 像 hěn xiàng 아주(很) 닮다(像), 꼭 닮다	
동 ~와(과) 같다	好 像 hǎo xiàng 부 마치 ~과 같다 像~一样 xiàng ~ yí yàng ~와(과) 같다 不 像 话 bú xiàng huà 말(话) 같지 않다(不像), 말이 안 된다	

● **알맞은 중국어 단어를 써 넣고, 듣고 따라 해 보세요.**

1 그녀는 그녀 엄마 와 꼭 닮았다.
她 她妈妈 和

她 和她妈妈 长得 ________。

tā hé tā mā ma zhǎng de hěn xiàng

2 그녀의 얼굴이 아주 붉은 것이 사과(와) 같다.
她的 脸 红红的 苹果

她的脸 红红的， ______ 苹果 ________。

tā de liǎn hóng hóng de xiàng píng guǒ yí yàng

잠깐만요!

- '长得'에서 '长[zhǎng]'은 '자라다, 생기다'라는 뜻으로, '长得很像'은 '생긴 것이(长得) 매우 닮았다(很像)'라는 의미입니다. ('得[de]'는 동사의 정도를 나타냄)
- '像'은 우리말 한자어에서는 '佛像(불상)'처럼 주로 '모양'을 의미하는 명사로 쓰이나, 현대중국어에서는 '모양'이라는 의미 외에 '닮다', '~와(과) 같다'라는 동사의 의미로도 많이 쓰입니다.

정답 **1.** 很像 **2.** 像, 一样

信	xìn	信(믿다/편지) = 亻(사람)+言(말) 사람(亻→人)의 말(言)을 믿고(信 xìn) 편지(信 xìn)를 읽는다.	믿을 **신**
동 믿다		相信 xiāng xìn 동 믿다 信心 xìn xīn 명 믿는(信) 마음(心), 신념, 자신(감) 信任 xìn rèn 동 신임(信任)하다, 신뢰하다 信息 xìn xī 명 믿을 만한(信) 소식(息), 정보 信用卡 xìn yòng kǎ 명 신용(信用) 카드(卡)	
명 편지		信封 xìn fēng 명 편지(信) 봉투(封) 写信 xiě xìn 동 편지(信)를 쓰다(写) 一封信 yì fēng xìn 편지(信) 한 통(一封)	

● **알맞은 중국어 단어를 써 넣고, 듣고 따라 해 보세요.**

1 그는 나에게 적잖은(많은) 생활정보를 제공해 주었다.
他 给我 不少 生活 提供 了

他 给我 提供了 不少生活 ________。
tā gěi wǒ tí gòng le bù shǎo shēng huó xìn xī

2 너는 자신에 대해 자신을 가져야 한다.
你 对自己 要~有

你 要 对自己 有 ________。
nǐ yào duì zì jǐ yǒu xìn xīn

잠깐만요!

- '信 [xìn]'은 '(종교 · 이론 · 학설을) 믿다'라는 의미이며, '相信 [xiāng xìn]'은 '(어떤 사람 · 사실을) 신뢰하다, 확신하다'라는 의미입니다.
  我信佛(wǒ xìn fó)。 나(我)는 불교(佛)를 믿는다(信).
  我信上帝(wǒ xìn shàng dì)。 나(我)는 하나님(上帝)을 믿는다(信).
  你相信他吗(nǐ xiāng xìn tā ma)? 너(你)는 그(他)를 믿니(相信~吗)?

정답 **1.** 信息 **2.** 信心

行 xíng háng	行(~해도 좋다/유명하다/줄/점포) =彳(천천히걷다)+一(윗길)+丁(삼거리) 천천히 걸어(彳: 조금 걸을 축) 윗길(一) 아래 삼거리(丁) 찻길을 보행(步行)해도 괜찮으니(行 xíng) 대단하다(行 xíng).	갈 행 줄 항
[xíng] 동 가다, 여행하다	行动 xíng dòng 명동 행동(하다) 行人 xíng rén 명 가는(行) 사람(人), 행인(行人) 行李箱 xíng lǐ xiāng 명 여행짐(行李) 가방(箱), 트렁크	
동 ~해도 좋다, 괜찮다 (= 可以)	行吗 xíng ma ~해도 됩니까(괜찮습니까)?	
형 대단하다	你真行(nǐ zhēn xíng)。 너는(你) 정말(真) 대단하다(行).	
[háng] 명 줄, 열	第二行 dì èr háng 두 번째(第二) 줄(行)	
명 상점, 점포	银行 yín háng 명 은행 分行 fēn háng 명 (은행의) 지점	
명 업종, 직종, 직업	行业 háng yè 명 직업, 업종, 직종 外行 wài háng 명형 문외한(이다)	

● **알맞은 중국어 단어를 써 넣고, 듣고 따라 해 보세요.**

1 내가 지금 너희 집으로 가려고 하는데, 괜찮겠니?
我 现在 你家 到~去 想

我想现在到你家去, ＿＿＿＿＿?
wǒ xiǎng xiàn zài dào nǐ jiā qù xíng ma

2 네가 뜻밖에도 경극 도 부를 줄 알다니, 정말 대단해!
你 竟然 京剧 还 会唱

你竟然还会唱京剧, ＿＿＿＿＿!
nǐ jìng rán hái huì chàng jīng jù zhēn xíng

잠깐만요!

- 현대중국어에서 '行'은 [xíng]과 [háng] 두 가지 발음으로 소리납니다. '行动 [xíng dòng] 행동', '行不行 [xíng bu xíng?]' 등은 [xíng]으로, '第二行 [dì èr háng] 두 번째(第二) 줄(行)', '银行 [yín háng] 은행', '行业 [háng yè] 직업, 업종' 등은 '[háng]'으로 읽어야 합니다.

정답 **1.** 行吗 **2.** 真行

用 yòng	用(쓰다/~하는 것이 필요하다/~으로) :用(거북의 등껍데기 모양을 본뜬 글자)	쓸 **용**
동 쓰다, 사용하다	使 用 shǐ yòng 동 사용하다, 쓰다 作 用 zuò yòng 명 작용, 역할 用 功 yòng gōng 동 열심히 공부하다	
동 ~하는 것이 필요하다	不 用 bú yòng 부 ~할 필요(用)가 없다(不) (= 甭 béng) 不用 说 bú yòng shuō 동 말할(说) 필요가 없다(不用)	
명 용도	用 途 yòng tú 명 용도	
전 ~으로	用 什么 做的(yòng shén me zuò de)? 무엇(什么)으로(用) 만든(做) 것(的)이죠?	

● **알맞은 중국어 단어를 써 넣고, 듣고 따라 해 보세요.**

1 나는 젓가락으로 밥을 먹을 줄 알게 되었다.
我 筷子 饭 吃 会 了

我 会 ______ 筷子 吃饭了。
wǒ huì yòng kuài zi chī fàn le

2 오늘은 별로 덥지 않아, 에어컨을 틀 필요가 없다.
今天 不太热 空调 开

今天 不太热，__________ 开空调。
jīn tiān bú tài rè bú yòng kāi kōng tiáo

잠깐만요!

- '用 [yòng]'은 우리말 한자어에서 주로 '쓰다'라는 의미의 '동사'로 사용되나, 현대중국어에서는 '쓰다'라는 동사 외에 '~으로'라는 의미의 전치사로도 자주 사용되고 있습니다. '用什么(yòng shén me)'에서 '用 [yòng]' 대신 '拿 [ná]'을 써서 '拿什么(ná shén me) 무엇으로?'라고 해도 같은 의미입니다.
- 회화체에서는 '不用 [bú yòng]'을 간단히 줄여 '甭 [béng]'이라고도 말합니다.
- 会~了 [huì~le] : ~할 줄 알게 되다(了 : 상태의 변화)
  我会说汉语了(wǒ huì shuō hàn yǔ le)。나(我)는 중국어(汉语)를 할 줄 알게(会说) 되었다(了).

정답 1. 用 2. 不用

越	yuè	越(뛰어넘다/~하면 할수록 …하다) = 走(달리다)+戉(도끼) 달려가(走) 그에게 도끼(戉: 도끼 월)를 휘두르니 그는 담을 뛰어넘어(越 yuè) 달리면 달릴수록(越 yuè) 빨리 달린다.	넘을 **월**
동 넘다, 뛰어넘다		**超越** chāo yuè 동 초월하다, 능가하다 **卓越** zhuó yuè 형 탁월하다	
부 ~하면 할수록 …하다		**越~越…** yuè~ yuè… ~할수록 …하다 **越来越~** yuè lái yuè~ 점점 ~해진다, 갈수록 ~하다	

● **알맞은 중국어 단어를 써 넣고, 듣고 따라 해 보세요.**

1 날씨가 갈수록 추워진다.
天气 冷了

天气 __________ 冷了。
tiān qì yuè lái yuè lěng le

2 나는 걸으면 걸을수록 피곤하다.
我 走 走 累

我 ______ 走 ______ 累。
wǒ yuè zǒu yuè lèi

잠깐만요!

- '冷 [lěng]은 '춥다'라는 뜻이며, '冷了 [lěng le]'는 '추워진다, 추워졌다'라는 뜻입니다. 여기서 '了 [le]'는 상태의 변화를 나타냅니다.
- '越 [yuè]'는 문어체에서는 '넘다'라는 동사로 주로 쓰이지만, 회화체에서는 주로 '越~越…'의 형식을 취해 '~하면 할수록 …하다'라는 부사로 쓰입니다.

정답 **1.** 越来越 **2.** 越, 越

把	bǎ	把(~을/를) = 扌(손)+巴(뱀) 손(扌=手)으로 오른쪽의 뱀(巴 : 뱀 파)을(把 bǎ) 잡는다.	잡을 **파**

전 ~을, ~를	
	把 门 关上 bǎ mén guān shàng 문(门)을(把) 닫다(关上) (上: 방향보어)
	把 书 打开 bǎ shū dǎ kāi 책(书)을(把) 펴다(打开) (开: 방향보어)
	把 窗帘 拉上 bǎ chuāng lián lā shàng 커튼(窗帘)을(把) 치다(拉上) (上:방향보어)
	把 信 拿过来 bǎ xìn ná guò lái 편지(信)를(把) 가져오다(拿过来)
	把 菜单 给我 bǎ cài dān gěi wǒ 메뉴판(菜单)을(把) 나에게 주세요(给我)

● **알맞은 중국어 단어를 써 넣고, 듣고 따라 해 보세요.**

1 내가 너를 도와(네 대신) 편지를 가져왔다.
我 帮你 信 拿过来了

我 帮 你 ______ 信 拿过来了。
wǒ bāng nǐ bǎ xìn ná guò lái le

2 커튼을 치세요.
窗帘 请~拉上

请 ______ 窗帘 拉上。
qǐng bǎ chuāng lián lā shàng

★ 잠깐만요!

- '信 [xìn]'은 명사로 '편지'라는 뜻이 있으니 꼭 기억하세요!
  寄信 [jì xìn] 편지(信)를 부치다(寄)　　一封信(yì fēng xìn) 편지(信) 한(一) 통(封)
  拿过来了(ná guò lái le) (이쪽으로) 가지(拿)고 왔다(过来了) ('了'는 상태의 변화)
  帮 [bāng] 돕다 (= 帮助 [bāng zhù])
- 窗帘 [chuāng lián] 커튼
  拉 [lā] 끌다　　拉上(lā shàng) 끌어(拉) 올리다(上) (上 : 방향보어)

정답 1. 把 2. 把

胖	pàng	胖(뚱뚱하다) = 月(살)+半(절반) 살(月=肉)이 몸의 절반(半: 반 반)을 차지할 만큼 뚱뚱하다(胖 pàng).	클 반
형 (몸이) 뚱뚱하다		胖 子 pàng zi 명 뚱뚱이 大 胖子 dà pàng zi 명 뚱뚱보 白 胖子 bái pàng zi 살결이 희고 통통한 사람(포동포동한 사람) 胖 乎乎 pàng hū hū 형 통통하다, 포동포동하다 发 胖 fā pàng 동 살이 찌다, 뚱뚱(胖)해지다(发) 长 胖 zhǎng pàng 동 (사람이) 살찌다, 뚱뚱(胖)해지다(长)	

● **알맞은 중국어 단어를 써 넣고, 듣고 따라 해 보세요.**

1 나는 쉽게 뚱뚱해진다(살이 찐다).
我 容易

我 容易 ________。
wǒ róng yì fā pàng

2 며칠 안 봤더니, 너 살쪘구나(뚱뚱해졌구나).
几天 不见 你

几天 不见，你 ______ 了。
jǐ tiān bú jiàn nǐ pàng le

잠깐만요!

- 容易 [róng yì] 쉽다
  容易做(róng yì zuò) 하기(做) 쉽다(容易)
- 胖了(pàng le) 뚱뚱해 졌다('了 [le]'는 상태의 변화를 나타냄)
  胖子不是一口吃的(pàng zi bú shì yì kǒu chī de)。뚱뚱이(胖子)는 한 입(一口) 먹어(吃) 뚱뚱해진 것이 아니다(不是). 조금씩 조금씩 꾸준히 계속 먹어서 뚱뚱해진 것이다. 무슨 일이든 하루 아침에 이루어지는 것은 아니다. (是~的 : 강조용법)

정답 **1.** 发胖 **2.** 胖

站 zhàn	站(서다 / 역 / 정거장) = 立(서다)+占(점령하다) 서서(立: 설 립) 점령하여(占: 점령할 점) 서 있는(站 zhàn) 곳은 역 / 정거장(站 zhàn)이다.	우두커니 설 **참**
동 서다(stop)	站 着 zhàn zhe 서(站) 있다(着) (着: 상태의 지속을 나타냄)	
명 역, 정류장, 정거장	出租汽车 站 chū zū qì chē zhàn 택시(出租汽车) 정류장(站) 首尔 站 shǒu ěr zhàn 서울(首尔) 역(站) 火车 站 huǒ chē zhàn 기차(火车) 역(站) 网 站 wǎng zhàn 명 인터넷(网) 웹사이트(站) 加油 站 jiā yóu zhàn 명 기름을 넣는(加油) 역(站), 주유소	

● **알맞은 중국어 단어를 써 넣고, 듣고 따라 해 보세요.**

1 서 있지 말고, 빨리 앉으세요.
별 快 请坐

别 ____________ 了, 快 请坐。
bié zhàn zhe le kuài qǐng zuò

2 다음 역은 서울역 이다.
下一站 是

下一站 是 ____________。
xià yí zhàn shì shǒu ěr zhàn

잠깐만요!

- '加油 [jiā yóu]'는 '기름(油)을 넣다(加)'라는 본래의 뜻에서 의미가 확대되어 '화이팅! 힘내라!'라는 의미로 사용되고 있습니다.
  我的车该加油了(wǒ de chē gāi jiā yóu le)。내 차(我的车)는 기름을 넣어야 한다(该加油了).
  韩国队加油(hán guó duì jiā yóu)! 한국(韩国)팀(队) 화이팅(加油)!
- 别~了 [bié ~ le] : 더이상 ~하지 마라
- 우리말 한자어에서 사용하는 '역(驛)'이라는 한자는 현대중국어에서는 사용하지 않습니다. 우리 한자어의 역(驛)에 해당하는 중국어는 '站 [zhàn]'이니 반드시 기억해 두세요!
  下一站(xià yí zhàn) 다음(下) 하나(一)의 역(站), 다음 역

정답 **1.** 站着 **2.** 首尔站

棒 bàng	棒(몽둥이/대단하다) = 木(나무)+奉(받들다) 나무(木: 나무 목) 옆에 받들고(奉: 받들 봉) 있는 몽둥이(棒子)는 대단하다(棒 bàng).	몽둥이 **봉**
명 몽둥이, 방망이	棒子 bàng zi 명 몽둥이, 방망이 棒球 bàng qiú 명 몽둥이(棒)로 공(球)을 치는 것, 야구	
형 (체력 · 능력이) 강하다, 대단하다	很棒 hěn bàng (체력 · 능력이) 아주(很) 대단하다(棒) 身体棒 shēn tǐ bàng 신체(身体)가 건장하다(棒), 몸 짱이다	

● **알맞은 중국어 단어를 써 넣고, 듣고 따라 해 보세요.**

1 그의 몸은 정말 대단하다(그는 몸 짱이다).
他的 身体 真

他的身体 真 ______。
tā de shēn tǐ zhēn bàng

2 나는 야구보다 농구를 잘한다.
我 比 篮球 打得好

我 篮球 比 __________ 打得好。
wǒ lán qiú bǐ bàng qiú dǎ de hǎo

잠깐만요!

- '棒子 [bàng zi]'의 '子'는 '허사'로 뜻이 없습니다. 그래서 짧고 약하게 '경성'으로 읽어야 합니다. 그러나 '孔子 [Kǒng zǐ] 공자', '孟子 [mèng zǐ] 맹자'의 '子 [zǐ]'는 실제 의미가 있는 '실사'이기 때문에 제3성으로 읽어야 합니다.
- 打 [dǎ] 동 (놀이 · 운동을) 하다
  打棒球(dǎ bàng qiú) 야구(棒球)를 하다(打)　　打篮球(dǎ lán qiú) 농구(篮球)를 하다(打)

정답 1. 棒 2. 棒球

抱 bào	抱(안다 / 포옹하다) = 扌(손)+包(싸다) 손(扌 = 手 : 손 수)으로 싸서(包: 쌀 포) 품에 안다(抱 bào).	안을 **포**
동 안다, 포옹하다	拥 抱 yōng bào 동 포옹(抱擁)하다, 껴안다	
동 (생각 · 의견 따위를) 마음속에 품다	抱 歉 bào qiàn 동 미안(죄송)하게 생각하다, 미안(죄송)해하다 对~感到 抱歉 duì ~ gǎn dào bào qiàn ~에 대해 미안하게 생각하다 抱 怨 bào yuàn 동 원망(怨)을 품다(抱), 원망하다 抱着 远大的 理想 bào zhe yuǎn dà de lǐ xiǎng 원대(远大)한 이상(理想)을 품고(抱) 있다(着)	

● **알맞은 중국어 단어를 써 넣고, 듣고 따라 해 보세요.**

1 그녀는 자신의 아이를 안고 있다.
她 自己的 孩子 着

她 ______ 着 自己的孩子。
tā bào zhe zì jǐ de hái zi

2 그는 자기가 지각한 것에 대해 대단히 미안하게 생각한다.
他 自己 迟到 对 很 感到

他 对自己的迟到 感到 很 __________。
tā duì zì jǐ de chí dào gǎn dào hěn bào qiàn

잠깐만요!

- 우리말 한자어에서는 '포옹(抱擁)'이라고 쓰지만, 중국어는 앞뒤 글자가 바뀌어 '拥抱 [yōng bào] 포옹하다'라고 쓰입니다. 여기서 '拥'은 '擁(안을 옹)'의 간체자입니다.
우리 한자어와 순서가 거꾸로 된 중국어 어휘를 더 알아보겠습니다.
榮光(영광) → 光荣(榮) [guāng róng]　言語(언어) → 语(語)言 [yǔ yán]
紹介(소개) → 介绍(紹) [jiè shào]　平和(평화) → 和平 [hé píng]
菜蔬(채소) → 蔬菜 [shū cài]　施設(시설) → 设(設)施 [shè shī]

정답 1. 抱 2. 抱歉

笨	bèn	笨(미련하다) = 竹(⺮)(대)+本(근본) 대(⺮:대 죽) 밑에 근본(本 : 근본 본)이 있다는 걸 모르니 정말 미련하다(笨 bèn).	거칠 **분**

형 미련하다, 멍청하다, 우둔하다	很 笨 hěn bèn 아주(很) 미련하다(笨) 笨 蛋 bèn dàn 명 바보, 멍청이(욕하는 말로 쓰임) 笨 拙 bèn zhuō 형 멍청하다, 우둔하다 笨 手 笨 脚 bèn shǒu bèn jiǎo 손(手)발(脚)이 둔하다(笨), 행동이 매우 느리다

● **알맞은 중국어 단어를 써 넣고, 듣고 따라 해 보세요.**

1 그는 아주 미련하다. 아무 것도 할 줄 모른다.
他 很 什么也 不会干

他 很 ＿＿＿, 什么也 不会 干。
tā hěn bèn shén me yě bú huì gàn

2 그는 일을 하는데 늘(항상) 느리게 행동한다.
他 做事 总是

他 做事 总是 ＿＿＿＿＿ 的。
tā zuò shì zǒng shì bèn shǒu bèn jiǎo de

잠깐만요!

- 什么也(shén me yě) = 什么都(shén me dōu) : 아무것(什么)도(也 = 都)
- 현대중국어에서는 '蛋 [dàn]'이 '욕'을 의미하는 경우의 단어들입니다.
  坏蛋 [huài dàn] 나쁜 놈, 나쁜 남자　　王八蛋 [wáng ba dàn] 개새끼, 개자식
  混蛋 [hún dàn] 잡놈, 쌍놈　　滚蛋(gǔn dàn) 꺼져!
  完蛋了(wán dàn le)! 끝장났다! 망했다!

정답 **1.** 笨 **2.** 笨手笨脚

068

遍 biàn	遍(보편적인/한 번) = 辶(가다)+扁(현판) 이곳 저곳 가서(辶=走 : 가다) 현판(扁: 현판 편)을 보편적으로(遍 biàn) 처음부터 끝까지 한 번(遍 biàn) 살펴본다.	두루 **편**
형 보편적이다	普 遍 pǔ biàn 형 보편적인	
양 번 (처음부터 끝까지 한 번)	一 遍 yí biàn (처음부터 끝까지) 한(一) 번(遍) 一遍 又 一遍 yí biàn yòu yí biàn 한 번(一遍) 또(又) 한 번(一遍), 자꾸	

● 알맞은 중국어 단어를 써 넣고, 듣고 따라 해 보세요.

1 처음 배우는 사람 에게 말할 줄은 아나, 쓸 줄 모르는 이런 상황은 아주 보편적이다.
初学者 对于 会说 不会写 这种 情况 很

对于 初学者，这种 会说 不会写的 情况 很 ________。
duì yú chū xué zhě zhè zhǒng huì shuō bú huì xiě de qíng kuàng hěn pǔ biàn

2 이 책을 나는 처음부터 끝까지 3번 읽었다.
这本书 我 读了

这本书 我 读了 ________。
zhè běn shū wǒ dú le sān biàn

잠깐만요!

- 중국어의 일반적인 어순은 'S+V+O'입니다. 그러나 가끔 목적어를 문장 맨 앞에 두어 'O+S+V'의 어순으로 목적어를 강조하기도 합니다.
  我(S) + 读(V) + 这本书(O)
  我读了这本书三遍(wǒ dú le zhè běn shū sān biàn)。 나(我)는 이(这) 책(书)을 3번(三遍) 읽었다(读了).
  这本书(O) + 我(S) + 读(V)
  这本书我读了三遍(zhè běn shū wǒ dú le sān biàn)。 이(这) 책(书)을 나(我)는 3번(三遍) 읽었다(读了).

정답 1. 普遍 2. 三遍

猜	cāi	猜(추측하다/알아맞히다) = 犭(개)+青(푸르다) 개(犭=犬) 옆에 푸른(青: 푸를 청) 풀이 무슨 풀인지 알아맞혀(猜 cāi) 봐라!	시기할 **시** 추측할 **시**
동 추측하다, 알아맞히다		猜 对 cāi duì 동 추측하여(猜) 알아맞히다(对) 猜 到 cāi dào 알아(猜)차리다(到), 알아채다 猜 出 cāi chū 알아(猜)채다(出)	

● **알맞은 중국어 단어를 써 넣고, 듣고 따라 해 보세요.**

1 여러분 한번 알아맞혀 보세요. 이 상자 안에는 뭐가 있을까요?
大家 这个盒子 里面 什么

大家 __________ , 这个盒子 里面 是 什么?
dà jiā cāi yi cāi zhè ge hé zi lǐ miàn shì shén me

2 나는 늘 그가 무슨 생각을 하고 있는지 알아차릴 수 있다.
我 总是 他 在想什么 能

我 总是 能 __________ 他 在想什么。
wǒ zǒng shì néng cāi dào tā zài xiǎng shén me

잠깐만요!

- 장소 + 是(존재) + 사물(사람) : ~에 …이 있다 盒子 [hé zi] 작은 상자
  这个盒子里面是什么(zhè ge hé zi lǐ miàn shì shén me)? 이(这个) 작은 상자(盒子) 안(里面)은 무엇입니까(是什么)? 이 작은 상자 안에는 무엇이 들어 있습니까?
- 동사 + 一 + 동사 : 한번(좀) ~하다
  猜一猜(cāi yi cāi) 한번(좀) 알아 맞추다 唱一唱(chàng yi chàng) 노래 (좀) 부르다
- '在 [zài]'가 동사 앞에 쓰이면 현재 동작이 진행 중임을 나타냅니다.
  在想(zài xiǎng) 생각하고 있다

정답 **1.** 猜一猜 **2.** 猜到

070

光 guāng	光(빛/오직/벌거벗다) = ⺌ (불)+儿→人(사람) 불(⺌→火: 불) 아래의 사람(儿→人)만이 벌거벗은(光)듯 오직(光) 빛(光 guāng)난다.	빛 **광**
명 빛	阳 光 yáng guāng 명 햇빛 阳光 灿烂 yáng guāng càn làn 햇빛(阳光)이 찬란하다(灿烂)	
명 영광	光 荣 guāng róng 명 영(荣)광(光) 光 临 guāng lín 명동 왕림(하다) 欢迎 光临 huān yíng guāng lín 어서 오십시오!(식당에서 주로 쓰임)	
부 다만, 오직	光 吃菜 guāng chī cài 반찬(요리)(菜)만(光) 먹다(吃)	
동 벌거벗다	光 脚 guāng jiǎo 동 발을 벌거벗다, 맨(光)발(脚)을 하다 光 着脚 guāng zhe jiǎo 맨 발로(着: 상태의 지속)	

● **알맞은 중국어 단어를 써 넣고, 듣고 따라 해 보세요.**

1 너 술만 마시지 마라.
你 酒 喝 不要

你 不要 ______ 喝酒。
nǐ bú yào guāng hē jiǔ

2 그는 맨발로 땅(위) 에 서 있다.
他 地上 站在

他 ______ 着 ______ 站在地上。
tā guāng zhe jiǎo zhàn zài dì shàng

잠깐만요!

- 우리말에서는 '영광'을 한자로 '榮光'이라고 쓰지만, 현대중국어에서는 거꾸로 '光荣 [guāng róng]'이라고 합니다.
- '光喝酒(guāng hē jiǔ)'에서 '光 [guāng]'은 '단지, 오로지'라는 뜻의 부사로, 동사 '喝 [hē]' 앞에 위치해야 합니다.

정답 **1.** 光 **2.** 光, 脚

071

拉	lā	拉(당기다 / 켜다) = 扌(손)+立(서다) 손(扌=手)으로 서도록(立: 설 립) 옷소매를 당기어(拉 lā) 바이올린을 켜게 하다(拉 lā).	꺾을 **랍** 데려갈 **랍**
동 끌다, 당기다		拉 手 lā shǒu 동 손(手)을 끌다(拉), 손을 잡다, 악수하다 拉 门 lā mén 동 문(门)을 당기다(拉) 명 미닫이 拉 屎 lā shǐ 동 똥(屎)을 당기다(拉), 대변을 보다	
동 (악기를) 연주하다, 켜다		拉 小提琴 lā xiǎo tí qín 바이올린(小提琴)을 켜다(拉) 拉 二胡 lā èr hú 호금(二胡)을 켜다(拉)	

● **알맞은 중국어 단어를 써 넣고, 듣고 따라 해 보세요.**

1 날이 어두워졌으니, 커튼을 치세요.
天 黑了 把窗帘 请

天 黑了，请 把窗帘 ______ 上。
tiān hēi le qǐng bǎ chuāng lián lā shàng

2 그녀는 호금을 잘 켠다(연주한다).
她 二胡 很好

她 ______ 二胡 ______ 得 很好。
tā lā èr hú lā de hěn hǎo

잠깐만요!

- '天黑了(tiān hēi le) 날(天)이 어두워졌다(黑了)'에서 '了 [le]'는 상태의 변화를 나타냅니다.
- '把窗帘拉上'에서 '上'은 방향(위)을 나타내는 보어입니다.
- V + O + V + 得 [de] : 得는 동사의 정도를 나타냄.
  他说汉语说得很好(tā hàn yǔ shuō de hěn hǎo)。그는(他) 중국어(汉语)를 (말하는 정도가) 아주(很) 잘(好)한다(说).
  她拉小提琴拉得很好(tā lā xiǎo tí qín lā de hěn hǎo)。그 여자(她)는 바이올린(小提琴)을 (켜는 정도가) 아주(很) 잘(好) 켠다(拉).

정답 **1.** 拉 **2.** 拉, 拉

却	què	却(가다/과거) = 去(가다)+ 卩(무릎 꿇다) 가서(去: 갈 거) 무릎 꿇고(卩: 무릎 꿇을 절) 빌려다 오히려(却 què) 야단만 맞았다.	물리칠 **각** 도리어 **각**
동 물리치다		却 敌 què dí 동 적(敌)을 물리치다(却) 冷 却 lěng què 동 냉각(冷却)하다 退 却 tuì què 동 퇴각(退却)하다, 후퇴하다	
부 오히려, 도리어		却 不知道 què bù zhī dào 오히려(却) 모르다(不知道)	

● **알맞은 중국어 단어를 써 넣고, 듣고 따라 해 보세요.**

1 그녀는 이 단어를 어떻게 말하는지는 아는데, 오히려 어떻게 쓰는지는 모른다.
她 这个词 怎么 说 知道 怎么 写 不知道

她 知道 这个词 怎么说，______ 不知道 怎么写。
tā zhī dao zhè ge cí zěn me shuō què bù zhī dào zěn me xiě

2 그는 왔었는데, 네가 오히려 안 왔다.
他 来了 你 没来

他 来了，你 ______ 没来。
tā lái le nǐ què méi lái

★ 잠깐만요!

- 우리말 한자어에서 '却'는 '물리치다'라는 동사의 의미로 쓰이지만, 중국어에서는 '오히려, 도리어'라는 부사의 의미로 많이 쓰입니다.
  我来了，他却走了(wǒ lái le, tā què zǒu le)。내(我)는 왔는데(来了), 그(他)는 오히려(却) 갔다(走了).
  我外貌上像我的妈妈，性格上却不同 (wǒ wài mào shàng xiàng wǒ de mā ma, xìng gé shàng què bù tóng)。내(我) 외모(外貌)는 나의(我的) 엄마(妈妈)를 닮았으나(像), 성격은(性格上) 오히려(却) 다르다(不同).
  只对她好，对我却不好，真是的 (zhǐ duì tā hǎo, duì wǒ què bù hǎo, zhēn shi de)。그녀에게만(只对她好) 잘해주고, 나에게는(对我) 오히려(却) 잘해주지 않다니, 나 원 참!

정답 **1.** 却 **2.** 却

帅	shuài	帅(원수 / (남자가) 잘생겼다) = 刂(칼)+巾(수건) 칼(刂=刀 : 칼 도) 옆에 수건(巾: 수건 건)을 들고 있는 사람은 군 최고 지휘관인 원수(帅 shuài)인데 참 잘생겼다(帅 shuài).	장수 **수**
명 원수		元 帅 yuán shuài 명 군대 원(元)수(帅)	
형 (남자가) 잘생겼다, 멋지다		真 帅 zhēn shuài 정말(真) 잘생겼다(帅), 정말(真) 멋있다(帅) 帅 呆了 shuài dāi le 정말 잘 생겼다, 정말 멋있다 帅 哥 shuài gē 명 잘생긴(帅) 오빠(哥), 멋진(帅) 남자(哥)	

● **알맞은 중국어 단어를 써 넣고, 듣고 따라 해 보세요.**

1 그는 참으로 정말 잘생겼다!
他 可

他 长得 可 ________。
tā zhǎng de kě zhēn shuài

2 이 동작은 그야말로 정말 멋있다.
这个 动作 简直

这个动作 简直 ________。
zhè ge dòng zuò jiǎn zhí shuài dāi le

잠깐만요!

- '帅 [shuài]'는 '老师 [lǎo shī]'의 '师'와 모양이 비슷하나, '师'보다 획이 하나 적은 다른 글자이니 주의하기 바랍니다. '帅 [shuài]'는 여성에게는 쓸 수 없고, 남성에게만 쓸 수 있습니다. 반면 '잘생겼다, 예쁘다'라는 의미의 '漂亮 [piào liang]'은 보통 여성에게 쓰이지만, 남성에게도 쓸 수 있습니다.
- 呆 [dāi] 형 멍하다, 어리둥절하다
- 长得 [zhǎng de] : 생긴 것이(정도가) ~하다
  长得漂亮(zhǎng de piào liang)。 예쁘게(漂亮) 생겼다(长得).

정답 **1.** 真帅 **2.** 帅呆了

修 xiū	修(수리하다/수선하다/보수하다) = 攸(아득하다)+彡(터럭) 아득히 먼(攸 : 아득할 유) 물에 터럭(彡: 터럭 삼)을 씻는 듯 고장난 것을 수리(修 xiū)하다.	닦을 **수**
동 수리하다, 수선하다	修理 xiū lǐ 동 수리하다, 수선하다, 고치다 修电脑 xiū diàn nǎo 컴퓨터(电脑)를 수리하다(修) 修衣服 xiū yī fu 옷(衣服)을 수선하다(修) 修改 xiū gǎi 동 (문장을) 고치다, 수정하다 修得好 xiū de hǎo 잘 수리할 수 있다 修不好 xiū bu hǎo 잘 수리할 수 없다	
동 보수하다	维修 wéi xiū 동 보수하다	

● **알맞은 중국어 단어를 써 넣고, 듣고 따라 해 보세요.**

1 아저씨, 이 손목시계 좀 수리해 주시겠어요?
師傅 这块表 一下 麻烦您帮我

师傅，麻烦您 帮我 ______ 一下 这块表。
shī fu má fan nín bāng wǒ xiū yí xià zhè kuài biǎo

2 이 컴퓨터는 이미 더 이상 잘 수리할 수가 없습니다.
这台电脑 已经~了

这台电脑 已经 __________ 了。
zhè tái diàn nǎo yǐ jīng xiū bu hǎo le

잠깐만요!

- '손목시계'는 중국어로 '手表 [shǒu biǎo]'라고 하는데, 줄여서 '表 [biǎo]'라고도 많이 씁니다.
  这(대) + 块(양) + 表(손목시계) 이 손목시계('块 [kuāi]'는 손목시계에 대한 양사)
- 중국어에서 '师傅 [shī fu]'는 기술 방면의 스승(무술사범, 운전기사, 요리사, 수리하는 사람 등)을 말합니다.
- 麻烦您帮我(má fan nín bāng wǒ) + V + O : ~를 해 주시겠어요(공손한 표현)
  중국에서 다른 사람에게 공손하게 무엇인가를 부탁할 때 이 표현을 자주 사용합니다.

정답 **1.** 修 **2.** 修不好

교육용 1800자 / 신HSK 4급 075.mp3

由	yóu	由(~가/~부터) = 田(밭)+丨(싹) 밭(田)에 싹(丨)이 난 것은 내가 씨앗을 뿌린 것으로부터(由) 시작된 것이다.	말미암을 **유**
전 ~가, ~이 (행위의 주체를 나타냄)		由 于 yóu yú 전 ~때문에, ~로 인하여 自 由 zì yóu 명형 자유(롭다) 理 由 lǐ yóu 명 이유, 까닭	
전 ~로부터, ~에서		由 上海 出发 yóu shàng hǎi chū fā 상하이(상해)(上海)에서(由) 출발하다(出发)	

● **알맞은 중국어 단어를 써 넣고, 듣고 따라 해 보세요.**

1 네가 책임지고 왕 선생님에게 연락해라.
你 负责 王老师 联系

______ 你 负责 联系 王老师。
yóu nǐ fù zé lián xì wáng lǎo shī

2 베이징(북경)에서 출발하여 네이멍구(내몽고)를 가려면 대략 10시간 걸린다.
北京 出发 内蒙古 去 大约 10个小时 要

______ 北京出发 去 内蒙古 大约 要10个小时。
yóu běi jīng chū fā qù nèi mēng gǔ dà yuē yào shí ge xiǎo shí

잠깐만요!

- 중국어는 우리말과 달리 조사가 없어 주로 어순(단어의 배열 순서)이 문법적 기능을 대신합니다. '由 [yóu]'는 행위의 주체를 나타냅니다. 또한 '~로부터, ~에서'라는 뜻의 전치사로도 문어체에 주로 쓰이는데, 회화체에서는 '从 [cóng]'을 많이 씁니다.
- 负责 [fù zé] 책임(责)을 지다(负)
- 要 [yào] 시간이 걸리다　　小时 [xiǎo shí] 시간(시간의 양을 나타냄)
  大约要10个小时(dà yuē yào shí ge xiǎo shí)。 대략(大约) 10시간(10个小时) 걸린다(要).

정답 **1.** 由 **2.** 由

之	zhī	之(~의/~한/그것) = 之(갈지자의 걸음으로 걷다:3획) 술에 취한 사람은 갈지자(之)의 걸음으로 걷는다.	갈 **지** 이 **지** 의 **지**
조 ~의 (종속 관계를 나타냄)		之 间 zhī jiān 명 (~의)(之) 사이(间) 之 外 zhī wài 명 ~의(之) 외(外) 之 后 zhī hòu 명 ~뒤, ~후 ~分之… ~fēn zhī… ~분(分)의(之)… ~之一 ~zhī yī ~중의(之) 하나(一)	
조 ~한 (수식관계를 나타냄)		无 价 之 宝 wú jià zhī bǎo 성 값을 매길 수 없는(无价之) 보배(宝), 돈으로 살 수 없는 보물	
대 이, 그, 이것, 그것		总 之 zǒng zhī 접 그것(之)을 총괄적으로 말하면(总), 요컨데	

● **알맞은 중국어 단어를 써 넣고, 듣고 따라 해 보세요.**

1 이번 티베트(의) 여행은 (사람으로 하여금) 정말 잊기 어렵게 한다(잊을 수 없다).
这次 西藏 旅 叫人 真 是难忘

这次 西藏 ______ 旅 真是 叫人难忘。
zhè cì xī zàng zhī lǚ zhēn shì jiào rén nán wàng

2 이 일은 십의팔구(십중팔구)는 진짜다.
这件事 是真的

这件事 十 ______ 八九 是 真的。
zhè jiàn shì shí zhī bā jiǔ shì zhēn de

잠깐만요!

- '之 [zhī]'는 우리 한자어에서는 주로 '가다'라는 동사와 '이것'이라는 지시대명사로 사용되고 있으나, 현대중국어에서는 '~의'라는 뜻의 '的 [de]'조사로 주로 사용되고 있습니다.
- 叫 [jiào] (사역동사) ~로 하여금 …하게 하다
  叫她拿来(jiào tā ná lái)! 그 여자 더러(叫她) 가져오라(拿来) 해라!
  叫他明天一定要来(jiào tā míng tiān yí dìng yào lái)! 그 더러(叫他) 내일(明天) 꼭(一定) 와야한다고 (要来) 해라!
- 十之八九 [shí zhī bā jiǔ] 십의팔구, 십중팔구, 열에 아홉, 거의

정답 **1.** 之 **2.** 之

支	zhī	支(자루/지지하다) = 十(열 십)+又(또 우) 열십(十) 밑에 또 우(又: 또 우) 자가 쓰여 있는 필기구 한 자루(一支)를 들고 지지한다(支 zhī).	가지 **지** 지탱할 **지**
양 자루(가늘고 긴 것을 세는 단위), 곡(曲)(노래를 세는 단위)		一支铅笔 yì zhī qiān bǐ 연필(铅笔) 한 자루(一支) 一支笔 yì zhī bǐ 필기구(笔) 한 자루(一支) 一支蜡烛 yì zhī là zhú 양초(蜡烛) 한 자루(一支) 一支烟 yì zhī yān 담배(烟) 한 개피(一支) 一支歌 yì zhī gē 노래(歌) 한 곡(一支) 支票 zhī piào 명 수표	
동 지지하다		支持 zhī chí 동 지지하다	

● **알맞은 중국어 단어를 써 넣고, 듣고 따라 해 보세요.**

1 저에게 필기구 한 자루 빌려 주시겠어요.
我 请借

请借 我 ________。
qǐng jiè wǒ yì zhī bǐ

2 네가 어떻게 결정하든지 간에, 나는 모두 너를 지지할게.
你 怎么 决定 我 你

不管 你怎么决定，我 都 ________ 你。
bù guǎn nǐ zěn me jué dìng wǒ dōu zhī chí nǐ

잠깐만요!

- 借 [jiè] 빌리다 借书(jiè shū) 책을 빌리다 请借(qǐng jiè) 빌려 주세요
  请借一本书(qǐng jiè yì běn shū)。책 한 권(一本书) 빌려 주세요(请借).
- 不管~都 [bù guǎn ~ dōu] : ~을 막론하고 모두(다) …하다
  那个男人不管有钱没钱都喝酒(nà ge nán rén bù guǎn yǒu qián méi qián dōu hē jiǔ)。그 남자(那个男人)는 돈이 있거나 없거나(不管有钱没钱) 모두(都) 술(酒)을 마신다(喝).
  不管哪个人都有自己的长处(bù guǎn nǎ ge rén dōu yǒu zì jǐ de cháng chu)。누구든(不管哪个人) 다(都) 자신의(自己的) 장점(长处)을 가지고 있다(有).

정답 **1.** 一支笔 **2.** 支持

租	zū	租(세내다 / 세) = 禾(벼)+且(또) 벼(禾: 벼 화)를 또(且: 또 차) 세내다(租 zū).	세낼 조 세금 조
동 세내다, 세 얻다, 빌리다		租 房 zū fáng 동 집(房)을 세놓다(租) 出 租 chū zū 동 세(租)를 놓다(出) 出租 汽车 chū zū qì chē 명 세놓은(出租) 차(车), (영업용) 택시(= 出租车 chū zū chē)	
명 세, 임대료		房 租 fáng zū 명 집(房)세(租)	

● 알맞은 중국어 단어를 써 넣고, 듣고 따라 해 보세요.

1 이곳의 책은 빌릴 수 있다.
这里的 书 可以

这里的书 是 可以 ______ 的。
zhè lǐ de shū shì kě yǐ zū de

2 학교 근처에 나는 작은 집 (한 칸)을 세 얻었다.
学校 附近 我 小 房子 一间 了

学校附近 我 ______ 了 一间小房子。
xué xiào fù jìn wǒ zū le yì jiān xiǎo fáng zi

- 현대중국어에서 '房子 [fáng zi]'는 '방'이 아니라 '집'이라는 뜻입니다. '租房 [zū fáng]'은 '租房子 [zū fáng zi]'를 줄여서 쓴 말로 '방을 세놓다'가 아니라 '집을 세놓다'라는 의미입니다. '房租 [fáng zū]'의 '房 [fáng]'역시 '房子 [fáng zi] 집'의 줄임말로 '방세'가 아니라 '집세'라고 해야 맞습니다.
- 중국인들은 '出租汽车'를 줄여서 간단히 '出租车'라고도 많이 말합니다.

정답 1. 租 2. 租

座	zuò	座(자리/산/다리 하나) = 广(집)+坐(앉다) 집(广) 안에 앉을(坐: 앉을 좌) 자리(座 zuò)가 하나 있다.	자리 **좌**
명 자리, 좌석		座位 zuò wèi 명 자리, 좌석 讲座 jiǎng zuò 명 강(讲)좌(座) 座右铭 zuò yòu míng 명 좌우(座右)명(铭)	
양 동, 채 (산 · 다리 · 건물 · 동상 등을 세는 단위)		一座山 yí zuò shān 산(山) 하나(一座) 一座桥 yí zuò qiáo 다리(桥) 하나(一座) 一座楼 yí zuò lóu 건물(楼) 한 동(一座)	

● **알맞은 중국어 단어를 써 넣고, 듣고 따라 해 보세요.**

1 내가 들어갔을 때 이미 자리가 없었다.
我 进去的时候 已经 没有了

我 进去的时候 已经 没有 ＿＿＿＿＿ 了。
wǒ jìn qù de shí hou yǐ jīng méi yǒu zuò wèi le

2 이 산은 아주 높구나!
这 好 高啊

这 ＿＿＿ 山 好高 啊！
zhè zuò shān hǎo gāo a

잠깐만요!

- '座 [zuò]'는 '자리'라는 명사 외에 '산 · 다리 · 건물(빌딩)' 등에 대한 양사로도 쓰입니다.
- '好 [hǎo]'는 회화체에서 '很 [hěn] 아주, 몹시, 무척' 의 의미로도 많이 쓰입니다.
  风好大啊(fēng hǎo dà a)! 바람(风)이 몹시(好) 세(大)구나(啊)!
  好漂亮啊(hǎo piào liang a)! 무척(好) 아름답다(漂亮).
- '啊 [a]'는 감탄을 나타내는 어기조사입니다. 감탄은 입으로 하기 때문에 감탄을 나타내는 어기조사 '喔 [wō], 哇 [wā], 哎 [āi], 呀 [yā], 哎呀 [āi yā]' 등은 모두 입구 변(口)이 붙은 것이 특징입니다.

정답 **1.** 座位 **2.** 座

080

吹 chuī	吹(불다) = 口(입)+欠(하품) 입(口: 입구)으로 하품(欠: 하품흠)을 하듯 숨을 크게 내쉬어 불다(吹 chuī).	불 **취**
동 입으로 힘껏 불다	吹 灯 chuī dēng 등불(灯)을 불어서(吹) 끄다 吹 蜡烛 chuī là zhú 촛불(蜡烛: 양초)을 불어서(吹) 끄다	
동 바람이 불다	吹 风 chuī fēng 동 헤어드라이어로 머리를 말리다 吹 风机 chuī fēng jī 명 머리 말리는(吹风) 기계(机), 헤어드라이어	
동 (악기 등을) 불다	吹 笛子 chuī dí zi 피리(笛子, 笛: 피리 적)를 불다(吹)	
동 허풍을 떨다	吹 牛 chuī niú 동 허풍을 떨다, 뻥치다 吹牛 大王 chuī niú dà wáng 허풍쟁이, 거짓말쟁이	
동 (사람 사이가) 틀어지다, 헤어지다	吹 了 chuī le 헤어졌다	

● **알맞은 중국어 단어를 써 넣고, 듣고 따라 해 보세요.**

1 오늘 너는 무슨 바람이 불어서 왔니?
今天 你 什么 风 了 来了

今天 什么风 把你 ________ 来了?

jīn tiān shén me fēng bǎ nǐ chuī lái le

2 나는 남자친구와 헤어졌다.
我 男朋友

我 和 男朋友 ________。

wǒ hé nán péng you chuī le

★ **잠깐만요!**

- '吹 [chuī]'는 본래 '불다'라는 뜻이지만, 그 의미가 확대되어 '허풍을 떨다, 헤어지다' 등의 의미로도 쓰이고 있습니다.
  吹大牛(chuī dà niú) 아주 크게 허풍을 떨다, 아주 큰소리치다, 과장하다
  吹牛皮(chuī niú pí) 허풍을 떨다, 큰소리치다

정답 **1.** 吹 **2.** 吹了

非	fēi	非(아니다/~하지 않으면 안 된다) = 丿(왼쪽 척추)+三(척추 뼈 셋)+ 丨(오른쪽 척추)+三(척추 뼈 셋) 왼쪽 비스듬히 내려온 척추(丿)에 척추 뼈 세 개(三) 와 오른쪽 곧은 척추(丨) 에 척추 뼈 세 개(三) 밖에 없으니 사람이 아니다(非 fēi). 반드시 조사해 보지 않으면 안 된다(非 fēi).	아닐 **비**
동 ~이(가) 아니다 (=不是)		是 非 shì fēi 명 시(是)비(非), 옳고(是) 그름(非) 非 法 fēi fǎ 형 비(非)합법적인(法), 불법(非法)적인 非 常 fēi cháng 부 대단히, 매우, 아주	
부 ~하지 않으면 안 된다, 반드시 ~해야 한다		非~不可 fēi ~ bù kě 반드시 ~하지 않으면 안 된다, 반드시 ~해야 한다	

● **알맞은 중국어 단어를 써 넣고, 듣고 따라 해 보세요.**

1 우리 집은 여기서 대단히(아주) 멀어요.
我家 离这儿 远

我家 离这儿 __________ 远。
wǒ jiā lí zhèr fēi cháng yuǎn

2 성적이 좋기를 원한다면 노력하지 않으면 안 된다.
成绩 好 要想 努力

要想 成绩 好，______ 努力 __________。
yào xiǎng chéng jì hǎo fēi nǔ lì bù kě

잠깐만요!

- '불법'은 우리 한자어로 '不法'이라고 쓰지만, 중국어는 '非法 [fēi fǎ]'라고 합니다.
- 우리는 보통 '우리 집'이라고 말하지만, 중국에서는 나의 집, 즉 '我家 [wǒ jiā]'라고 합니다. 또한 '우리나라'는 중국어로 '我国 [wǒ guó]'라고 합니다.
- '비상구'는 우리말 한자어로 '非常口'라고 쓰지만, 중국어는 '安全出口 [ān quán chū kǒu]'라고 합니다.

정답 **1.** 非常 **2.** 非, 不可

卡	kǎ qiǎ	卡(카드/트럭/헤어핀) = 上(위)+下(아래) 위 상(上) 밑에 아래 하(下)자 모양으로 된 카드(卡 kǎ)가 머리에 꽂혀(卡 qiǎ) 있다.	지킬 잡 끼일 잡
[kǎ] 명 카드, 트럭		卡 片 kǎ piàn 명 카드 信用 卡 xìn yòng kǎ 명 신용(信用) 카드(卡) 卡 车 kǎ chē 명 트럭 卡 通 kǎ tōng 명 카툰(cartoon), 만화	
[qiǎ] 명 헤어핀		发 卡 fà qiǎ 명 헤어(发 fà) 핀(卡), 머리 핀	

● **알맞은 중국어 단어를 써 넣고, 듣고 따라 해 보세요.**

1 그는 (한 분의) 트럭 운전사 이다.
他 一位 司机 是

他 是 一位 __________ 司机。
tā shì yí wèi kǎ chē sī jī

2 이 헤어핀은 정말 예쁘다.
这个 真 漂亮

这个 __________ 真漂亮。
zhè ge fà qiǎ zhēn piào liang

잠깐만요!

- 우리말에서 '운전기사'는 한자어로 '機司'라고 쓰지만, 중국어에서는 '司机(機) [sī jī]'라고 합니다. 이는 한국어의 어순은 '목적어 + 동사'로 [機(O)+司(V)] 즉, 기계(機)를 맡은(司) 사람이고, 중국어의 어순은 '동사 + 목적어'인 즉, [司(V) + 机(O)]로 다르기 때문입니다.

정답 **1.** 卡车 **2.** 发卡

欠	qiàn	欠(하품하다/빚지다/모자라다) = ⺈(기지개를 켜다)+人(사람) 두 팔을 벌려 기지개를 켜는(⺈) 사람(人)은 하품을 하며(欠 qiàn) 빚진(欠 qiàn) 돈이 모자라다(欠 qiàn)고 한다.	하품 **흠** 빚질 **흠** 모자랄 **흠**
동 하품하다		**打 哈欠** dǎ hā qian 하품(哈欠)을 하다(打)	
동 빚지다		**欠 钱** qiàn qián 동 돈(钱)을 빚지다(欠), 빚을 지다 **欠 一个 道歉** qiàn yí ge dào qiàn 사과하는 것(道歉)을 빚지고 있다(欠)	
동 모자라다		**欠 考虑** qiàn kǎo lǜ 고려(考虑)가 모자라다(欠), 생각이 모자라다(없다)	

● **알맞은 중국어 단어를 써 넣고, 듣고 따라 해 보세요.**

1 너 그에게 얼마를 빚졌니?
你 他 多少钱

你 ______ 他 多少钱?
nǐ qiàn tā duō shao qián

2 네가 이렇게 하는 것은 생각이 모자란 것이다.
你 这样 做 是~的

你 这样做 是 __________ 的。
nǐ zhè yàng zuò shì qiàn kǎo lǜ de

잠깐만요!

• 打哈欠 [dǎ hā qian] : 하품(哈欠)을 하다(打)
上课的时候，我经常打哈欠(shàng kè de shí hòu wǒ jīng cháng dǎ hā qian)。수업할 때(上课的时候) 나(我)는 늘(经常) 하품을 한다(打哈欠).

• 是~的 [shì ~ de] : 주로 '시간 · 장소 · 방법' 등을 강조할 때 쓰는 표현이나, 특정 내용을 강조할 때도 쓰는 '강조문형'입니다.
你到底是怎么做的(nǐ dào dǐ shì zěn me zuò de)? 너(你) 도대체(到底) 어떻게(怎么) 한(做) 거야?

정답 **1.** 欠 **2.** 欠考虑

084

摔 shuāi	摔(넘어지다/깨지다) = 扌(손)+率(거느리다) 손(扌=手: 손 수)으로 거느린(率: 거느릴 솔) 것이 넘어져(摔 shuāi) 깨졌다(摔 shuāi).	버릴 솔
동 넘어지다, 떨어지다	摔 倒 shuāi dǎo 동 넘어지다 摔 伤 shuāi shāng 넘어져서(摔) 다치다(伤), 낙상하다 摔 跤 shuāi jiāo 명 넘어져(摔) 공중제비(跤)를 도는 것, 씨름, 레슬링	
동 (떨어뜨려) 깨뜨리다	摔 坏 shuāi huài 동 깨지다, 박살나다	

● 알맞은 중국어 단어를 써 넣고, 듣고 따라 해 보세요.

1 그는 나무에서 (미끄러져) 떨어졌다.
他 从树上

他 从树上 ______ 了下来。
tā cóng shù shàng shuāi le xià lái

2 나는 조심하지 않아(부주의해) 컵을 땅에 떨어뜨려 깨뜨렸다.
我 不小心 把杯子在地上

我 不小心 把杯子 ______ 在地上了。
wǒ bù xiǎo xīn bǎ bēi zi shuāi zài dì shàng le

잠깐만요!

- '从树上'에서 '从 [cóng]'은 시발점(~로부터, ~에서)을 나타내며, '上 [shàng]'은 방향(위)보어입니다.
- '摔了下来'에서 '了 [le]'는 동작의 완료를 나타내고, '下来 [xià lái]'는 방향(아래로) 보어입니다.
- 小心 [xiǎo xīn] 조심하다 不小心 [bù xiǎo xīn] 조심하지(小心) 않다(不), 부주의하다
- '在地上了'에서 '在'는 전치사(~에)이고, '上'은 방향(위)보어이며, '了'는 상태의 변화를 나타냅니다.

정답 1. 摔 2. 摔

所 suǒ	所(장소/~하는 바의) = 戶(집)+斤(도끼) 집(戶: 집 호)에 도끼(斤: 도끼 근)를 두는 장소(所 suǒ) 인 바(所 suǒ).	장소 **소** 바 **소**
명 장소, ~소 (기관, 사무를 보는 곳)	**厕 所** cè suǒ 명 뒷간(厕: 뒷간 측)이 있는 장소(所), 변소, 화장실 **研究 所** yán jiū suǒ 명 연구(研究)하는 장소(所), 연구소	
조 ~하는 바의 것, ~하는 사람 (동사를 명사화시킴)	**所 见 所 闻** suǒ jiàn suǒ wén 보고(见) 들은(闻) 바의 것(所), 견문(见闻) **所 以** suǒ yǐ 접 그래서 **所 谓** suǒ wèi 형 소(所)위(谓), 이른바 **所 有** suǒ yǒu 형 모든	
양 책, 동(집 · 학교 · 병원 등 건물을 세는 단위)	**一 所 房子** yì suǒ fáng zi 집(房子) 한 채(一所) **一 所 学校** yì suǒ xué xiào 학교(学校) 하나(一所)	

● **알맞은 중국어 단어를 써 넣고, 듣고 따라 해 보세요.**

1 날씨가 좋지 않았기 때문에, 그래서 나는 수영하러 가지 않았다.
天气 不好 因为 我 游泳 没去

因为天气不好，＿＿＿＿＿＿ 我没去游泳。
yīn wèi tiān qì bù hǎo suǒ yǐ wǒ méi qù yóu yǒng

2 모든 학우(급우)가 다 왔다.
同学 都 来了

＿＿＿＿＿＿ 同学都来了。
suǒ yǒu tóng xué dōu lái le

★ 잠깐만요!

- 예전에는 화장실과 처갓집은 집에서 멀리 떨어질수록 좋다 하였습니다. 그래서 화장실은 집에서 좀 떨어진(厕: 뒷간 측) 곳(所: 장소 소)에 두었기 때문에 '厕所 [cè suǒ]'라 했습니다.
- 因为~, 所以~ [yīn wèi~, suǒ yǐ~] ~이기 때문에 ~이다
  전후 문맥상 의미가 통할 때는 '因为 [yīn wèi]'를 생략할 수 있습니다.
  我不是中国人，所以汉语说得不太好(wǒ bú shì zhōng guó rén, suǒ yǐ hàn yǔ shuō de bú tài hǎo)。
  나(我)는 중국 사람(中国人)이 아니기(不是) 때문에 그래서(所以) 중국어(汉语)를 잘 못한다(说得不太好).

정답 **1.** 所以 **2.** 所有

吻 wěn	吻(입맞춤하다 / 키스하다) = 口(입) + 勿(~하지 말라) 입(口)으로 하지 말라고(勿: 말 물) 했는데 입맞춤 / 키스(吻 wěn)했다.	입술 **문**
동 입맞춤하다, 키스하다, 뽀뽀하다	接吻 jiē wěn 동 입맞춤하다, 키스하다, 뽀뽀하다 亲吻 qīn wěn 동 키스하다 拥抱 亲吻 yōng bào qīn wěn 껴안고(拥抱) 키스하다(亲吻) 吻合 wěn hé 동 두 입술(吻)이 합(合)쳐지다, [비유] (앞뒤 혹은 전후가) 완전히 부합하다, 일치하다	

● **알맞은 중국어 단어를 써 넣고, 듣고 따라 해 보세요.**

1 엄마는 아이의 얼굴(위)에 한번(살짝) 입맞춤을 했다.
妈妈 孩子的 在脸上 一下 了

妈妈 在孩子的脸上 ______ 了一下。
mā ma zài hái zi de liǎn shàng wěn le yí xià

2 그는 그녀에게 한번(살짝) 입맞춤을 하였다.
他 她 一下 了

他 ______ 了 她一下。
tā wěn le tā yí xià

잠깐만요!

- 请问(qǐng wèn)! 말씀 좀 여쭙겠습니다!
  请吻(qǐng wěn)! 키스해 주세요!
  위의 두 문장은 발음은 같지만, 성조는 다릅니다. 성조가 다르면 의미 또한 달라지니(wèn: 묻다, wěn: 키스하다) 성조를 정확히 발음해야 합니다. 일반적으로 중국인은 발음은 틀려도 어느 정도 알아듣지만, 성조가 틀리면 아무리 유창하게 말해도 전혀 알아듣지 못한답니다. 그러니 평소에 성조를 정확히 발음하는 습관을 갖기를 바랍니다.

정답 **1.** 吻 **2.** 吻

瞎	xiā	瞎(눈이 멀다/제멋대로) = 目(눈)+害(해치다) 눈(目: 눈 목)을 해치어(害: 해칠 해) 눈이 멀었다(瞎 xiā).	애꾸눈 **할**
동 눈이 멀다		眼 瞎 yǎn xiā 눈(眼)이 멀다(瞎) 瞎 子 xiā zi 명 장님, 시각 장애자	
부 제멋대로, 함부로		瞎 说 xiā shuō 동 함부로(瞎) 말하다(说) 别 瞎说 bié xiā shuō 함부로(瞎) 말하지(说) 마(别)! 헛소리 하지 마!	

● **알맞은 중국어 단어를 써 넣고, 듣고 따라 해 보세요.**

1 그의 왼쪽 눈이 멀었다.
他的 左眼 了

他的左眼 ______ 了。
tā de zuǒ yǎn xiā le

2 너는 상황을 이해하지 못하면 함부로 말하지 마.
你 情况 了解 不

你 不了解 情况 就 __________。
nǐ bù liǎo jiě qíng kuàng jiù bié xiā shuō

잠깐만요!

- '就 [jiù]'가 어떤 조건이나 상황을 나타내는 문장 뒤에 오면 앞의 조건이나 상황 하에 어떠하다는 것을 나타냅니다. 이때 앞의 절에는 보통 '要是 · 只要 · 既然' 등이 나오지만 생략할 수도 있습니다.
  就[jiù] : ~면, ~인 이상, ~한 바에는
  你(要是)不了解情况就别瞎说(nǐ (yào shì) bù liǎo jiě qíng kuàng jiù bié xiā shuō)。네가(你) 만약(要是) 상황을(情况) 이해하지 못한다면(不了解) 함부로 말하(瞎说)지 마(别)!
  你要是不来，我就去找你(nǐ yào shì bù lái, wǒ jiù qù zhǎo nǐ)。만약(要是) 네(你)가 오지 않으면(不来), 내(我)가 너(你)를 찾아 나설(去找) 것이다.

정답 **1.** 瞎 **2.** 别瞎说

확인문제 | 001-087

1. 밑줄 친 중국어 한자의 발음과 성조를 쓰시오.

❶ 打哈欠 → dǎ hā ____ ❷ 我渴了 → wǒ ____ le

❸ 喝茶 → hē ____ ❹ 被弟弟吃了 → ____ dì di chī le

❺ 搬家 → ____ jiā ❻ 个子矮 → gè zi ____

❼ 做作业 → ____ zuò yè ❽ 一座山 → yí ____ shān

❾ 乘坐 → chéng ____ ❿ 出租车 → chū ____ chē

2. 다음 중국어 발음에 해당하는 중국어 한자를 보기에서 골라 ____에 써 넣고, 전체의 뜻을 (　　)에 써 넣으시오.

보기 矮 茶 搬 被 欠 渴 做 座 坐 出租

❶ 打哈 ____(qiàn) → ________ ❷ 我 ____(kě) 了 → ________

❸ 喝 ____(chá) → ________ ❹ ____(bèi) 弟弟吃了 → ________

❺ ____(bān) 家 → ________ ❻ 个子 ____(ǎi) → ________

❼ ____(zuò) 作业 → ________ ❽ ____(zuò) 位 → ________

❾ 乘 ____(zuò) → ________ ❿ ____(chū zū) 车 → ________

정답 1. ❶ qian ❷ kě ❸ chá ❹ bèi ❺ bān ❻ ǎi ❼ zuò ❽ zuò ❾ zuò ❿ zū 2. ❶ 欠 / 하품하다 ❷ 渴 / 목이 마르다 ❸ 茶 / 차를 마시다 ❹ 被 / 남동생이 먹었다 ❺ 搬 / 이사하다 ❻ 矮 / 키가 작다 ❼ 做 / 숙제를 하다 ❽ 座 / 좌석 ❾ 坐 / (자동차 · 배 · 비행기 등을) 타다 ❿ 出租 / 택시

01 한국어 한자(정자)의 **왼쪽 변(邊)**이 간략하게 바뀐 현대중국어 한자(간체자) : 30자

02 한국어 한자(정자)의 **부수 전체**가 간략하게 바뀐 현대중국어 한자(간체자) : 33자

03 한국어 한자(정자)의 **특정 부수**가 간략하게 바뀐 현대중국어 한자(간체자) : 10자

둘째마당

한국어 한자(정자)의 부수가 간략하게 바뀐 현대중국어 한자(간체자)

첫째마당에서 한국어 한자와 현대중국어 한자가 같은 한자를 알아보았다면, 둘째마당부터 넷째마당까지는 한국어 한자와 모양이 다른 현대중국어 한자를 알아보겠습니다. 둘째마당에서는 한국어 한자의 부수가 간략하게 바뀐 현대중국어 한자 73자를 3가지 유형으로 분류하여 알아보겠습니다.

01 한국어 한자(정자)의 **왼쪽 변**이 간략하게 바뀐 현대중국어 한자(간체자)

❶ 言 → 讠	❷ 糸 → 纟	❸ 飠(食) → 饣	❹ 金 → 钅

❶ 誰 → 谁　說 → 说　謝 → 谢
訴 → 诉　課 → 课　詞 → 词
記 → 记　試 → 试　調 → 调
語 → 语　話 → 话　設 → 设

❷ 紅 → 红　給 → 给　紙 → 纸
紹 → 绍　級 → 级　結 → 结
絲 → 丝　紀 → 纪

❸ 飯 → 饭　館 → 馆　餓 → 饿
飲 → 饮　餃 → 饺　餅 → 饼

❹ 鉛 → 铅　錯 → 错　鏡 → 镜
銀 → 银

교육용 1800자 / 신HSK 1급 088.mp3

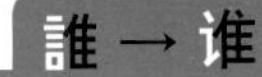

谁 shéi	谁(누구) = 讠(말) + 隹(새) 말(言 → 讠: 말씀 언)을 새(隹: 새 추)같이 하는 사람은 누구(谁 shéi)?	誰 누구 수
대 누구	跟/和 谁 gēn(hé) shéi 누구(谁)와(跟/和) 谁 的 shéi de 누구(谁)의(的), 누구(谁)의 것(的) 谁 说的 shéi shuō de 누가(谁) 그렇게 말했니(说的)? 누가 그래? 谁 知道 shéi zhī dao 누가(谁) 알겠어(知道)?(아무도 모른다)	

● **알맞은 중국어 단어를 써 넣고, 듣고 따라 해 보세요.**

1 저 사람은 누구니?
他

他 是 ______?
tā shì shéi

2 너는 누구를 찾니?
你 找

你 找 ______?
nǐ zhǎo shéi

잠깐만요!

• '谁'는 일반적으로 [shéi]라고 발음하지만, 북경 사람들 중에는 [shuí]라고 발음하는 사람들도 있습니다. [shuí]는 북경방언입니다. 중국어 문장에 의문사(谁: 누구)가 들어가면 의문문이 되며, 뒤에는 반드시 의문부호(?)를 붙여야 합니다.

• A 是 B : A는 B이다
他是我朋友(tā shì wǒ péng you)。그(他)는 내(我) 친구(朋友)이다(是).

• 找 [zhǎo] 찾다, 구하다
找人(zhǎo rén) 사람(人)을 찾다(找)　　找工作(zhǎo gōng zuò) 일(工作)을 구하다(找)

정답 **1.** 谁 **2.** 谁

교육용 1800자 / 신HSK 1,2,4,5급 089.mp3

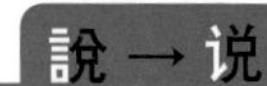

说	shuō	说(말하다) = 讠(말) + 兑(바꾸다) 말(言 → 讠:말씀 언)을 바꾸어(兑: 바꿀 태) 말하다(说 shuō).	說 말씀 **설**

동 말하다, 설명하다	说 话 shuō huà 동 말(话)을 하다(说) 别 说话 bié shuō huà 말(话)을 하지(说) 마세요(别)! 说 清楚 shuō qīng chu 똑똑히(清楚) 말하다(说) 说 明 shuō míng 동 설명하다

● **알맞은 중국어 단어를 써 넣고, 듣고 따라 해 보세요.**

1 말씀 하세요.
(하세요: 请)

请 ______ 。
qǐng shuō

2 아버지는 TV를 보시겠다고 하신다.
(아버지는: 爸爸, TV를: 电视, 보시겠다고: 要看)

爸爸 ______ 要看电视。
bà ba shuō yào kàn diàn shì

잠깐만요!

- 중국어의 어순은 일반적으로 [v + o]입니다.
  说话 [shuō huà] 말을 하다(说 : o, 话 : v)　　话说 [huà shuō] (x)
- 请 [qǐng] + 동사 : ~하세요(공손한 표현)
  请进(qǐng jìn)。들어(进)오세요(请).
  请坐(qǐng zuò)。앉으(坐)세요(请).
  请喝茶(qǐng hē chá)。차(茶) 드세요(请喝).
  对不起，请您再说一遍(duì bu qǐ, qǐng nín zài shuō yí biàn)。미안하지만(对不起) 다시(再) 한 번(一遍) 말씀해 주세요(请~说). ('一遍'은 처음부터 끝까지 한 번을 의미함)

정답 1. 说 2. 说

교육용 1800자 / 신HSK 1,4급 090.mp3

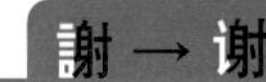

谢	xiè	**谢(감사하다)** **= 讠(말) + 射 (쏘다)** 말(言 → 讠: 말씀 언)을 톡 쏘며(射: 쏠 사) 감사(谢 xiè)한다.	謝 사례할 **사**
명동 감사(하다)		**谢 谢** xiè xie 고맙다, 감사합니다! (구어체) **感 谢** gǎn xiè 감사합니다! (문어체) **非常 感谢** fēi cháng gǎn xiè 대단히(非常) 감사합니다(感谢)!	

● **알맞은 중국어 단어를 써 넣고, 듣고 따라 해 보세요.**

1 고마워(고맙습니다)!

__________ 你(您)!

xiè xie nǐ(nín)

2 선생님, 감사합니다!
老师

__________ 老师!

xiè xie lǎo shī

잠깐만요!

- 똑같은 의미의 한자가 겹쳐서 하나의 단어를 이룰 때 두 번째 한자는 경성으로 읽어야 합니다. 같은 의미의 한자가 겹쳐져 있기 때문에 두 번째 한자는 굳이 세게 읽지 않아도 그 단어의 의미를 전달하는 데 큰 지장이 없기 때문입니다.

爷爷 [yé ye] 할아버지	奶奶 [nǎi nai] 할머니	姥姥 [lǎo lao] 외할머니
妈妈 [mā ma] 엄마	爸爸 [bà ba] 아빠	哥哥 [gē ge] 오빠, 형
姐姐 [jiě jie] 언니, 누나	妹妹 [mèi mei] 여동생	弟弟 [dì di] 남동생
谢谢 [xiè xie] 감사합니다	试试 [shì shi] 시험삼아 좀 ~하다	看看 [kàn kan] 좀 보다

정답 **1.** 谢谢 **2.** 谢谢

교육용 1800자 / 신HSK 2급 091.mp3 **訴 → 诉**

诉	sù	诉(알리다) = 讠(말) + 斥(물리치다) 말(言 → 讠: 말씀 언)로 물리치기(斥: 물리칠 척) 위해 법원에 알린다(诉 sù).	訴 알릴 **소**
동 (~에게) 알리다, 말해주다		告 诉 gào su 동 (~에게 …를) 알리다, 말하다 告诉 你 gào su nǐ 너에게 알려(말해) 줄게. 不会 告诉 你的 bú huì gào su nǐ de 너에게 알려주지 않겠다. 告诉过 我 gào su guò wǒ 나에게 알려(말해)준 적이 있다.	

● **알맞은 중국어 단어를 써 넣고, 듣고 따라 해 보세요.**

1 그는 나에게 비밀을 하나 알려 주었다.
他 我 秘密 一个

他 ________ 我 一 个秘密。
tā gào su wǒ yí ge mì mì

2 네가 그에게 내가 학교 문 앞 에서 그를 기다린다고 말해줘.
你 他 我 学校 门口 在 他 等

你 ________ 他 我 在学校门口 等 他。
nǐ gào su tā wǒ zài xué xiào mén kǒu děng tā

★ 잠깐만요!

- '告诉 [gào su]'는 '고소하다'라는 뜻이 아니고, '~에게 ~를 알리다(말하다)'라는 뜻으로 [S+告诉+사람+사물]의 형식으로 많이 쓰입니다.
  我告诉你一件事(wǒ gào su nǐ yí jiàn shì)。내(我)가 너(你)에게 한 가지 일(一件事)을 알려 줄게(告诉). (이때 '我'는 생략할 수 있음)
- 会~的 [huì~de] : ~일 것이다(강조 용법)
  会知道的(huì zhī dao de)。알(知道) 것이다(会~的).
  会不知道的(huì bù zhī dao de)。모를(不知道) 것이다(会~的).
- 不会~的 [bú huì ~de] : ~하지 않을 것이다, ~일 리가 없다(강조 용법)
  不会 知道的(bú huì zhī dao de)。알(知道) 리가 없다(不会~的).
  不会 不知道的(bú huì bù zhī dào de)。모를(不知道) 리가 없다(不会~的).

정답 **1.** 告诉 **2.** 告诉

교육용 1800자 / 신HSK 2.5급  092.mp3

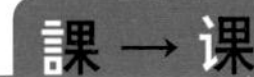

kè

课(수업/과목)
= 讠(말) + 果(결과)
말(言 → 讠:말씀 언)로 공부한 결과(果:결과 과)를 물어보는 과목/수업(课 kè)이다.

課
과목 **과**

명 **수업, 수업 과목, 과(lesson)**

上 课 shàng kè 동 수업(课) 하다(上)
下 课 xià kè 동 수업(课)이 끝나다(下)
汉语 课 hàn yǔ kè 중국어(汉语) 과목(课), 중국어 수업
第一 课 dì yī kè 제(第) 1과(一课)

● **알맞은 중국어 단어를 써 넣고, 듣고 따라 해 보세요.**

1 너 언제 수업하니?
언제: 什么时候

你 什么时候 ________?
nǐ shén me shí hòu shàng kè

2 수업 끝나고 너 어디 가니?
끝나고: 以后 / 어디: 哪儿 / 가니: 去

________ 以后 你 去哪儿?
xià kè yǐ hòu nǐ qù nǎr

잠깐만요!

- 你去哪儿(nǐ qù nǎr)? 너(你) 어디(哪儿) 가(去)니?
  의문사 '哪儿'이 들어간 의문문입니다. 여기에 다시 의문조사 '吗'를 붙이면 "你去哪儿吗?(X)" 이중 의문이 되어 틀린 문장이 됩니다.
- 以后 [yǐ hòu] 이후
  你走了以后他才来(nǐ zou le yǐ hòu tā cái lái)。네(你)가 간(走了) 뒤에(以后)야(才) 그(他)가 왔다(来).
  ('才[cái]' 뒤에는 '了'를 쓸 수 없음)

정답 **1.** 上课 **2.** 下课

093 교육용 1800자 / 신HSK 3~5급 093.mp3 **詞 → 词**

词	cí	词(단어) = 讠(말) + 司(맡다) 말(言 → 讠: 말씀 언)을 맡은(司:맡을 사) 것은 단어(词 cí)이다.	詞 말 **사**
명 단어(單語), 낱말(word)		**词** cí 명 단어(單語), 낱말 **生词** shēng cí 명 새로 나온(生) 단어(词) **词语** cí yǔ 명 어휘(단어 · 성어 · 관용어 · 속담 등을 통틀어 이름) **词典** cí diǎn 명 사전	

● **알맞은 중국어 단어를 써 넣고, 듣고 따라 해 보세요.**

1 이 단어는 무슨 뜻 이지요?
这个 什么 意思

这个 ______ 是 什么 意思?
zhè ge cí shì shén me yì si

2 나는 사전 두 권을 가지고 있다.
我 两 本 有

我 有 两本 __________。
wǒ yǒu liǎng běn cí diǎn

잠깐만요!

• 수사(两) + 양사(本) + 명사(词典) : '本'은 책에 대한 양사
两本词典(liǎng běn cí diǎn) 두(两) 권(本)의 사전(词典)

• 사람 + 有 + 사물 : 사람이 ~을 가지고 있다
我有两本词典(wǒ yǒu liǎng běn cí diǎn)。나(我)는 두 권(两本)의 사전(词典)을 가지고 있다(有).

정답 **1.** 词 **2.** 词典

094

교육용 1800자 / 신HSK 3~5급  094.mp3

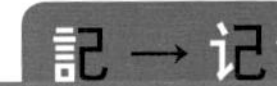

jì

记(기록/기억하다)
= 讠(말) + 己(자기)

말(言 → 讠 :말씀 언)을 자기(己: 자기 기)가 기록(记 jì)하여 기억(记 jì)한다.

記
적을 **기**
기억할 **기**

동 적다, 기록하다, 기억하다

记 得 jì de 동 기억하고 있다
记得 清楚 jì de qīng chu 분명히(清楚) 기억하다(记得)
不 记得 了 bú jì de le 기억하지 못하다
记 者 jì zhě 명 기자

● 알맞은 중국어 단어를 써 넣고, 듣고 따라 해 보세요.

1 너 아직 나를 기억하고 있니?
你 还 我 吗

你 还 ＿＿＿＿＿＿ 我 吗?
nǐ hái jì de wǒ ma

2 그는 기자이다.
他 是

他 是 ＿＿＿＿＿＿。
tā shì jì zhě

잠깐만요!

- 동사 + 得 + 清楚 : 분명히 ~하고 있다 ('得'는 동사의 정도를 나타냄)
  记得清楚(jì de qīng chu) 분명히 기억하고 있다　看得清楚(kàn de qīng chu) 분명히(잘) 보인다
  听得清楚(tīng de qīng chu) 분명히(잘) 들린다
- 不 ~ 了 : 더 이상 ~하지 않다
  不记得了(bú jì de le) 더이상 기억하지 못하다
- '还 [hái]'는 '여전히, 아직'이라는 의미로, 동작이나 상태가 그대로 유지됨을 나타냅니다.
  还年轻(hái nián qīng) 아직(还) 젊다(年轻)

정답 1. 记得 2. 记者

095

교육용 1800자 / 신HSK 3.5급 095.mp3

試 → 试

试 shì	**试(시험/시험삼아 해보다)** **= 讠(말) + 式(법)** 말(言 → 讠:말씀 언)이 법(式: 법 식)에 맞는지 물어보는 시험(试 shì)이다.	**試** 시험할 **시**
명동 **시험(하다)**	**考 试** kǎo shì 명동 시험(을 치다), 시험(을 보다) **口 试** kǒu shì 명 구두(口) 시험(试) **笔 试** bǐ shì 명 필기(笔) 시험(试) **试 卷儿** shì juàr 명 시험(试)지(卷)	
동 **시험 삼아 해 (입어/신어)보다**	**试 试** shì shi 시험삼아 좀(한번) ~하다	

● **알맞은 중국어 단어를 써 넣고, 듣고 따라 해 보세요.**

1 너 언제 시험 보니?
你 什么时候

你 什么时候 __________?
nǐ shén me shí hou kǎo shì

2 제가 좀(한 번) 입(신)어 봐도 될까요?
我 可以~吗

我 可以 __________ 吗?
wǒ kě yǐ shì shi ma

잠깐만요!

- 试试 [shì shi] 시험삼아(试) 하다
  =试一试(shì yí shì) 시험삼아(试) 한번(一) 하다
  =试一下(shì yí xià) 시험삼아(试) 좀(一下) 하다
- 可以 + V + 吗? : ~ 해도 되나요?
  可以 [kě yǐ] ~해도 좋다, ~해도 된다(허가)
  我可以吃吗(wǒ kě yǐ chī ma)? 내(我)가 먹어 봐도(可以吃) 되니(吗)?
  我可以看吗(wǒ kě yǐ kàn ma)? 내(我)가 봐도(可以看) 되니(吗)?

정답 **1.** 考试 **2.** 试试

교육용 1800자 / 신HSK 3~6급 096.mp3

tiáo

调(조절하다)
= 讠(말) + 周(두루)
말(言 → 讠: 말씀 언)을 두루(周: 두루 주) 들어 보고 조절(调 tiáo)한다.

調
고를 **조**

동 **조절하다, 조정하다**

调 整 tiáo zhěng 동 조정하다, 조절하다
调 味 tiáo wèi 동 (조미료 등으로) 맛(味)을 조절하다(调), 간을 맞추다
空 调 kōng tiáo 명 공기(空) 조절(调), 에어컨
开 空调 kāi kōng tiáo 에어컨(空调)을 켜다(开)
调 皮 tiáo pí 형 장난이 심하다, 짓궂다

● **알맞은 중국어 단어를 써 넣고, 듣고 따라 해 보세요.**

1 기숙사에 에어컨이 있다.
宿舍 里 有

宿舍里 有 ＿＿＿＿＿＿ 。
sù shè lǐ yǒu kōng tiáo

2 이 아이는 장난이 아주 심하다.
这 孩子 太～了

这孩子 太 ＿＿＿＿＿＿ 了。
zhè hái zi tài tiáo pí le

- 宿舍 [sù shè] 기숙사
  男生宿舍 [nán shēng sù shè] 남학생(男生) 기숙사(宿舍)
  女生宿舍 [nǚ shēng sù shè] 여학생(女生) 기숙사(宿舍)
- 孩子 [hái zi] 아이
  男孩(子) [nán hái (zi)] 남자(男)아이(孩)　　女孩(子) [nǚ hái (zi)] 여자(女)아이(孩)

정답 **1.** 空调 **2.** 调皮

097

교육용 1800자 / 신HSK 4~5급 097.mp3

語 → 语

语	yǔ	语(언어) = 讠(말) + 吾(나) 말(言 → 讠: 말씀 언)로 내(吾 : 나 오) 뜻을 말(语 yǔ)하다.	語 말할 **어**
명 말, 언어		语言 yǔ yán 명 언어 语法 yǔ fǎ 명 어법, 문법 语气 yǔ qì 명 말투 汉语 hàn yǔ 명 한족(汉族) 말(语), 중국어	

● **알맞은 중국어 단어를 써 넣고, 듣고 따라 해 보세요.**

1 나는 중국어를 공부한다.
我 学习

我 学习 ＿＿＿＿＿ 。
wǒ xué xí hàn yǔ

2 나는 문법이 매우 어렵다고 생각한다.
我 很 难 觉得

我 觉得 ＿＿＿＿＿ 很难。
wǒ jué de yǔ fǎ hěn nán

잠깐만요!

- 英语 [yīng yǔ] 영어 日语 [rì yǔ] 일어 法语 [fǎ yǔ] 불어
  德语 [dé yǔ] 독어 俄语 [é yǔ] 러시아어 西班牙语 [xī bān yá yǔ] 스페인어
- 觉得 [jué de] : ~라고 생각한다(주관적 의견을 나타냄)
  你觉得怎么样(nǐ jué de zěn me yàng)? 너(你)는 어떻게(怎么样) 생각하니(觉得)?

정답 1. 汉语 2. 语法

098

교육용 1800자 / 신HSK 5급 098.mp3

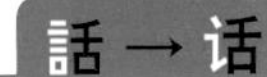

huà

话(말)
= 讠(말) + 舌(혀)
말(言 → 讠: 말씀 언)은 혀(舌:혀 설)로 한다는 말(话 huà)이다.

話
이야기 **화**
말 **화**

명 말

笑 话 xiào hua 명 웃기는(笑) 말(话), 우스갯소리
普通 话 pǔ tōng huà 명 보편적으로 널리(普) 통(通)하는 말(话), (현대중국어의) 표준어
话 题 huà tí 명 이야기(话)의 주제(题), 화제
关心的 话题 guān xīn de huà tí 관심(关心)을 가지는 주제(话题), 관심사

● 알맞은 중국어 단어를 써 넣고, 듣고 따라 해 보세요.

1 그는 웃기는 말을 곧잘 한다.
他 爱说

他 爱说 ________。
tā ài shuō xiào hua

2 나는 더 이상 당신과 이 주제를 논의하고 싶지 않습니다.
我 再 跟您 这个 谈论 不想

我 不想 再 跟您 谈论 这个 ________。
wǒ bù xiǎng zài gēn nín tán lùn zhè ge huà tí

★ 잠깐만요!

- 爱 [ài] + V : 곧잘(爱) ~하다
  爱笑(ài xiào) 곧잘(爱) 웃는다(笑)　　爱哭(ài kū) 곧잘(爱) 운다(哭)
  爱开玩笑(ài kāi wán xiào)。농담(玩笑)을 잘(爱)한다(开).
- 说话 [shuō huà] 말(话)을 하다(说)
  说笑话(shuō xiào huà) 우스갯소리(笑话)를 하다(说)

정답 **1.** 笑话 **2.** 话题

교육용 1800자 / 신HSK 5급 099.mp3 **設 → 设**

设	shè	设(설계/디자인하다) = 讠(말) + 殳(망치로 치다) 말(言 → 讠: 말씀 언)로 지시하고 망치로 처(殳: 망치로 치다)가며 건물을 설계(设 shè)한다.	設 베풀 **설**
동 계획하다, 강구하다		设计 shè jì 동 설계(设计)하다, 디자인하다 设计师 shè jì shī 명 설계(设计)사(师), 디자이너 设施 shè shī 명 시(施)설(设) 设施 完善 shè shī wán shàn 시설(设施)이 완벽하다(完善)	

● **알맞은 중국어 단어를 써 넣고, 듣고 따라 해 보세요.**

1 그는 설계사(디자이너)이다.
他 是

他 是个 ＿＿＿＿＿＿。
tā shì ge shè jì shī

2 이곳의 교통시설은 아주 좋다.
这里的 交通 很 好

这里的 交通 ＿＿＿＿＿＿ 很好。
zhè lǐ de jiāo tōng shè shī hěn hǎo

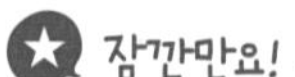

- 우리말 한자어의 '시설(施設)'은 중국어로 '设施 [shè shī]'라고 해야 합니다. 이처럼 우리말 한자어와 순서가 거꾸로 된 중국어가 상당수 있으니 주의해야 합니다.

단계(段階) → 阶段 [jiē duàn]　　언어(言語) → 语言 [yǔ yán]
평화(平和) → 和平 [hé píng]　　운명(運命) → 命运 [mìng yùn]
소개(紹介) → 介绍 [jiè shào]　　치아(齒牙) → 牙齿 [yá chǐ]

정답 **1.** 设计师 **2.** 设施

100 교육용 1800자 / 신HSK 2급  100.mp3 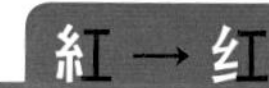

紅 → 红

红 hóng

红(붉다)
= 纟(실) + 工(장인)
실(糸 → 纟: 실 사)을 장인(工: 장인 공)이 물을 들이니 붉은색(红 hóng)으로 변했다.

紅
붉을 홍

형 붉다, 빨갛다

红色 hóng sè 명 붉은(红) 색(色)
红的 hóng de 붉은(红) 것(的)
红茶 hóng chá 명 홍(红)차(茶)
红绿灯 hóng lǜ dēng 명 붉고(红) 파란(绿) 등(灯), 신호등
西红柿 xī hóng shì 명 서양(西) 홍시(红柿), 토마토

● 알맞은 중국어 단어를 써 넣고, 듣고 따라 해 보세요.

1 나는 붉은 색을 좋아한다.
我 喜欢

我 喜欢 ＿＿＿＿＿＿。
wǒ xǐ huan hóng sè

2 저는 붉은 것을 가지겠습니다.
我 要

我 要 ＿＿＿＿＿＿。
wǒ yào hóng de

- 红灯 [hóng dēng] 빨간(红) 신호등(灯) 绿灯 [lǜ dēng] 파란(绿) 신호등(灯)
  红绿灯 [hóng lǜ dēng] 신호등
- 要 [yào] 원하다, 필요하다, 가지다
  A: 你要哪个(nǐ yào nǎ ge)? 너(你) 어느 것(哪个) 가질(要)래?
  B: 我要这个(wǒ yào zhè ge)。 나(我)는 이것(这个) 가질(要)래.

정답 **1.** 红色 **2.** 红的

101 교육용 1800자 / 신HSK 2급 101.mp3 給 → 给

给	gěi	给(주다/~에게) = 纟(실) + 合(합하다) 실(糸 → 纟: 실 사)을 합(合: 합할 합)해 줄을 만들어 주다(给 gěi).	給 줄 **급**

동 주다	给 你 gěi nǐ 너(你)에게 주다(给)
전 ~에게 …하다	给你 钱 gěi nǐ qián 너에게(给你) 돈(钱)을 주다 给你 吃 gěi nǐ chī 너에게(给我) 먹여(吃) 주다 给我 看 gěi wǒ kàn 나에게(给我) 보여(看) 주다

● **알맞은 중국어 단어를 써 넣고, 듣고 따라 해 보세요.**

1 엄마가 너에게 돈을 주었니?
妈妈 钱 了吗

妈妈 ________ 钱了吗?
mā ma gěi nǐ qián le ma

2 당신 저에게 소개 좀 해 주세요.
您 介绍介绍

您 ________ 介绍介绍。
nín gěi wǒ jiè shào jie shao

잠깐만요!

- 介绍 [jiè shào] 소개하다
  介绍介绍(jiè shào jie shao) 좀 소개하다 = 介绍一下(jiè shào yí xià)
  我给你介绍一下(wǒ gěi nǐ jiè shào yí xià)。내(我)가 너에게(给你) 좀(一下) 소개할게(介绍).
  (상대방에게 제 3자를 소개할 때)
  您给我介绍介绍(nín gěi wǒ jiè shào jie shao)。당신(您) 저에게(给我) 소개 좀 해 주세요(介绍介绍).
  (상대방에게 제 3자를 자신에게 소개해 주기를 부탁할 때)

정답 **1.** 给你 **2.** 给我

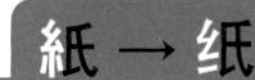

zhǐ

纸(종이)
= 纟(실) + 氏(나무뿌리)
실(糸 → 纟: 실 사)이 나무뿌리(氏: 나무뿌리 씨) 처럼 엉켜서 종이(纸 zhǐ)가 됐다.

紙
종이 **지**

명 **종이**

报 纸 bào zhǐ 명 신문(지)
看 报纸 kàn bào zhǐ 신문(报纸)을 보다(看)
餐巾 纸 cān jīn zhǐ 명 (종이) 냅킨
剪 纸 jiǎn zhǐ 명 (종이(纸)를 오려서(剪) 여러 가지 모양을 만드는) 종이 오리기 공예

● **알맞은 중국어 단어를 써 넣고, 듣고 따라 해 보세요.**

1 아빠는 매일 신문 한 부를 사신다.
爸爸 每天 一份 买

爸爸 每天 买 一份 ＿＿＿＿＿＿ 。
bà ba měi tiān mǎi yí fèn bào zhǐ

2 우리에게 냅킨 두 장 더 주세요.
给我们 两张 再

再 给我们 两张 ＿＿＿＿＿＿ 。
zài gěi wǒ men liǎng zhāng cān jīn zhǐ

- 份 [fèn] 부(신문을 세는 양사)
他正拿着一份报纸(tā zhèng ná zhe yí fèn bào zhǐ)。 그(他)는 마침(正) 신문(报纸)을 한 부(一份) 들고 있었다(拿着).

정답 **1.** 报纸 **2.** 餐巾纸

103 신HSK 2급 103.mp3 **紹 → 绍**

绍	shào	绍(소개하다) = 纟(실) + 召(부르다) 실(糸 → 纟: 실 사)로 불러(召: 부를 소) 소개(绍 shào)하다.	紹 소개할 **소**
명동 소개(하다)		介 绍 jiè shào 동 소개(紹介)하다 自我 介绍 zì wǒ jiè shào 자기(自我)소개(介绍) 介绍 自己 jiè shào zì jǐ 자기 자신(自己)을 소개하다(介绍) 名菜 介绍 míng cài jiè shào 유명(名) 요리(菜) 소개(介绍)	

● **알맞은 중국어 단어를 써 넣고, 듣고 따라 해 보세요.**

1 제가 좀 소개하겠습니다.
我 一下 来

我 来 __________ 一下。
wǒ lái jiè shào yí xià

2 저로 하여금 제 자신을 좀 소개하게 해 주세요.(제 자신 소개를 좀 하겠습니다.)
让我 一下

让我 __________ 一下。
ràng wǒ zì wǒ jiè shào yí xià

잠깐만요!

- '来 [lái]'는 구체적인 동작을 대신하는 대동사로, 주어의 적극적인 의지를 나타냅니다.
  我来(吧)(wǒ lái ba)。내가 할 게, 제가 할게요.
  我来介绍一下(wǒ lái jiè shào yí xià)。제(我)가 좀(一下) 소개(介绍)할게요(来).
- 동사 + 一下 : 좀(一下) ~하다
  来一下(lái yí xià) 좀 와봐　　说一下(shuō yí xià) 좀 말해봐
- 让 [ràng] ~하여금 ~하게 하다(사역동사)
  让我过去(ràng wǒ guò qù)。(저로 하여금)(让我) 지나가게(过去) 해 주세요. 저 좀 지나갑시다.
  让我看看(ràng wǒ kàn kan)。나(我)로 하여금(让) 좀 보게(看看) 해 주세요. 제가 좀 볼게요.

정답 **1.** 介绍 **2.** 自我介绍

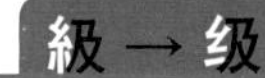

jí

级(등급)
= 纟(실) + 及(미치다)
실(糸 →纟: 실 사)이 미치는(及: 미칠 급) 곳에서 등급(级 jí)을 정한다.

級
등급 **급**

명 **등급, 학년**

初 级 chū jí 형 초급(初级)의
年 级 nián jí 명 학년
一 年级 yī nián jí 명 1(一) 학년(年级)
大学 一 年级 dà xué yī nián jí 대학교(大学) 1학년(一年级)

● **알맞은 중국어 단어를 써 넣고, 듣고 따라 해 보세요.**

1 너는 몇 학년이니?
你 几

你 几 ________ ?
nǐ jǐ nián jí

2 저는 대학교 1학년입니다.
我

我 ________ 。
wǒ dà xué yī nián jí

잠깐만요!

• 중국의 학제는 우리나라와 같습니다.

유치원 → 幼儿园 [yòu ér yuán]	초등학교 → 小学 [xiǎo xué]
중학교 → 初级中学 [chū jí zhōng xué](初中)	고등학교 → 高级中学 [gāo jí zhōng xué](高中)
단과대학 → 学院 [xué yuàn]	종합대학 → 大学 [dà xué]

• '初级中学 [chū jí zhōng xué]'를 줄여서 '初中'이라고 하며, '高级中学 [gāo jí zhōng xué]'를 줄여서 '高中'이라고 합니다. 중국에서 말하는 '中学 [zhōng xué]'는 우리의 '중학교'가 아니라 '중학교(初级中学)'와 '고등학교(高级中学)'를 통칭하여 부르는 말로 '중 · 고등학교'에 해당하는 말입니다. 따라서, '中学生 [zhōng xué shēng]'은 '중학생'이 아니라 '중 · 고등학생'을 통칭하여 부르는 말입니다.

• 중국어는 '명사'가 서술어가 될 수 있습니다.
我大学一年级(wǒ dà xué yī nián jí)。나(我)는 대학교(大学) 1학년(一年级)이다.
我二十一岁(wǒ èr shí yī suì)。나(我)는 21살(二十一岁)이다.

정답 **1.** 年级 **2.** 大学一年级

结 jié	结(맺다) = 纟(실) + 吉(길하다) 실(糸 → 纟: 실 사)로 길(吉: 길할 길)하게 맺(结 jié)는다.	結 맺을 **결**
동 (과실이) 맺다, 끝나다, 종료되다	结婚 jié hūn 동 결혼하다 结账 jié zhàng 동 (식사를 마친 후) 계산하다 结束 jié shù 동 끝나다, 마치다, 종료하다	
명 매듭	中国结 zhōng guó jié 중국(中国) 전통 매듭(结)	

● **알맞은 중국어 단어를 써 넣고, 듣고 따라 해 보세요.**

1 아가씨, 계산이요.
小姐

小姐，＿＿＿＿＿＿。
xiǎo jiě jié zhàng

2 회의는 언제 끝나지요?
会议 什么时候

会议 什么时候＿＿＿＿＿＿？
huì yì shén me shí hou jié shù

 잠깐만요!

- 中国结 [zhōng guó jié] 중국(中国) 전통 매듭(结)
한 가닥의 긴 실을 여러 가지 방식으로 교차하여 만든 중국 전통 매듭 공예품으로 주로 장식품으로 걸어 둡니다.

정답 1. 结账 2. 结束

丝 sī

丝(실)
= 纟(실) + 纟(실) (纟 + 纟 = 絲)
실(糸 → 纟: 실 사)과 실(糸 : 실 사)이 겹쳐 저 명주실(丝 sī)이 되었다.

絲
명주실 **사**

명 **명주실**

丝 绸 sī chóu 명 명주, 비단
丝绸 之路 sī chóu zhī lù 명 비단(丝绸)의(之=的) 길(路), 비단길(실크로드)
丝 毫 sī háo 부 조금도, 추호도, 털끝만치도
没有 丝毫 关系 méi yǒu sī háo guān xi 전혀(丝毫) 관계(关系)가 없다(没有)

● **알맞은 중국어 단어를 써 넣고, 듣고 따라 해 보세요.**

1 현재 시장에는 비단 복장(의복)이 매우 많이 있다.
现在 市场上 服装 很 多 有

现在 市场上 有 很多 __________ 服装。
xiàn zài shì chǎng shàng yǒu hěn duō sī chóu fú zhuāng

2 그 일은 나와 전혀 관계가 없다.
那件事 我 关系 没有

那件事 ______ 我 没有 __________ 关系。
nà jiàn shì hé wǒ méi yǒu sī háo guān xi

잠깐만요!

- 市场 [shì chǎng] 시장　　市场上(shì chǎng shàng) 시장(市场)에(上)
- 服装 [fú zhuāng] 복장, 의상, 의복　　民族服装(mín zú fú zhuāng) 민족(民族)의상(服装)
- 有关系(yǒu guān xi) 관계가 있다　　有～关系(yǒu ~guān xi) ～한 관계가 있다
  有密切关系(yǒu mì qiè guān xi)。밀접(密切)한 관계가 있다(有关系).
- 没有关系(méi yǒu guān xi) 관계가 없다　　没有～关系(méi yǒu ~guān xi) ～한 관계가 없다
  没有丝毫关系(méi yǒu sī háo guān xi)。전혀(丝毫) 관계가 없다(没有关系).

정답 **1.** 丝绸　**2.** 和, 丝毫

纪 jì	纪(법) = 纟(실) + 己(몸) 실(糸 → 纟: 실 사)로 몸(己: 몸 기)을 묶어 규율(纪 jì)한다.	紀 법 **기**
명 **규율, 법도**	纪律 jì lǜ 명 기율, 규율 遵守 纪律 zūn shǒu jì lǜ 기율(纪律)을 준수(遵守)하다(지키다) 年纪 nián jì 명 나이, 연세 纪念 jì niàn 동 기념하다 留 作纪念 liú zuò jì niàn 남겨서(留) 기념(纪念)으로 삼다(作) 纪录 jì lù 명 기록 打破 世界 纪录 dǎ pò shì jiè jì lù 세계(世界)기록(纪录)을 깨다(打破) 创造 新的 世界 纪录 chuàng zào xīn de shì jiè jì lù 세계(世界) 신기록(新的 纪录)을 세우다(创造).	

● **알맞은 중국어 단어를 써 넣고, 듣고 따라 해 보세요.** 001-2.mp3

1 너희(你) 부모님은(父母) 금년에(今年) 연세가 어떻게 되셨니(多大)?

你父母 今年 多大 ________ ?

nǐ fù mǔ jīn nián duō dà nián jì

2 이것은(这) 나의(我的) 사진(照片) 인데(是), 너에게(给你) 남겼다(留) 기념으로 삼아라(해라)(作).

这 是 我的照片，留给你 作 ________ 吧。

zhè shì wǒ de zhào piàn liú gěi nǐ zuò jì niàn ba

잠깐만요!

- '多大 [duō dà]'는 일반적으로 나이를 물을 때 가장 흔히 쓰는 표현입니다.
  你今年多大(nǐ jīn nián duō dà)? 너(你) 올해(今年) 몇 살이니(多大)?
- '年龄 [nián líng]'은 '연령(나이)'이라는 뜻으로, 서면어에 많이 쓰입니다.

정답 1. 年纪 2. 纪念

108 교육용 1800자 / 신HSK 1급 108.mp3 飯 → 饭

饭	fàn	饭(밥) = 饣(밥) + 反(거꾸로) 밥(食 → 饣: 밥 식)을 먹을 때 숟가락을 거꾸로 (反: 거꾸로 반) 쥐고 밥(饭 fàn)을 먹으면 안 된다.	飯 밥 **반**
명 밥		米 饭 mǐ fàn 명 쌀(米)밥(饭) 吃 饭 chī fàn 동 밥(饭)을 먹다(吃) 吃 完 饭 chī wán fàn 밥(饭)을 다(完) 먹다(吃) 饭 店 fàn diàn 명 호텔, 식당	

● **알맞은 중국어 단어를 써 넣고, 듣고 따라 해 보세요.**

1 너 몇 시에 저녁 밥 먹니?
你 几点 晚 吃

你 几点 吃晚 ______ ?
nǐ jǐ diǎn chī wǎn fàn

2 밥 다 먹고, 다시 가자.(밥 (다) 먹고 가자.)
再 走吧

__________ 再 走吧。
chī wán fàn zài zǒu ba

 잠깐만요!

- 早饭 [zǎo fàn] 아침(早)밥(饭) (= 早点 [zǎo diǎn])
  午饭 [wǔ fàn] 점심(午)밥(饭)　　晚饭 [wǎn fàn] 저녁(晚)밥(饭)
- V+ 完 [wán] : 동작의 완료를 나타냄
  吃完饭(chī wán fàn) 밥을 다 먹다
- '饭店 [fàn diàn]' 은 예전에는 '식당'이라는 의미로 쓰였으나, 지금은 '호텔'의 의미로 더 많이 쓰이고 있습니다.
  北京饭店 [běi jīng fàn diàn] 북경(北京) 호텔(饭店)
  长城饭店 [cháng chéng fàn diàn] 만리장성(长城) 호텔(饭店)

정답 **1.** 饭 **2.** 吃完饭

馆 guǎn

馆(여관/식당)
= 饣(밥) + 官(관리)

외지에 출장가면 밥(食 → 饣: 밥 식)을 먹고 관리(官: 관리 관)가 묵을 수 있도록 지은 집이 여관(馆 guǎn)이다.

館 묵을 **관**

명 식당, 여관, 호텔

饭馆(儿) fàn guǎn(r) 명 (길거리의) 식당, 음식점(= 餐厅 cān tīng)
旅馆 lǚ guǎn 명 여관(숙박업소의 총칭)
宾馆 bīn guǎn 명 호텔('호텔'을 통칭하여 부르는 말)
茶馆 chá guǎn 명 차(茶) 집(馆), 찻집
体育馆 tǐ yù guǎn 명 체육관
博物馆 bó wù guǎn 명 박물관
大使馆 dà shǐ guǎn 명 대사관
领事馆 lǐng shì guǎn 명 영사관

● **알맞은 중국어 단어를 써 넣고, 듣고 따라 해 보세요.**

1 학교 부근에 식당이 아주 많이 있다.
学校 附近 很 多 有

学校 附近 有 很多 ________。
xué xiào fù jìn yǒu hěn duō fàn guǎr

2 이 근처에 호텔이 있습니까?
附近 有~吗

这 附近 有 ________ 吗?
zhè fù jìn yǒu bīn guǎn ma

잠깐만요!

- 현재 중국인들은 '호텔'을 일반적으로 '酒店 [jiǔ diàn]'이라고 합니다. 옛날 고대 한국에는 '주막(酒幕)'이 있었습니다. 주막 마당에서는 술을 마시고, 안쪽에는 방이 있어 손님이 묵을 수도 있었습니다. 이런 주막의 형태가 발전한 것이 현대의 '酒店 [jiǔ diàn]'이 된 것 같습니다.
凯悦酒店 [kǎi yuè jiǔ diàn] 하얏트 호텔
新罗酒店 [xīn luó jiǔ diàn] 신라 호텔
假日酒店 [jiǎ rì jiǔ diàn] 홀리데이인
广场酒店 [guǎng chǎng jiǔ diàn] 프라자 호텔

정답 **1.** 饭馆儿 **2.** 宾馆

餓 → 饿

饿	è	饿(배고프다) = 饣(밥) + 我(나) 밥(食 → 饣: 밥 식)을 먹지 않아 나(我: 나 아)는 배가 고프다(饿 è).	餓 주릴 **아**
형 **배고프다**		饿 è 형 배고프다 饿 了 è le 배가 고파(饿) 졌다(了) (了: 상태의 변화) 不 饿 bú è 배고프지(饿) 않다(不) 饿 死了 è sǐ le 배고파(饿) 죽겠다(死了)	

● **알맞은 중국어 단어를 써 넣고, 듣고 따라 해 보세요.**

1 너 배고프니?
你 吗

你 ______ 吗? / 你 ______ 不 ______ ?
nǐ è ma / nǐ è bu è

2 나는 배고파 죽겠다.
我

我 ____________ 。
wǒ è sǐ le

잠깐만요!

- '不 [bù]'는 원래 4성이나, 4성 앞에서는 제 2성으로 발음해야 합니다.
  我不饿(wǒ bú è)。 나는 배고프지 않다.
- 중국어에서 의문문을 만드는 방법은 여러 가지가 있습니다. 그 중에서 평서문 끝에 '吗'를 써서 의문문을 만드는 방법과, 동사의 긍정형과 부정형을 연결하여 의문문을 만드는 방법, 의문사가 들어간 의문문이 있습니다.
  1. 평서문 + 吗 : ~입니까?
     你饿吗(nǐ è ma)? 너 배고프니?
  2. 동사 + 不 + 동사 : ~입니까?
     你饿不饿(nǐ è bu è)? 너 배고프니?
  3. 의문사 의문문(谁 [shéi] 누구 / 哪儿 [nǎr] 어디 / 什么时候 [shén me shí hou] 언제)
     你是谁(nǐ shì shéi)? 너는 누구니?
     你去哪儿(nǐ qù nǎr)? 너 어디 가니?
     他什么时候(tā shén me shí hou lái)? 그는 언제 오니?

정답 **1.** 饿, 饿, 饿 **2.** 饿死了

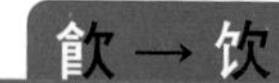

yǐn

饮(마시다)
= 饣(밥) + 欠(하품하다)
밥(食 → 饣: 밥 식)을 먹는 것처럼 입을 크게 벌리고 하품(欠: 하품 흠)하듯 마시다(饮 yǐn).

飲
마실 음

동 마시다

饮 料 yǐn liào 명 음료
饮 食 yǐn shí 명 음식
饮用 水 yǐn yòng shuǐ 명 식수
冷 饮 lěng yǐn 명 찬(冷)음료(饮 = 饮料), 청량음료

● **알맞은 중국어 단어를 써 넣고, 듣고 따라 해 보세요.**

1 너는 무슨 음료를 즐겨 마시니?
你 什么 喜欢 喝

你 喜欢喝 什么 ________ ?
nǐ xǐ huan hē shén me yǐn liào

2 당신은 무슨 음료를 원하세요(드시겠어요)?
您 什么 要

您 要 什么 ________ ?
nín yào shén me yǐn liào

잠깐만요!

- 喜欢/爱 + 동사 : 즐겨 ~하다
  我喜欢喝咖啡(wǒ xǐ huan hē kā fēi)。나는 커피를 즐겨 마신다.
  你最爱喝什么饮料(nǐ zuì ài hē shén me yǐn liào)? 너(你)는 무슨 음료(什么饮料)를 가장(最) 즐겨 마시니(爱喝)?
- 要 [yào] 동 필요하다, 원하다, 요구하다
  你要什么(nǐ yào shén me)? 무엇이 필요하세요? 무엇을 원하세요?

정답 **1.** 饮料 **2.** 饮料

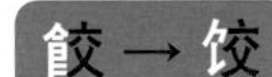

jiǎo

饺(만두)
= 饣(밥) + 交(사귀다)
밥(食 → 饣: 밥 식)을 먹는 것처럼 서로 사귀면서(交: 사귈 교) 먹는 것이 만두(饺 jiǎo)이다.

餃
만두 **교**

명 **만두**

饺 子 jiǎo zi 명 만두(일반적으로 '물만두'를 말함)
水 饺(子) shuǐ jiǎo (zi) 명 물(水) 만두(饺子)
吃 饺子 chī jiǎo zi 만두(饺子)를 먹다(吃)
包 饺子 bāo jiǎo zi 만두(饺子)를 빚다(包)

● **알맞은 중국어 단어를 써 넣고, 듣고 따라 해 보세요.**

1 나는 만두를 먹고 싶다.
我 想吃

我 想吃 ____________ 。
wǒ xiǎng chī jiǎo zi

2 네가 빚은 만두는 아주 맛있다.
你 饺子 特别 好吃

你 _____ 的饺子 特别好吃。
nǐ bāo de jiǎo zi tè bié hǎo chī

잠깐만요!

- '饺子 [jiǎo zi]'에서 '饺 [jiǎo]'에는 '만두'라는 뜻이 있지만, '子 [zi]'는 아무런 뜻이 없기 때문에 짧고 약하게 경성으로 발음합니다. 우리는 '만두를 빚다'라고 하지만, 중국인들은 '만두를 싸다'라고 표현하기 때문에 동사는 '包 [bāo]'를 씁니다.
  包饺子(bāo jiǎo zi) 만두(饺子)를 빚다(包)
- 우리 한자어의 '饅頭(만두)'는 중국어에서는 '馒头 [mán tou] (소를 넣지 않은) 찐빵'을 뜻하는 것이니 혼돈하지 마세요!
- 特别 [tè bié] 부 특별히, 아주
  特别好(tè bié hǎo) 아주(特别) 좋다(好)

정답 **1.** 饺子 **2.** 包

饼 bǐng

饼(떡)
= 饣(음식) + 并(합하다)
음식(食 → 饣: 밥 식)이 여러 겹으로 합해(并: 합할 병)져 있는 것이 떡(饼 bǐng)이다.

餅
떡 **병**

명 (굽거나 쪄서) 떡처럼 납작하게 만든 것

饼 干 bǐng gān 명 비스킷
月 饼 yuè bǐng 명 월병, (중국식) 송편
烙 饼 lào bǐng 명 부침개, 전
比萨 饼 bǐ sà bǐng 명 [음역어] 피자(pizza)

● **알맞은 중국어 단어를 써 넣고, 듣고 따라 해 보세요.**

1 나는 비스킷을 즐겨 먹는다.
我 爱吃

我 爱吃 __________ 。
wǒ ài chī bǐng gān

2 추석에 월병(중국 송편)을 먹는다.
中秋节 吃

中秋节 吃 __________ 。
zhōng qiū jié chī yuè bǐng

잠깐만요!

- 중국의 대표 명절과 명절 음식은 다음과 같습니다.
  1. 春节 [chūn jié] 설 : 饺子 [jiǎo zi] 만두
  2. 中秋节 [zhōng qiū jié] 추석 : 月饼 [yuè bǐng] 월병
  3. 端午节 [duān wǔ jié] 단오절 : 粽子 [zòng zi] 종자(찰밥에 대추 따위의 소를 넣어 댓잎이나 갈잎에 싸서 쪄 먹는 단오날 음식)
  4. 元宵节 [yuán xiāo jié] 정월대보름 : 汤圆 [tāng yuán] 새알심(찹쌀 가루를 동글게 빚은 피 속에 백설탕, 돼지기름에 버무린 검은깨 분말을 소로 넣어 새알 모양으로 만들어 끓인 새알심) (맛이 부드럽고 아주 달콤하며, 宁波汤圆 [níng bō tāng yuán]이 유명합니다. 宁波 : 지명)

정답 **1.** 饼干 **2.** 月饼

114 교육용 1800자 / 신HSK 2급 114.mp3 **鉛 → 铅**

铅 qiān	铅(납) = 钅(쇠) + 㕣(늪) 쇠(金 → 钅: 쇠 금)를 늪(㕣: 늪 연)에 넣어두었더니 납(铅 qiān)이 되었다.	鉛 납 **연**
명 납(Pb), 연필심	铅 笔 qiān bǐ 명 연필 一支 铅笔 yì zhī qiān bǐ 연필(铅笔) 한(一) 자루(支) 用 铅笔 yòng qiān bǐ 연필(铅笔) 로(用) 自动 铅笔 zì dòng qiān bǐ 자동(自动) 연필(铅笔), 샤프펜슬 铅笔 刀 qiān bǐ dāo 명 연필(铅笔) 깎이(刀) 铅笔 盒 qiān bǐ hé 명 연필(铅笔)통(盒), 필통	

● **알맞은 중국어 단어를 써 넣고, 듣고 따라 해 보세요.**

1 이 연필은 네 것이 아니니?
这 你的 不是 ~ 吗

这 ___________ 不是 你的 吗?
zhè zhī qiān bǐ bú shì nǐ de ma

2 이곳에 연필로 당신의 이름을 쓰세요.
在这儿 你的 名字 请~写上

请 在这儿 ___________ 写上 你的名字。
qǐng zài zhèr yòng qiān bǐ xiě shàng nǐ de míng zì

잠깐만요!

- 동사 + 上 [shàng] : 위에 ~하다('上'은 위를 나타내는 방향보어임)

写 [xiě] 쓰다	写上(xiě shàng) ~위에(上) 쓰다(写), 기입하다
穿 [chuān] (옷을) 입다	穿上衣服(chuān shàng yī fu) 옷을 입다
关 [guān] (문을) 닫다	把门关上(bǎ mén guān shàng) 문을 닫다

정답 **1.** 支铅笔 **2.** 用铅笔

错 cuò	错(틀리다) = 钅(쇠) + 昔(옛날) 쇠(金 → 钅: 쇠 금)도 오래(昔: 옛 석) 두면 녹이 슬어 틀어(错 cuò)진다.	錯 섞일 **착**
형 틀리다, 맞지 않다	不 错 bú cuò 형 틀리지(错) 않다(不), 맞다, 괜찮다, 좋다(好) 还 不错 hái bú cuò 그런대로(还) 괜찮다(不错) 说得 不错 shuō de bú cuò 말하는 것이(说得) 잘한다(不错), 말을 잘한다 写 错 xiě cuò 잘못(错) 쓰다(写) 认 错 人了 rèn cuò rén le 사람(人)을 잘못(错) (알아)봤다(认) 错 误 cuò wù 명 착오, 잘못	

● **알맞은 중국어 단어를 써 넣고, 듣고 따라 해 보세요.**

1 이 글자를 잘못 썼으니, 너 다시 책을 좀 보아라.
(这个 字 … 了 你 再 书 看看)

这个字 ________ 了，你再看看书。
zhè ge zì xiě cuò le　nǐ zài kàn kan shū

2 미안합니다, 제가 사람을 잘못 봤습니다. 죄송합니다!
(对不起 我 … 不好意思)

对不起，我 ________ ，不好意思。
duì bu qǐ　wǒ rèn cuò rén le　bù hǎo yì si

잠깐만요!

- '对不起(duì bu qǐ)'와 '不好意思(bù hǎo yì si)'는 모두 '미안합니다, 죄송합니다'라는 의미이지만, '不好意思'가 '对不起'에 비해 사과의 의미가 좀 약합니다.
  对不起，我来晚了(duì bu qǐ, wǒ lái wǎn le)。죄송합니다! 제가 늦었습니다.
  不好意思，我先走了(bù hǎo yì si, wǒ xiān zǒu le)。미안, 나 먼저 갈게.

정답 **1.** 写错 **2.** 认错人了

116

교육용 1800자 / 신HSK 4급  116.mp3

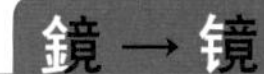

镜	jìng	镜(거울) = 钅(쇠) + 竟 (마침내) 쇠(金 → 钅: 쇠 금)를 자꾸 닦으면 마침내(竟 : 마침내 경) 광채가 나면서 비출 수 있는 거울(镜 jìng)이 된다.	鏡 거울 **경**
명 거울, 렌즈		镜 子 jìng zi 명 거울 照 镜子 zhào jìng zi 거울(镜子)을 보다(照) 照照 镜子 zhào zhao jìng zi 거울(镜子)을 좀 보다(照照) 眼 镜 yǎn jìng 명 안경	

● **알맞은 중국어 단어를 써 넣고, 듣고 따라 해 보세요.**

1 너 거울 좀 봐라.
(你 … 吧)

你 ______________ 吧。
nǐ zhào zhao jìng zi ba

2 내(나의) 안경은 어디 있지?
(我的 … 哪儿 在)

我的 ___________ 在哪儿?
wǒ de yǎn jìng zài nǎr

★ 잠깐만요!

- '镜子 [jìng zi]'에서 '镜 [jìng]'은 '거울'이라는 뜻이 있지만, '子 [zi]'는 아무런 뜻이 없기 때문에 짧고 약하게 경성으로 발음합니다.
- '眼镜 [yǎn jìng]'은 '안경'을 말하며, 발음이 같은 眼睛 [yǎn jing]은 '눈'이라는 뜻입니다. 여기서 두 번째 음절인 '镜 [jìng]'과 '睛 [jing]'은 발음은 같으나 성조가 다릅니다. 镜 [jìng]은 '거울'이라는 뜻으로 4성으로 읽어야 하며, '睛 [jing]'은 별 뜻이 없으므로 경성으로 읽어야 합니다.
  고대 중국어(한국어 한자) 어휘는 한자 한 글자 위주였기 때문에 '镜(거울)'과 '睛(눈)'만 썼으나, 현대중국어에 와서 동음어를 피하기 위해 두 글자 위주의 어휘로 바뀌면서 '镜子'과 '眼睛'으로 바뀌었습니다

정답 **1.** 照照镜子 **2.** 眼镜

117 교육용 1800자 / 신HSK 3급 117.mp3 **銀 → 银**

银 yín	银(은) = 钅(쇠) + 艮(그치다) 쇠(金 → 钅: 쇠 금)가 흰 빛 하나에 그치(艮: 그칠 간)니 은(银 yín)이다.	銀 은 은
명 은(銀), 은색, 화폐와 관련 있는 것	银行 yín háng 명 은행(银行) 去 银行 qù yín háng 은행(银行)에 가다(去) 银行 里 yín háng li 은행(银行)(안)(里)에 一家 银行 yì jiā yín háng 은행(银行) 하나(一家) (家: 양사)	

● **알맞은 중국어 단어를 써 넣고, 듣고 따라 해 보세요.**

1 말씀 좀 묻겠습니다, 은행이 어디에 있죠?
(请问 / 在哪儿)

请问，__________ 在哪儿?
qǐng wèn yín háng zài nǎr

2 어제 점심 때 나는 중국은행에 갔었다.
(昨天 / 中午 / 我 / 去~了)

昨天中午 我 去 ______________ 了。
zuó tiān zhōng wǔ wǒ qù zhōng guó yín háng le

잠깐만요!

- 中国银行 [zhōng guó yín háng] 중국은행(고유명사)
  工商银行 [gōng shāng yín háng] 공상 은행
  交通银行 [jiāo tōng yín háng] 교통 은행
  农业银行 [nóng yè yín háng] 농업 은행
- 中午 [zhōng wǔ] 정오, 낮 12시 전후, 점심때

정답 **1.** 银行 **2.** 中国银行

확인문제 | 088-117

1. 밑줄 친 중국어 한자의 발음과 성조를 쓰시오.

❶ 生词 → shēng _____ ❷ 普通话 → pǔ tōng _____

❸ 记得 → _____ de ❹ 上课 → shàng _____

❺ 铅笔 → _____ bǐ ❻ 银行 → _____ háng

❼ 介绍 → jiè _____ ❽ 报纸 → bào _____

❾ 饺子 → _____ zi ❿ 饮料 → _____ liào

2. 다음 중국어 발음에 해당하는 중국어 한자를 보기에서 골라 ____에 써 넣고, 전체의 뜻을 ( )에 써 넣으시오.

보기 铅 饺 饮 课 纸 银 记 词 绍 话

❶ 一家____行 → ________ (yín) ❷ 自动____笔 → ________ (qiān)

❸ 介____ → ________ (shào) ❹ 包____子 → ________ (jiǎo)

❺ 冷____ → ________ (yǐn) ❻ 餐巾____ → ________ (zhǐ)

❼ 下____ → ________ (kè) ❽ ____者 → ________ (jì)

❾ ____典 → ________ (cí) ❿ 笑____ → ________ (huà)

정답 1. ❶ cí ❷ huà ❸ jì ❹ kè ❺ qiān ❻ yín ❼ shào ❽ zhǐ ❾ jiǎo ❿ yǐn 2. ❶ 银 / 은행 ❷ 铅 / 샤프 ❸ 绍 / 소개하다 ❹ 饺 / 만두를 빚다 ❺ 饮 / 청량음료 ❻ 纸 / 종이 냅킨 ❼ 课 / 수업이 끝나다, 수업을 마치다 ❽ 记 / 기자 ❾ 词 / 사전 ❿ 话 / 우스운 이야기, 우스갯소리, 농담

02 한국어 한자(정자)의 **부수 전체**가 간략하게 바뀐 현대중국어 한자(간체자)

❶ 貝→贝	❷ 長→长	❸ 車→车	❹ 見→见
❺ 馬→马	❻ 門→门	❼ 魚→鱼	❽ 鳥→鸟

❶	貴→贵	顔→颜	賽→赛
	頁→页	預→预	圓→圆
	員→员	貨→货	賭→赌
❷	長→长	張→张	
❸	車→车	較→较	軍→军
	褲→裤	載→载	
❹	見→见	寬→宽	現→现
❺	馬→马	嗎→吗	罵→骂
	媽→妈	騎→骑	
❻	門→门	們→们	問→问
	間→间	簡→简	
❼	魚→鱼	鮮→鲜	
❽	鳥→鸟	鷄→鸡	

교육용 1800자 / 신HSK 2급  118.mp3

guì

贵(비싸다)
= 中(가운데) + 一(하나) + 贝(재물)
가운데(中: 가운데 중)에 있는 하나(一)의 재물(貝: 재물 패)은 비싸다(贵 guì).

貴
귀할 **귀**

형 존경의 뜻을 나타냄	贵 姓 guì xìng 명 [높임말] (귀하의) 성(姓)
형 (값이) 비싸다	很 贵 hěn guì 매우(很) 비싸다(贵) 太 贵 tài guì 너무(太) 비싸다(贵) 太 贵了 tài guì le 너무(太) 비싸다(贵了)

● **알맞은 중국어 단어를 써 넣고, 듣고 따라 해 보세요.**

1 (상대방을 높여) 성이 어떻게 되십니까?

您 ________ ?
nín guì xìng

2 비행기를 타면 너무 비싸다.
飞机 坐

坐 飞机 ________ 。
zuò fēi jī tài guì le

잠깐만요!

- '비행기'는 우리말 한자어로 '飛行機'라고 세 글자로 쓰지만, 중국에서는 '飞(飛)机(機) [fēi jī]'라고 두 글자로 말합니다. 공항은 '飞机场 [fēi jī chǎng]'이라고 하는데, 두 글자로 줄여 '机场 [jī chǎng]'이라고 많이 말합니다. 이처럼 중국어 어휘는 2글자로 줄여서 많이 말한답니다.
- '坐飞机(zuò fēi jī)'는 '비행기(飞机)를 타다(坐)'라는 의미입니다. 여기서 동사 '坐 [zuò]'는 일반적으로 어떤 교통수단을 '탄다'고 할 때 쓰이는 동사입니다.
  坐车(zuò chē) 자동차(车)를 타다(坐)
  坐公共汽车(zuò gōng gòng qì chē) 버스(公共汽车)를 타다(坐)
  坐火车(zuò huǒ chē) 기차(火车)를 타다(坐)
  坐地铁(zuò dì tiě) 지하철(地铁)을 타다(坐)

정답 **1.** 贵姓 **2.** 太贵了

교육용 1800자 / 신HSK 2급 119.mp3

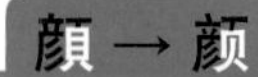

yán

颜(색깔)
= 彦(선비) + 頁(머리)
선비(彦: 선비 언)의 왼쪽 머리(頁: 머리 혈)는 이런 색깔(颜 yán)이다.

顏
색깔 **안**

명 **색, 색깔**

颜 色 yán sè 명 색, 색깔
别的 颜色 bié de yán sè 다른(别的) 색깔(颜色)
颜色 挺 漂亮 yán sè tǐng piào liang 색깔(颜色)이 무척(挺) 아름답다(漂亮)

● **알맞은 중국어 단어를 써 넣고, 듣고 따라 해 보세요.**

1 너는 무슨 색을 가장 좋아하니?
你 什么 最 喜欢

你 最喜欢 什么 __________?
nǐ zuì xǐ huān shén me yán sè

2 이 옷 다른 색깔(의 것) 있습니까?
这件衣服 有~吗

这件 衣服 有 __________ 吗?
zhè jiàn yī fu yǒu bié de yán sè ma

잠깐만요!

- 一件衣服(yí jiàn yī fu) : 一(수) + 件(양) + 衣服(명) : 옷(衣服) 한(一) 벌(件) ('件'은 옷을 세는 양사임)
- 有~吗 [yǒu ~ ma]? : ~이 있니?
  你有男朋友吗(nǐ yǒu nán péng you ma)? 너(你) 남자친구(男朋友) 있니(有~吗)?

정답 **1.** 颜色 **2.** 别的颜色

120 신HSK 3급 120.mp3

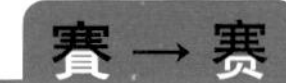

赛	sài	赛(시합하다) = 宀(집) + 井(우물) + 贝(재물) 집(宀) 안의 우물(井: 우물 정)에 넣어둔 재물(貝: 재물 패) 내기 시합(赛 sài)을 하자!	賽 내기할 **새**
동 시합하다, 경쟁하다		比 赛 bǐ sài 명 시합, 경기 一场 比赛 yì chǎng bǐ sài 한(一场) 경기(比赛) (场: 양사) 决 赛 jué sài 명 결승(决)전(赛) 半决赛 bàn jué sài 명 준(半) 결승(决)전(赛) 赛 车 sài chē 동 (자전거 · 오토바이 · 자동차 등으로) 경기하다	
명 (자전거 · 오토바이 · 자동차) 경기, 레이싱		赛 马 sài mǎ 명 경마 동 경마 경기를 하다	

● **알맞은 중국어 단어를 써 넣고, 듣고 따라 해 보세요.**

1 오후에 또 한 경기의 축구 시합이 있다.
下午 还 足球 有

下午 还有 __________ 足球 __________ 。
xià wǔ hái yǒu yì chǎng zú qiú bǐ sài

2 이번 노래 부르기 시합에서 그녀는 1등을 했다.
这次 歌 唱 她 第一名 得了

这次 唱歌 __________ 她 得了第一名。
zhè cì chàng gē bǐ sài tā dé le dì yī míng

잠깐만요!

- '一 [yì]'는 1, 2, 3성 앞에서는 제 4성으로 읽어야 합니다.
- 一场比赛(yì chǎng bǐ sài) 한(一场) 경기(比赛)　足球比赛(zú qiú bǐ sài) 축구(足球) 경기(比赛)
  一场足球比赛(yì chǎng zú qiú bǐ sài) 한(一场) 축구 경기(足球比赛)
- 唱歌 [chàng gē] 노래(歌)를 부르다(唱)
  唱歌比赛(chàng gē bǐ sài) 노래 부르기(唱歌) 시합(比赛), 노래자랑
- 第一名 [dì yī míng] 일등
  得了第一名(dé le dì yī míng) 일등(第一名)을 했다(得了).

정답 **1.** 一场, 比赛 **2.** 比赛

页	yè	页(쪽/페이지) = 一(머리) + 丨(이마) + 冂(얼굴) + 人(사람) 머리(一)와 이마(丨) 그리고 얼굴(冂)만 있는 사람(人)이 한 페이지(页 yè)에 그려져 있다.	頁 쪽 **면** 페이지 **엽**
명 (책의) 쪽, 페이지		第 五页 dì wǔ yè 5쪽(페이지) 翻 页 fān yè 페이지(页)를 넘기다(翻) 页 码 yè mǎ 명 쪽 번호, 페이지(页) 번호(码) 页 数 yè shù 명 쪽(页)수(数), 페이지 수, 면수	

● **알맞은 중국어 단어를 써 넣고, 듣고 따라 해 보세요.**

1 책 5쪽(페이지)을 펴세요!
书 把 请~翻到

请 把书 翻到 ________ 。
qǐng bǎ shū fān dào dì wǔ yè

2 나는 혼자서 매일 책을 20페이지 보기 로 했다.
我 自己 每天 书 看 规定

我 规定 自己 每天 看 ________ 书。
wǒ guī dìng zì jǐ měi tiān kàn èr shí yè shū

★ 잠깐만요!

- 翻(뒤집을 번) 동 뒤집다, (책을) 펴다　　到 [dào] 전 ~까지
  翻到 [fān dào] (책을 몇 페이지)까지(到) 펴다(翻), (책을) 펴다
  翻到十二页(fān dào shí èr yè) 책 12쪽을 펴다
- 自己 [zì jǐ] 명 자기, 자신, 혼자서
- 规定 [guī dìng] 동 규정하다, 정하다
- '看书 [kàn shū]'는 [동사 + 목적어]의 구조로 이루어진 중국어 어휘입니다. 이처럼 '동사 + 목적어'의 구조로 된 중국어 어휘는 수식하는 말을 동사와 목적어 사이에 둡니다.
  [동사 + 수식어 + 목적어]
  看书 [kàn shū] 책(书)을 보다(看)　　看二十页书(kàn èr shí yè shū) 책(书)을 20페이지 보다(看)
  唱歌 [chàng gē] 노래(歌)를 부르다(唱)　　唱一首歌(chàng yì shǒu gē) 노래(歌) 한 곡(一首) 부르다(唱)
  睡觉 [shuì jiào] 잠(睡)을 자다(觉)　　睡午觉(shuì wǔ jiào) 낮(午)잠(觉)을 자다(睡)

정답 **1.** 第五页 **2.** 二十页

预	yù	预(미리) = 予(나) + 頁(머리) 나는(予: 나 여) 오른쪽으로 머리(頁: 머리 혈)를 미리(预 yù) 내밀었다.	預 미리 **예**
부 미리		预 习 yù xí 동 예습하다 预 备 yù bèi 명동 준비(하다) 预 赛 yù sài 명 예선(预)전(赛), 예선 경기 天气 预报 tiān qì yù bào 명 일기(天气) 예보(预报)	

● **알맞은 중국어 단어를 써 넣고, 듣고 따라 해 보세요.**

1 여러분 오늘 돌아가서 내일 배울 내용을 좀 예습하세요.
大家 今天 回去 明天 要学的 内容 一下 请

请 大家 今天 回去 ______ 一下 明天 要学的内容。
qǐng dà jiā jīn tiān huí qù yù xí yí xià míng tiān yào xué de nèi róng

2 일기예보에 오늘 밤 비가 온다고 한다.
今晚 有雨 说

______ 说，今晚 有雨。
tiān qì yù bào shuō jīn wǎn yǒu yǔ

- 有雨 [yǒu yǔ] 비가 있다, 비가 온다
  晚上 有雨(wǎn shang yǒu yǔ) 밤(晚上)에 비(雨)가 있다(有), 밤에 비가 온다
- 要 [yào] 동 ~하려고 하다 学 [xué] 동 배우다
  要学(yào xué) 배우려고 하다
  要学的内容(yào xué de nèi róng) 배우려고(要学) 하는(的) 내용(内容), 배울 내용

정답 **1.** 预习 **2.** 天气预报

교육용 1800자 / 신HSK 5급  123.mp3

圆 yuán

圆(둥글다)
= 口(에워싸다) + 员(사람)
사람(员:사람 원)을 에워싼(口) 것이 둥그런 원(圆 yuán)과 같다.

둥글 **원**

형 둥글다

圆 形 yuán xíng 명 원형
圆形的 yuán xíng de 원형(圆形)의(的)
圆 的 yuán de 둥근, 둥근(圆) 것(的)
圆 脸 yuán liǎn 둥근(圆) 얼굴(脸)
圆 圆的 yuán yuán de 아주 둥근
圆圆的 脸 yuán yuán de liǎn 아주 둥근(圆圆) 얼굴(脸)
圆 珠 笔 yuán zhū bǐ 명 둥근(圆) 구슬(珠) 펜(笔), 볼펜
两 支 圆珠笔 liǎng zhī yuán zhū bǐ 볼펜(圆珠笔) 두(两) 자루(支)

● **알맞은 중국어 단어를 써 넣고, 듣고 따라 해 보세요.**

1 오늘 밤 의 달은 매우 둥글다.
今晚 的 月亮 很

今晚的月亮很 ______ 。
jīn wǎn de yuè liàng hěn yuán

2 그녀의 얼굴은 아주 둥글어, 아주 귀엽다.
她的 脸 很 可爱

她的脸 ______________ , 很 可爱。
tā de liǎn yuán yuán de hěn kě ài

잠깐만요!

- '今天晚上(jīn tiān wǎn shang)'을 2글자로 줄여서 '今晚 [jīn wǎn]'이라고도 합니다.
- 今晚的月亮很圆(jīn wǎn de yuè liang hěn yuán)。
  위의 문장에서 '今晚的月亮'이 '주어'이고 '圆'이 '형용사'로서 '서술어'입니다. 이처럼 중국어는 형용사가 서술어가 될 수 있습니다.
- 他的脸圆圆的(tā de liǎn yuán yuán de)。
  위의 문장에서 '他的脸'이 '주어'이고, '圆圆的'가 '서술어'입니다.
- 우리말 한자어는 '얼굴'을 '顔: 얼굴 안'을 쓰지만, 현대중국어에서는 '얼굴'을 '脸 [liǎn]'이라고 합니다.

정답 **1.** 圆 **2.** 圆圆的

교육용 1800자 / 신HSK 5급 124.mp3

員 → 员

员 yuán	员(사람) = 口(입) + 貝(재물) 그는 입(口)에 풀칠하기 위해 재물(貝: 재물 패)을 받는 사람(员 yuán)이다.	員 인원 **원**
명 어떤 분야에 종사하고 있는 사람	服务员 fú wù yuán 명 종업원, 웨이터 演员 yǎn yuán 명 연기(演)자(员), 배우, 탤런트 运动员 yùn dòng yuán 명 운동(运动) 선수(员) 售货员 shòu huò yuán 명 (마트 · 백화점의) 판매(售货)원(员)	

● **알맞은 중국어 단어를 써 넣고, 듣고 따라 해 보세요.**

1 이 식당의 종업원은 아주 좋다.
这家饭馆 很 好

这家饭馆的 ＿＿＿＿＿ 很好。
zhè jiā fàn guǎn de fú wù yuán hěn hǎo

2 그녀의 언니는 판매원이다.
她的 姐姐 是

她的 姐姐 是 ＿＿＿＿＿ 。
tā de jiě jie shì shòu huò yuán

잠깐만요!

- '售货员 [shòu huò yuán]' 중의 '售 [shòu]'는 '卖 [mài] 팔다', '货 [huò]'는 '상품', '员 [yuán]'은 '사람', 상품(货)을 파는(售) 사람(员) 즉 '판매원'이라는 의미입니다. 또 예를 들면 '售票处 [shòu piào chù]'는 '표(票 [piào])'를 '판매(售 [shòu])'하는 '곳(处 [chù])'이라는 의미로, 역이나 터미널, 영화관, 고궁 등의 '매표소'를 말합니다.
- 家 [jiā] 양 식당 등 건물을 세는 단위
  一家饭馆(yì jiā fàn guǎn) 하나(一家)의 식당(饭馆)
  一家银行(yì jiā yín háng) 은행(银行) 하나(一家)
  一家百货商店(yì jiā bǎi huò shāng diàn) 백화점(百货商店) 하나(一家)

정답 **1.** 服务员 **2.** 售货员

125 교육용 1800자 / 신HSK 6급 125.mp3 貨 → 货

货	huò	货(화물/상품) = 化(변화하다) + 贝(재물) 변화(化)하여 재물(貝: 재물 패)이 되는 것이 화물/상품(货 huò)이다.	貨 재화 **화**

명 화물, 상품

- **货 物** huò wù 명 화물, 상품
- **货 车** huò chē 명 화물(货)차(车), 트럭
- **百 货** bǎi huò 명 여러 가지(百) 상품(货)
- **百货 商店** bǎi huò shāng diàn 명 여러 가지 상품(百货)이 있는 상점(商场), 백화점(= 百货商场 [bǎi huò shāng chǎng])
- **百货公司** bǎi huò gōng sī 명 백화점(중국 남방에서 많이 씀)
- **百货大楼** bǎi huò dà lóu 명 백화점

● **알맞은 중국어 단어를 써 넣고, 듣고 따라 해 보세요.**

1 그는 화물차(트럭)를 운전한다.
他 开

他 开 ________。
tā kāi huò chē

2 나는 한 백화점에 갔는데, 안에는 의류 브랜드가 아주 많았다.
我 一家 去了 里面 服装 品牌 众多

我 去了 一家 ________，里面 服装 品牌 众多。
wǒ qù le yì jiā bǎi huò shāng diàn lǐ miàn fú zhuāng pǐn pái zhòng duō.

잠깐만요!

- '百货(백화)'에서 '百'는 '여러 가지, 온갖, 많은'이라는 뜻을 가지고 있습니다. 그래서 '百货商店 [bǎi huò shāng diàn]'은 '여러 가지, 온갖(많은)(百) 상품(货)이 있는 상점(商店)' 즉 '백화점'을 의미합니다. 중국인들은 회화체에서 백화점을 간단히 '百货 [bǎi huò]'라고도 합니다.
  新世纪百货 [xīn shì jì bǎi huò] 신세기 백화점 王府井百货 [wáng fǔ jǐng bǎi huò] 왕푸징 백화점
- 百货大楼 [bǎi huò dà lóu] 백화점
  롯데, 신세계 백화점과 같은 대형 체인 백화점의 이름으로, 북경 · 상해 · 천진 · 대련 등 대부분의 대도시에 다 있습니다.
- 品牌 [pǐn pái] 상표, 브랜드
  众多 [zhòng duō] 아주 많다('众多'는 서면어로 '很多'와 같은 의미)

정답 **1.** 货车 **2.** 百货商店

赌 dǔ

赌(도박하다)
= 贝(재물) + 者(사람)
재물(貝: 재물 패)을 노력 없이 모으려고 하는 사람(者: 놈 자)이 도박(赌 dǔ)을 한다.

賭
노름 **도**

동 노름하다, 도박하다, 내기하다

赌 博 dǔ bó 동 노름하다, 도박하다
赌 场 dǔ chǎng 명 도박(赌)장(场), 노름판, 카지노
经营 赌场 jīng yíng dǔ chǎng 카지노(赌场)를 경영(经营)하다
赌场 经营人 dǔ chǎng jīng yíng rén 카지노(赌场) 경영인(经营人)

● **알맞은 중국어 단어를 써 넣고, 듣고 따라 해 보세요.**

1 우리 무슨 내기를 할까?
我们 什么

我们 ______ 什么?
wǒ men dǔ shén me

2 나는 다시는 카지노에 가지 않겠습니다.
我 再也 不去~了

我 再也 不去 __________ 了。
wǒ zài yě bú qù dǔ chǎng le

잠깐만요!

- 주어 + 再也 不 + 동사 + 목적어 + 了 : 주어는 다시는 목적어를 ~하지 않겠다 (不~了: 더 이상 ~않다)
  我再也不喝酒了(wǒ zài yě bù hē jiǔ le)。나(我)는 다시는(再也) 술(酒)을 마시지 않겠다(不喝~了).
  我再也不抽烟了(wǒ zài yě bù chōu yān le)。나(我)는 다시는(再也) 담배(烟)를 피우지 않겠다(不抽~了).

정답 1. 赌 2. 赌场

127

교육용 1800자 / 신HSK 2~5급 127.mp3

長 → 长

长 chánɡ zhǎnɡ	长 ((길이)길다/자라다/우두머리) 긴(长: 길 장 chánɡ) 수염이 자란(长: 자랄 장 zhǎnɡ) 어른이 시장(长 zhǎnɡ)님이다.	長 길 **장** 어른 **장**
[chánɡ] 형 (길이 · 시간이) 길다	路长 lù chánɡ 길(路)이 길다(长) 长城 chánɡ chénɡ 창청(만리장성)(万里长城) 很长时间 hěn chánɡ shí jiān 한참(很长) 동안(时间)	
명 길이	长 500米 chánɡ wǔ bǎi mǐ 길이(长) 500미터(米)	
[zhǎnɡ] 명 (기관 · 단체의) 장	班长 bān zhǎnɡ 명 반장 院长 yuàn zhǎnɡ 명 원장	
동 자라다	长大 zhǎnɡ dà 동 자라다, 성장하다	
동 나다, 생기다	长芽 zhǎnɡ yá 동 싹이 트다	

● **알맞은 중국어 단어를 써 넣고, 듣고 따라 해 보세요.**

1 그는 한참 동안 안 왔다.
他 没 来

他 ____________ 没来。
tā hěn chánɡ shí jiān méi lái

2 그녀는 매우 예쁘게 생겼다.
她 很 漂亮

她 ______ 得很漂亮。
tā zhǎnɡ de hěn piào liang

잠깐만요!

- 중국에서는 '만리장성(万里长城)'을 간단히 줄여 '长城 [chánɡ chénɡ]'이라고 합니다.
- 长得 [zhǎnɡ de] + 형용사 : 생긴 것이 ~하다 ('得'는 앞 동사의 정도를 나타내는 구조조사임)
  长得漂亮(zhǎnɡ de piào liang) 생긴 것(长得)이 예쁘다(漂亮), 잘 생겼다
  说得很好(shuō de hěn hǎo) 말을 잘 한다

정답 1. 很长时间 2. 长

128

张 zhāng

张(장/하나)
= 弓(활) + 长(길다)

활(弓: 활 궁) 시위를 길게(长: 길 장) 잡아당기니 한 장(张 zhāng)의 종이와 같다.

張 펼 **장**

양 장 (종이 · 책상 · 사진 · 얼굴 등과 같이 넓게 펼쳐진 것을 세는 단위)

一张纸 yì zhāng zhǐ 종이(纸) 한 장(一张)
一张照片 yì zhāng zhào piàn 사진(照片) 한 장(一张)
一张桌子 yì zhāng zhuō zi 탁자(桌子) 하나(一张)
一张床 yì zhāng chuáng 침대(床) 하나(一张)

● **알맞은 중국어 단어를 써 넣고, 듣고 따라 해 보세요.**

1 나에게 백지 한 장 주실 수 있어요?
给我 白纸 请~可以吗?

请给我 ________ 白纸，可以吗?
qǐng gěi wǒ yì zhāng bái zhǐ kě yǐ ma

2 우리 새 탁자 하나 사러 갑시다.
我们 新的 桌子 买 去~吧

我们去买 ________ 新的桌子吧。
wǒ men qù mǎi yì zhāng xīn de zhuō zi ba

★ 잠깐만요!

- 탁자, 책상, 침대 등도 종이처럼 넓게 펼쳐져 있기 때문에 그것들을 세는 양사도 '张 [zhāng]'을 씁니다.
- 请给我(qǐng gěi wǒ) : 나에게 ~해 주세요('请 [qǐng]'을 사용한 공손한 표현)
  请给我一张纸(qǐng gěi wǒ yì zhāng zhǐ)。저에게(给我) 종이 한 장(一张纸) 주세요(请).
  请给我一杯水(qǐng gěi wǒ yì bēi shuǐ)。저에게(给我) 물 한 잔(一杯水) 주세요(请).

정답 1. 一张 2. 一张

129 교육용 1800자 / 신HSK 1,2,3,5급 129.mp3 **車 → 车**

车	chē	车(자동차) = 一(한 사람) + 厶(구부리다) + 十(열) 한 사람(一)만 허리를 구부리면(厶) 열(十) 사람이 탈 수 있는 차(车 chē)이다.	車 수레 **차** 수레 **거**

명 차(車), 자동차

汽 车 qì chē 명 자동차
公共 汽车 gōng gòng qì chē 명 버스(= 公车 gōng chē)
出 租(汽)车 chū zū (qì) chē 명 세낸(出租) 자동차(汽车), 택시
火 车 huǒ chē 명 기차
卡 车 kǎ chē 명 트럭
自行 车 zì xíng chē 명 자전거
摩托 车 mó tuō chē 명 오토바이
坐 车 zuò chē 동 차를 타다

● **알맞은 중국어 단어를 써 넣고, 듣고 따라 해 보세요.**

1 이 자전거는 얼마에요?
这 多少钱

这 辆 __________ 多少钱？
zhè liàng zì xíng chē duō shao qián

2 말씀 좀 묻겠습니다, 기차역이 어디에요?
请问 站 在哪儿

请问，__________ 站 在哪儿?
qǐng wèn huǒ chē zhàn zài nǎr

잠깐만요!

- 중국어에서 김(steam) 이 나오는 차는 모두 '汽车 [qì chē]'라고 합니다.
- 일반적으로 '차를 타다'라는 동사는 '坐 [zuò]'를 씁니다.
  坐车去(zuò chē qù) 차(车)를 타고(坐) 가다(去)
- '차'나 '자전거'에 대한 양사는 '辆 [liàng]'을 씁니다.
  一辆 汽车(yí liàng qì chē) 차(车) 한 대(一辆)
  一辆 自行车(yí liàng zì xíng chē) 자전거(自行车) 한 대(一辆)
  这辆 自行车(zhè liàng zì xíng chē) 이 자전거('这(一)辆自行车'를 줄여서 쓴 말임)

정답 1. 自行车 2. 火车

130

교육용 1800자 / 신HSK 3급 130.mp3

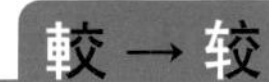

较 jiào	较(비교하다/비교적) = 车(차) + 交(오고 가다) 차(车)를 오고 가며(交: 오고갈 교) 타 보고 비교(较 jiào)한다.	較 비교할 **교**
동 비교하다	比 较 bǐ jiào 동 비교하다	
부 비교적	比较 好 bǐ jiào hǎo 비교적(比较) 좋다(好) 比较 远 bǐ jiào yuǎn 비교적(比较) 멀다(远) 比较 难学 bǐ jiào nán xué 비교적(比较) 배우기(学) 어렵다(难)	

● **알맞은 중국어 단어를 써 넣고, 듣고 따라 해 보세요.**

1 내 것 과 네 것을 비교해 보면, 내 것이 네 것 보다 더욱 좋다.
我的 和 你的 起来 我的 你的 比 更 好

我的 和 你的 __________ 起来 我的 比 你的 更 好。
wǒ de hé nǐ de bǐ jiào qǐ lái wǒ de bǐ nǐ de gèng hǎo

2 나는 자전거 타는 것을 비교적 좋아한다.
我 自行车 骑 喜欢

我 __________ 喜欢 骑 自行车。
wǒ bǐ jiào xǐ huān qí zì xíng chē

잠깐만요!

- 중국어에서 '比较 [bǐ jiào]'는 '비교하다'라는 동사의 의미 외에, '비교적'이라는 부사의 의미로도 많이 쓰입니다.
  比较一下(bǐ jiào yí xià)。좀(一下) 비교해(比较) 보다.
  比较贵(bǐ jiào guì)。비교적(比较) 비싸다(贵).
  我的比较好(wǒ de bǐ jiào hǎo)。내 것(我的)이 비교적(比较) 좋다(好).
- 탈것을 타는 것은 일반적으로 동사 '坐 [zuò]'를 쓰지만, '말 · 자전거 · 오토바이' 등 두 다리를 벌리고 타는 것은 동사 '骑 [qí]'를 씁니다.
  骑自行车(qí zì xíng chē) 자전거(自行车)를 타다(骑) (줄여서 '骑车 [qí chē]'라고도 함)
  骑马(qí mǎ) 말(马)을 타다(骑)
  骑摩拖车(qí mó tuō chē) 오토바이(摩拖车)를 타다(骑)

정답 **1.** 比较 **2.** 比较

131

교육용 1800자 / 신HSK 5급 131.mp3

車 → 军

jūn

军(군대)
= 冖(덮다) +車(차)
포장으로 덮여져(冖: 덮을 멱) 있는 차(車)는 군대(军 jūn) 차다.

軍
군사 **군**

명 군대

军 事 jūn shì 명 군사
军 人 jūn rén 명 군인
军 队 jūn duì 명 군대
参 军 cān jūn 동 군대(军)에 참가하다(参), 입대하다

● **알맞은 중국어 단어를 써 넣고, 듣고 따라 해 보세요.**

1 나는 군인이 되고 싶다.
我 想当

我 想当 ________ 。
wǒ xiǎng dāng jūn rén

2 나는 군사행동에 참가했다.
我 行动 参加了

我 参加了 ________ 行动。
wǒ cān jiā le jūn shì xíng dòng

잠깐만요!

- 当 [dāng] 동 ~이 되다
  想当 [xiǎng dāng] ~이 되고(当) 싶다(想
  我想当妈妈(wǒ xiǎng dāng mā ma)。나는 엄마(妈妈)가 되고 싶다(想当).
  我想当总统(wǒ xiǎng dāng zǒng tǒng)。나는 대통령(总统)이 되고 싶다(想当).

정답 **1.** 军人 **2.** 军事

裤	kù	裤(바지) = 衤(옷) + 庫(창고) 옷(衤= 衣 : 옷 의)을 창고(庫: 창고 고)에 넣은 것은 바지(裤 kù)이다.	褲 바지 **고**
명 바지		裤 子 kù zi 명 바지 一条 裤子 yì tiáo kù zi 바지(裤子) 한 개(一条) 穿 裤子 chuān kù zi 바지(裤子)를 입다(穿) 牛仔 裤 niú zǎi kù 명 카우보이(牛仔) 바지(裤), 청바지	

● **알맞은 중국어 단어를 써 넣고, 듣고 따라 해 보세요.**

1 이 바지는 좀 길다.
这 一点儿 长

这 条 ________ 长 一点儿。
zhè tiáo kù zi cháng yì diǎr

2 오늘 추우니, 바지 입어라.
今天 冷 吧

今天 冷， ________ 吧。
jīn tiān lěng chuān kù zi ba

잠깐만요!

- '裤子 [kù zi]' 중의 '裤 [kù]'에는 '바지'라는 의미가 있지만, '子 [zi]'는 아무런 의미가 없는 허사로 짧고 가볍게 경성으로 읽어야 합니다. 그렇기 때문에 '裤子'가 다른 단어와 결합해서 쓰일 때는 '子 [zi]'를 생략하고 '裤 [kù]'만 씁니다.
  牛仔裤 [niú zǎi kù] 청바지　长裤 [cháng kù] 긴(长) 바지(裤)　短裤 [duǎn kù] 짧은(短) 바지(裤)
  内裤 [nèi kù] 속(内)바지(裤), 팬티　游泳裤 [yóu yǒng kù] 수영(游泳) 팬티(裤)
- 중국어에서 수량을 나타내는 말은 동사/형용사 뒤에서 앞 동사/형용사를 수식합니다.
  '좀 길다'는 '一点儿(좀) 长(길다)'이 아니라 '长一点儿'이라고 해야 합니다.
  好一点儿(hǎo yì diǎr)。좀(一点儿) 좋다(好).
  大一点儿(dà yì diǎr)。좀(一点儿) 크다(大).
- '吧 [ba]'는 문장 끝에 쓰여 '~해라'라는 의미로, 권유를 나타내는 어기조사입니다.
  吃饭吧(chī fàn ba)。밥(饭) 먹어(吃)라(吧).　快走吧(kuài zǒu ba)。빨리(快) 가자(走吧).

정답 **1.** 裤子 **2.** 穿裤子

133 교육용 1800자 / 신HSK 5급 133.mp3

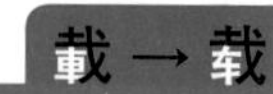

载	zǎi	**载(싣다)** **= 土(흙) + 戈(창) + 车(차)** 흙(土)과 창(戈)을 차(车)에 싣다(载 zǎi).	載 실을 **재**

동 싣다, 적재하다	下 载 xià zǎi 동 다운(下)로드(载)하다 下载 MP3 xià zǎi MPsān MP3를 다운로드하다(下载) 下载 音乐 xià zǎi yīn yuè 음악(音乐)을 다운로드하다(下载) 下载 电影 xià zǎi diàn yǐng 영화(电影)를 다운로드하다(下载)

● **알맞은 중국어 단어를 써 넣고, 듣고 따라 해 보세요.**

1 나는 그의 컴퓨터 로 음악을 다운로드 하고 있다.
我 他的 电脑 用 音乐

我 ______ 用他的电脑 __________ 音乐。
wǒ zài yòng tā de diàn nǎo xià zǎi yīn yuè

2 지금 이 시간에 영화를 다운로드하면 아주 느릴 것이다.
现在 这个时间 电影 很 慢 会

现在 这个时间 __________ 电影 会很慢。
xiàn zài zhè ge shí jiān xià zǎi diàn yǐng huì hěn màn

잠깐만요!

- 在 [zài] + 동사 : ~하고 있다('在'는 동사의 진행을 나타냄)
  在下载音乐(zài xià zài yīn yuè) 음악(音乐)을 다운로드(下载) 하고 있다(在)
- 'MP3'는 중국어로 'MP three'라고 읽지 않고, 'MP sān'이라고 읽어야 합니다. 'MP three'라고 말하면 대부분의 종업원들은 알아듣지 못합니다.
- 会 [huì] 동 ~할 것이다
  他会知道的(tā huì zhī dao de)。그는 알 것이다.(会~的: 강조 용법)
  他会不知道的(tā huì bù zhī dào de)。그는 모를 것이다.
  他不会不知道的(tā bú huì bù zhī dào de)。그는 모를 리 없다.

정답 **1.** 在, 下载 **2.** 下载

jiàn

见(보다/만나다)
= 目(눈) + 人(사람)
눈(目)을 아래로 내리 깔고 사람(人)을 본다(见 jiàn).

見
볼 **견**

동 (눈으로) 보다, 만나다	见 面 jiàn miàn 동 얼굴(面)을 보다(见), 만나다 见面 时间 jiàn miàn shí jiān 만나는(见面) 시간(时间) 跟/和 谁～见面 gēn(hé) shéi ~jiàn miàn 누구(谁)와(跟/和) 만나다(见面) 再 见 zài jiàn! 다시/또(再) 보자(见)! 안녕!

● **알맞은 중국어 단어를 써 넣고, 듣고 따라 해 보세요.**

1 우리 몇 시에 만나지?
咱们 几点

咱们 几点 __________ ?
zán men jǐ diǎn jiàn miàn

2 수업 끝나 고, 나는 그와 바로 여기서 만난다.
课 下 等~以后 就 在这儿

等 下课 以后，我 _____ 他 就在这儿 __________ 。
děng xià kè yǐ hòu, wǒ gēn tā jiù zài zhèr jiàn miàn

잠깐만요!

- 见面 [jiàn miàn] 만나다
  "나는 그를 만나고 싶다."는 중국어로 "我想见面他。(x)"라고 하면 안 됩니다. '见面 [jiàn miàn]'에서 '见 [jiàn]'은 '만나다'라는 동사이고, '面 [miàn]'은 '얼굴'을 의미하는 목적어로 '见面'은 [동사+목적어]로 이루어진 단어입니다. 목적어 '面' 뒤에 또 다시 목적어(他)가 올 수 없으므로 "我想见他的面。"이라고 하거나 '我想和(跟)他见面。'이라고 해야 합니다.

- 跟/和 + 사람 + 见面 [jiàn miàn] :~와 만나다
  我想跟他见面(wǒ xiǎng gēn tā jiàn miàn)。나는(我) 그와(跟他) 만나고(见面) 싶다(想).
  = 我想见他的面(wǒ xiǎng jiàn tā de miàn)。

정답 **1.** 见面 **2.** 跟, 见面

교육용 1800자 / 신HSK 5급 135.mp3 **寬 → 宽**

宽 kuān	宽(넓다/폭) = 宀(집) + 艹(풀) + 见(보다) 집(宀) 아래 풀(艹)이 있는 것을 보니(见) 폭(宽 kuān)이 아주 넓다(宽 kuān).	寬 넓을 **관**
형 (폭 · 면적이) 넓다	**路 宽** lù kuān 길(路)이 넓다(宽) **马路 很宽** mǎ lù hěn kuān 큰길(马路)이 아주(很) 넓다(宽) **有20米 宽** yǒu èr shí mǐ kuān 20미터(米)만큼(有) 넓다(宽)	
명 폭	**宽 20米** kuān èr shí mǐ 폭(宽) 20미터(米) (米 mǐ 미터, m)	

● **알맞은 중국어 단어를 써 넣고, 듣고 따라 해 보세요.**

1 이 침대는 아주 넓다.
这 床 很

这张床 很 ______。
zhè zhāng chuáng hěn kuān

2 이 큰길은 20미터 만큼 폭이 넓다(폭이 20미터 이다).
这条 马路 二十米

这条 马路 ______ 二十米 ______。
zhè tiáo mǎ lù yǒu èr shí mǐ kuān

잠깐만요!

- 一张床(yì zhāng chuáng) 침대(床) 하나(一张)
  '张 [zhāng]'은 침대(床)를 세는 양사입니다. 침대도 종이와 같이 넓게 펼쳐져 있으므로, '종이'와 같은 양사 '张'을 씁니다.
- 条 [tiáo] 양 가늘고 긴 것을 세는 단위
  一条路(yì tiáo lù) 길(路) 하나(一条)
  这(一)条马路(zhè (yì) tiáo mǎ lù) 이 길 ('一'는 흔히 생략됨)
- 지금은 큰 길(도로)에 차가 다니지만, 옛날에는 교통수단이 말이나 마차였기 때문에 말이 다니는 길이 큰 길이었습니다. 그래서 큰길을 '马路 [mǎ lù] 말이 다니는 길'라고 합니다.

정답 **1.** 宽 **2.** 有, 宽

136

교육용 1800자 / 신HSK 1,4,5급 136.mp3

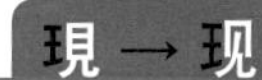

现 xiàn	现(현재) = 王(구슬) + 見(보다) 구슬(王 = 玉)을 본(见) 것은 현재(现 xiàn)이다.	現 지금 **현**
명 **현재, 지금**	现 在 xiàn zài 명 현재, 지금, 이제 现在 几点了 xiàn zài jǐ diǎn le 지금(现在) 몇 시(几点)나 되었지(了)?(了:상태의 변화) 现在 一点半 xiàn zài yì diǎn bàn 지금(现在)은 1시(一点) 반(半)이다.	

● **알맞은 중국어 단어를 써 넣고, 듣고 따라 해 보세요.**

1 나는 지금 아주 바빠.
我 很 忙

我 ___________ 很忙。
wǒ xiàn zài hěn máng

2 지금 몇 시니?
几点

___________ 几点?
xiàn zài jǐ diǎn

잠깐만요!

- '玉'이 단독으로 쓰일 때는 '王' 밑에 점(丶)을 생략할 수 없으나, '구슬 옥 변(玉)'으로 쓰이면 '玉' 밑의 점(丶)을 생략하고 '王'이라고 씁니다. 그래서 옥편 부수색인에도 '구슬 옥 변(玉)'은 4획에 나와 있습니다. '現'의 왼쪽 변은 '王(임금 왕)'변이 아니고 '玉(구슬 옥)'변이니, 혼돈하지 마세요!
- 중국어 문장 끝에 '了'는 과거 시제를 나타내는 것이 아니라 '상태의 변화나, 새로운 상황의 출현'를 나타냅니다.
  下雨了(xià yǔ le)。(비가 안 오다가) 비(雨)가 온다(下~了).
  现在知道了(xiàn zài zhī dao le)。이제(现在) 알겠어요(知道了). (了:상태의 변화)

정답 **1.** 现在 **2.** 现在

马	mǎ	**马(말)** 말이 서있는 모양[ㄱ(머리) + ㄴ(머리 모통) + 亅(다리) + 一 (꼬리)]을 본뜬 글자가 말(马 mǎ)이다.	馬 말 **마**
명 말		**一 匹 马** yì pǐ mǎ 말(马) 한(一) 필(匹), 말 한 마리(匹: 양사) **骑 马** qí mǎ 동 말(马)을 타다(骑) **马 路** mǎ lù 명 큰길, 대로, 한길 **过 马路** guò mǎ lù 큰 길(马路)을 건너다(过) **马马 虎虎** mǎ mǎ hū hū 형 그저 그렇다, 대충하다, 아무렇게나 하다	

● **알맞은 중국어 단어를 써 넣고, 듣고 따라 해 보세요.**

1 네 성적 좋니? 그저 그래.
你 成绩 好吗

你 成绩 好 吗? ________
nǐ chéng jì hǎo ma? mǎ mǎ hū hū

2 이 작은 백말은 정말 귀엽다.
这 小 白 真 可爱

这 ______ 小白 ______ 真可爱。
zhè pǐ xiǎo bái mǎ zhēn kě ài

잠깐만요!

- 过 [guò] (어떤 지점을) 지나가다, 건너다
  过路 [guò lù] 길(路)을 지나가다(过)　　过马路 [guò mǎ lù] 큰 길(马路)을 건너다(过)
  过桥 [guò qiáo] 다리(桥)를 건너다(过)
- 可爱 [kě ài] 귀엽다
  这孩子真可爱(zhè hái zi zhēn kě ài)。이(这) 아이(孩子)는 정말(真) 귀엽다(可爱).

정답 **1.** 马马虎虎 **2.** 匹, 马

138 신HSK 1급 138.mp3 嗎 → 吗

吗	ma	吗(~까) = 口(입) + 马(말) 입(口)으로 말(马)을 말합니까(吗 ma).	嗎 의문조사 **마**
의문조사 ~니? ~ 입니까? ~인가요?		好 吗 hǎo ma 좋(好)니(吗)? 잘(好)있니(吗)? 어때? 你 好吗 nǐ hǎo ma 너(你) 잘(好)지내(吗)? 너 별일 없니(吗)? 您 身体 好吗 nín shēn tǐ hǎo ma 당신(您) 몸(身体)은 건강(好)하세요(吗)? 你 是 韩国人 吗 nǐ shì hán guó rén ma 너(你)는 한국사람(韩国人)이니(是~吗)?	

● **알맞은 중국어 단어를 써 넣고, 듣고 따라 해 보세요.**

1 당신은 요즘 몸이 건강하세요?
您 最近 身体 好

您 最近 身体 好 ______?
nín zuì jìn shēn tǐ hǎo ma

2 우리 함께 영화 보러 갈래, 어때?
我们 一起 电影 看 去

我们 一起去 看电影, __________?
wǒ men yì qǐ qù kàn diàn yǐng hǎo ma

잠깐만요!

- 의문조사 '吗 [ma]'는 실제적 의미는 없고 문법적 기능만 나타내는 허사이기 때문에 짧고 약하게 경성으로 발음합니다.
  是~吗? : ~니(입니까)?
  你是学生吗(nǐ shì xué sheng ma)? 너(你)는 학생(学生)이니(是~吗)?
- 중국어는 우리말 어순과 달리 뒤에서 앞으로 해석해야 합니다.
  去吃饭(qù chī fàn) 밥(饭) 먹으로(吃) 가다(去)
  去看电影(qù kàn diàn yǐng) 영화(电影)를 보러(看) 가다(去)

정답 **1.** 吗 **2.** 好吗

骂 mà

骂(욕하다)
= 口(입) + 口(입) + 马(말)
두 입(口 口)으로 말(马)을 욕하다(骂 mà).

罵 욕할 **매**

통 욕하다, 나무라다, 꾸짖다

骂人 mà rén 통 남(人)을 욕하다(骂)
骂马 mà mǎ 말(马)을 욕하다(骂)
骂人的话 mà rén de huà 사람을 욕하는(骂人的) 말(话), 욕
挨骂 ái mà 통 욕(骂)을 먹다(挨) ('挨'는 피동을 나타냄)

● **알맞은 중국어 단어를 써 넣고, 듣고 따라 해 보세요.**

1 그녀는 늘 부모에게 욕을 먹는다.
她 经常 父母 被

她经常被父母 ______。
tā jīng cháng bèi fù mǔ mà

2 그녀의 엄마는 그녀가 공부를 잘 하지 않는다고 나무라신다.
她 妈妈 她 学习 好好儿 不

她妈妈 ______ 她不好好儿学习。
tā mā ma mà tā bù hǎo hāor xué xí

잠깐만요!

- 동사 '挨 [ái]'는 '~을 받다, ~을 당하다'라는 피동의 의미를 나타냅니다.
  挨饿(ái è) 굶주리다　　挨批评(ái pī píng) 비평(批评)을 받다(挨)
- '被 [bèi]'는 '~에게 …를 당하다'라는 뜻으로 피동을 나타내며, 주로 문어체에 쓰입니다.
  我被妈妈骂了一顿(wǒ bèi mā ma mà le yí dùn)。나(我)는 엄마한테(妈妈) 한바탕(一顿) 욕을 먹었다(혼났다)(被~骂了).

她妈妈(S) 骂(V) 她(O) 不好好儿学习(O·C)。

정답 1. 骂　2. 骂

신HSK 1급 140.mp3 **媽 → 妈**

妈 mā	妈(엄마) = 女(여자) + 马(말) 여자(女) 말(马)을 탄 사람은 엄마(妈 mā)이다.	媽 어미 **마**
명 엄마	妈 妈 mā ma 명 엄마 我 妈妈 wǒ mā ma 내(我) 엄마(妈妈), 우리 엄마(어머니) 大 妈 dà mā 명 큰(大)어머니(妈) (자기 엄마보다 나이 많으신 분의 존칭) 姨 妈 yí mā 명 결혼한 이(姨)모(妈)	

● **알맞은 중국어 단어를 써 넣고, 듣고 따라 해 보세요.**

1 너희 엄마는 안녕하시니?
你 好 吗

你 __________ 好吗?
nǐ mā ma hǎo ma

2 나는 우리 엄마를 사랑한다.
我 爱

我 爱 __________。
wǒ ài wǒ mā ma

잠깐만요!

- '妈妈 [mā ma]'는 '엄마'라는 의미로 주로 회화체에 사용되며, '母亲 [mǔ qīn]'은 '모친, 어머니'라는 뜻으로 주로 문어체에 쓰이지만 가끔 회화체에 쓰여 존경의 의미를 나타내기도 합니다.
  母亲节 [mǔ qīn jié] 어머니날
  我妈妈(wǒ mā ma) 우리(我) 엄마(妈妈) (회화체)
  = 我的母亲(wǒ de mǔ qīn) 나의(我的) 어머니(母亲) (문어체)
- 회화체에서는 '妈妈 [mā ma]'를 줄여서 '妈 [mā]', '爸爸 [bà ba]'를 줄여서 '爸 [ba]'라고 한 글자로 말하기도 합니다. 그래서 아빠, 엄마를 줄여서 '爸妈 [bà mā]'라고도 합니다.
  我爸妈(wǒ bà mā) 우리(我) 아빠 엄마(爸妈)

정답 **1.** 妈妈 **2.** 我妈妈

교육용 1800자 / 신HSK 3급 141.mp3 **騎 → 骑**

骑	qí	骑(말을 타다) = 马(말) + 奇(기이하다) 말(马)을 기이하게(奇: 기이할 기) 타다(骑 qí).	騎 말 탈 **기**

동 (말 · 자전거를) 타다	骑 马 qí mǎ 동 말(马)을 타다(骑) 骑 (自行)车 qí (zì xíng) chē 자전거(自行车)를 타다(骑) 骑 自行车的 人 qí zì xíng chē de rén 자전거를 타는(骑自行车的) 사람(人) 骑 摩托车 qí mó tuō chē 오토바이(摩托车)를 타다(骑)

● **알맞은 중국어 단어를 써 넣고, 듣고 따라 해 보세요.**

1 엄마가 말을 타신다.
妈妈

妈妈 __________ 。
mā ma qí mǎ

2 너 자전거 탈줄 아니?
你 会 ~ 吗

你 会 __________ 吗?
nǐ huì qí zì xíng chē ma

잠깐만요!

- 일반적으로 차를 탄다고 할 때는 동사 '坐 [zuò]'를 씁니다. 하지만 '말 · 자전거 · 오토바이'처럼 두 다리를 벌리고 타야 할 때는 동사 '骑 [qí]'를 씁니다.
  坐车(zuò chē) 차를 타다
  骑自行车(qí zì xíng chē) 자전거를 타다 (줄여서 '骑车 [qí chē]'라고도 함)
- '会 [huì]'는 '배워서 ~할 줄 알다'라는 뜻으로, 가능을 나타냅니다.
  你会骑马吗(nǐ huì qí mǎ ma)? 너(你) 말(马) 탈 줄(会骑) 아니(吗)?
  你会游泳吗(nǐ huì yóu yǒng ma)? 너(你) 수영(游泳) 할 줄(会) 아니(吗)?

정답 **1.** 骑马 **2.** 骑自行车

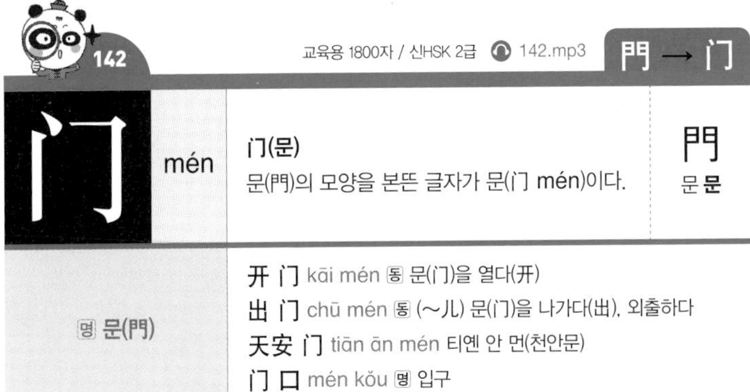

142
교육용 1800자 / 신HSK 2급
142.mp3
門 → 门
门
mén
门(문)
문(門)의 모양을 본뜬 글자가 문(门 mén)이다.
門
문 문
명 문(門)
开 门 kāi mén 동 문(门)을 열다(开)
出 门 chū mén 동 (~儿) 문(门)을 나가다(出), 외출하다
天安 门 tiān ān mén 티엔 안 먼(천안문)
门 口 mén kǒu 명 입구

● **알맞은 중국어 단어를 써 넣고, 듣고 따라 해 보세요.**

1 문 밖에 한 사람이 있다.
外 一个人 有

______ 外 有 一个人。

mén wài yǒu yí ge rén

2 그는 이미 외출했습니다.
他 已经 ~了

他 已经 __________ 了。

tā yǐ jīng chū mén le

잠깐만요!

- 学校门口 [xué xiào mén kǒu] 학교(学校) 입구(앞)(门口)
  学校门口见(xué xiào mén kǒu jiàn)！ 학교 앞(学校门口)에서 보자(见)!
- 已经 [yǐ jīng] ~了 : 이미(已经) ~했다(了: 상태의 변화)
  我已经看了(wǒ yǐ jīng kàn le)。나(我)는 이미(已经) 보았다(看了).
  出门 [chū mén] 문(门)을 나가다(出), 외출하다

정답 **1.** 门 **2.** 出门

 men	们(~들) = 亻(사람) + 门(문) 사람(亻 = 人)이 문(门) 앞에 여럿 있으니 사람들(们 men)이다.	們 들 문
접 들(복수 어미)	我 们 wǒ men 대 (나와 너를 포함한) 우리(我)들(们), 우리 咱 们 zán men 대 (상대는 물론 제 3자를 포함하거나 혹은 친근한 둘 사이의) 우리(들) 你 们 nǐ men 대 너희(你)들(们) 他 们 tā men 대 그(他)들(们) 她 们 tā men 대 그(저)여자(她)들(们) 它 们 tā men 대 그것(저것)(它)들(们) 朋友 们 péng you men 친구(朋友)들(们) 人 们 rén men 사람(人)들(们)	

● **알맞은 중국어 단어를 써 넣고, 듣고 따라 해 보세요.**

1 우리 몇 시에 만나지?
几点 见面

______ 几点 见面?
zán men jǐ diǎn jiàn miàn

2 신사 숙녀 여러분, 안녕하세요(good evening)!
先生 女士 好 晚上

女士 ______ 先生 ______, 晚上 好!
nǚ shì men xiān shēng men wǎn shang hǎo

 **잠깐만요!**

- 복수어미 '们 [men]'은 짧고 약하게 경성으로 발음합니다.
- '咱们 [zán men]'은 회화체에서 연인이나 친한 사이에 '우리 두 사람'의 의미로도 자주 쓰입니다.
- '我们 [wǒ men]'은 상대방을 포함하지 않은 '우리'를 의미할 수도 있지만, '咱们'은 반드시 상대방을 포함하는 '우리'를 의미입니다.
  我们韩国人(wǒ men hán guó rén) 우리 한국 사람
  我们去吃饭，咱们一块儿去吧(wǒ men qù chī fàn, zán men yí kuàr qù ba)。우리들(我们) 밥 먹으러(吃饭) 가는데(去), 우리(咱们) 함께(一块儿) 가자(去吧).

정답 **1.** 咱们 **2.** 们, 们

144 교육용 1800자 / 신HSK 2.5급 144.mp3

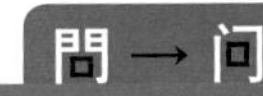

问 wèn	问(묻다) = 门(문) + 口(입) 문(门) 안에서 입(口)으로 묻는다(问 wèn).	問 물을 **문**
동 (모르는 것을) 묻다, (안부를) 묻다	请 问 qǐng wèn 동 말 좀 묻겠습니다, 말씀 좀 여쭙겠습니다 问 题 wèn tí 명 문제, 질문 什么 问题 shén me wèn tí 무슨(什么) 문제(질문)(问题) 问 问题 wèn wèn tí 문제(问题)를 묻다(问), 질문하다 有 问题 yǒu wèn tí 질문(问题)이 있다(有), 문제가 있다 没 问题 méi wèn tí 문제(问题) 없다(没)	

● **알맞은 중국어 단어를 써 넣고, 듣고 따라 해 보세요.**

1 너 무슨 문제(질문) 있니?
你 有吗

你 有 __________ 吗?
nǐ yǒu shén me wèn tí ma

2 저는 선생님에게 질문할(물을) 문제가 아주 많이 있습니다.
我 老师 要 很 多 有

我 有 很多 __________ 要 ______ 老师。
wǒ yǒu hěn duō wèn tí yào wèn lǎo shī

잠깐만요!

- '问题 [wèn tí]'는 '문제'라는 의미 외에 '질문'이라는 의미로도 쓰입니다.
  A: 你有什么问题吗(nǐ yǒu shén me wèn tí ma)? 너(你) 무슨(什么) 문제(질문)(问题) 있니(有~吗)?
  B: 没什么问题(méi shén me wèn tí)。별(什么) 문제(질문)(问题) 없습니다(没).

정답 **1.** 什么问题 **2.** 问题, 问

间 jiān	间(사이/방) = 门(문) + 日(해) 문(门) 안으로 해(日)가 들어오는 사이 방(间 jiān)이다.	間 사이 **간**
명 사이, 속, 안	中 间 zhōng jiān 명 중간	
명 방, 집(실)	房 间 fáng jiān 명 (아파트 · 기숙사 · 호텔의) 방(房) 房间 里 fáng jiān li 방(房间) 안(里) 洗手 间 xǐ shǒu jiān 화장실(wc) (= 卫生间 wèi shēng jiān, 厕所 cè suǒ)	

● **알맞은 중국어 단어를 써 넣고, 듣고 따라 해 보세요.**

1 여기 아직 2개의 방이 있습니다.
这儿 还 两个 有

这儿 还有 两个 ＿＿＿＿＿＿ 。
zhèr hái yǒu liǎng ge fáng jiān

2 그들은 방안에서 과일을 먹으면서 (또 한편으로는) 잡담을 하고 있다.
水果 一边 吃 一边 聊天儿

他们 在 ＿＿＿＿＿＿ 一边 吃水果 一边 聊天儿。
tā men zài fáng jiān li yì biān chī shuǐ guǒ yì biān liáo tiār

잠깐만요!

- 一边~, 一边… [yì biān~, yì biān…] 한편으로 ~하면서, 또다른 한편으로는 …하고 있다
  一边吃饭 一边看书(yì biān chī fàn, yì biān kàn shū)。밥 먹으면서(一边吃饭) 책을 보다(一边看书).
- 聊天儿 [liáo tiār] 잡담하다, 수다 떨다

정답 **1.** 房间 **2.** 房间里

jiǎn

简(간단/단순)
= 竹(대나무) + 间(사이)
대(竹)나무 아래 간격(间)은 간단(简 jiǎn)하다.

簡
간단할 **간**

형 (구조가) 간단하다, 단순하다, (사용 · 이해 등이) 쉽다

简 单 jiǎn dān 형 간단하다
非常 简单 fēi cháng jiǎn dān 아주(非常) 간단하다(简单)
简单的 问题 jiǎn dān de wèn tí 간단한(简单的) 문제(问题)
简单的 事情 jiǎn dān de shì qing 간단한(简单的) 일(事情)

● 알맞은 중국어 단어를 써 넣고, 듣고 따라 해 보세요.

1 이 문제는 아주 간단하다.
这个 问题 很

这个 问题 很 ________ 。
zhè ge wèn tí hěn jiǎn dān

2 이것은 하나의 아주 간단한 문제 이다.
这 一个 问题 是

这是 一个 ________ 的 问题。
zhè shì yí ge fēi cháng jiǎn dān de wèn tí

잠깐만요!

- '不简单(bù jiǎn dān)'은 '간단하지(简单) 않다(不)', 즉 '대단하다, 굉장하다'라는 의미입니다.
  真不简单(zhēn bù jiǎn dān) 정말(真) 대단하다(不简单), 굉장하다
  他会说三种语言，真不简单(tā huì shuō sān zhǒng yǔ yán, zhēn bù jiǎn dān)。그(他)가 3개 국어(三种语言)를 할 줄 알다니(会说), 정말 대단하다(真不简单).

정답 1. 简单 2. 非常简单

147

교육용 1800자 / 신HSK 2급 147.mp3

yú

鱼(물고기)

물고기의 모양[머리(⺈) + 몸통(田) + 지느러미(一)]을 본뜬 글자가 물고기(鱼 yú)이다.

魚
물고기 **어**

명 물고기

一条 鱼 yì tiáo yú 물고기(鱼) 한 마리(一条)
小 鱼 xiǎo yú 명 작은(小) 물고기(鱼)
金 鱼 jīn yú 명 금(金)붕어(鱼)
鲸 鱼 jīng yú 명 고래
钓 鱼 diào yú 동 물고기(鱼)를 낚다(钓), 낚시질하다
鱼香 肉丝 yú xiāng ròu sī [음식명] 위샹 러우 쓰(어향육사)

● **알맞은 중국어 단어를 써 넣고, 듣고 따라 해 보세요.**

1 이 작은 물고기는 정말 예쁘다.
这 真 好看

这 ＿＿＿＿＿ 真 好看。
zhè xiǎo yú zhēn hǎo kàn

2 '위샹 러우 쓰(어향육사)' 하나 주세요.
一个 来

来 一个 ＿＿＿＿＿。
lái yí ge yú xiāng ròu sī

잠깐만요!

• '鱼香肉丝 [yú xiāng ròu sī]'는 중국 사천 요리의 하나입니다. '鱼香 [yú xiāng]'은 우리의 탕수육과 비슷한 맛이 나는 '소스 이름'이고, '肉'는 돼지고기이며, '丝 [sī]'는 가늘게 채 썬 것을 말합니다. 그래서 '鱼香肉丝 [yú xiāng ròu sī]'는 '돼지고기를 채 썰어 볶은 후 향긋한 어향(鱼香) 소스를 넣은 요리'라는 뜻입니다.(중국 요리 명 속의 '肉'은 모두 돼지고기를 뜻합니다.)

• '来 一个 [lái yí ge]'는 '~요리 하나(一个) 주세요(来)!'라는 뜻으로, 식당에서 요리를 주문할 때 흔히 쓰는 표현입니다.
来一个麻婆豆腐(lái yí ge má pó dòu fu)。마파떠우푸(마파두부(麻婆豆腐)) 하나(一个) 주세요(来).

정답 **1.** 小鱼 **2.** 鱼香肉丝

148

신HSK 5급 148.mp3

鮮 → 鲜

鲜 xiān	鲜(신선하다) = 鱼(물고기) + 羊(양) 물고기(鱼) 옆에 양(羊)이 있으니 신선(鲜 xiān)하다.	鮮 고울 **선** 선명할 **선**
형 (식품이) 신선(新鲜)하다, 싱싱하다	新 鲜 xīn xiān 형 (식품이) 신선하다, 싱싱하다 鲜 花 xiān huā 명 신선한(鲜) 꽃(花), 생화(生花) 鲜 红色 xiān hóng sè 명 선(鲜)홍색(红色), 주홍색 鲜 艳 xiān yàn 형 산뜻하고(鲜) 아름답다(艳), 화려하다	

● **알맞은 중국어 단어를 써 넣고, 듣고 따라 해 보세요.**

1 토마토는 신선합니까, 신선하지 않습니까?(토마토 신선한가요?)
西红柿 不

西红柿 ________ 不 ________?
xī hóng shì xīn xiān bù xīn xiān

2 그녀는 색깔이 산뜻하고 아름다운(화려한) 민족의상을 입고 있다.
她 色彩 民族服装 穿着

她 穿着 色彩 ________ 的民族服装。
tā chuān zhe sè cǎi xiān yàn de mín zú fú zhuāng

잠깐만요!

- '생화'는 우리 한자어로는 '生花'라고 쓰나, 중국어로는 '鲜花 [xiān huā]'라고 쓰며 '신선한(鲜) 꽃(花)', 즉 '생화'라는 뜻입니다. '조화(造花)'는 '假花 [jiǎ huā]'라고 쓰며 '가짜(假)꽃(花)'이라는 뜻입니다.
鲜花店 [xiān huā diàn] 꽃(鲜花) 가게(店), 꽃집

정답 **1.** 新鲜, 新鲜 **2.** 鲜艳

교육용 1800자 / 신HSK 3급 149.mp3 **鳥 → 鸟**

鸟 niǎo	**鸟(새)** 앉아 있는 새(鳥)의 모양을 본뜬 글자가 새(鸟 niǎo)이다.	**鳥** 새 조
명 새	一只 鸟 yì zhī niǎo 새(鸟) 한(一) 마리(只) 小 鸟 xiǎo niǎo 작은(小) 새(鸟) 什么 鸟 shén me niǎo 무슨(어떤)(什么) 새(鸟) 鸟 巢 niǎo cháo 명 새(鸟) 집(巢), 새둥지	

● **알맞은 중국어 단어를 써 넣고, 듣고 따라 해 보세요.**

1 작은 새가 지저귄다.
叫

__________ 叫。
xiǎo niǎo jiào

2 나무 위에 새 한 마리가 있다.
树上 有

树上 有 __________。
shù shang yǒu yì zhī niǎo

잠깐만요!

- 동물이 '짖다', 새가 '지저귀다'라고 할 때의 동사는 '叫 [jiào]'를 씁니다.
  狗叫(gǒu jiào) 개(狗)가 짖다(叫).
  鸟叫(niǎo jiào) 새(鸟)가 지저귄다(叫).
  鸟在树上叫(niǎo zài shù shang jiào)。 새(鸟)가 나무(树) 위에서(上) 지저귄다(叫).

정답 **1.** 小鸟 **2.** 一只鸟

150

jī

鸡(닭)
= 又(또) + 鸟(새)
또(又: 또 우) 새(鸟)를 잡은 것은 닭(鸡 jī)이었다.

鷄
닭 **계**

명 닭

鸡 蛋 jī dàn 명 계란, 달걀
鸡 肉 jī ròu 명 닭(鸡)고기(肉)
小 鸡 xiǎo jī 명 작은(小) 닭(鸡), 병아리
母 鸡 mǔ jī 명 암(母)탉(鸡)
公 鸡 gōng jī 명 수(公)탉(鸡)
肯德基 kěn dé jī 명 '肯德基家乡鸡(켄터키프라이드치킨)' 줄임말, KFC

● **알맞은 중국어 단어를 써 넣고, 듣고 따라 해 보세요.**

1 계란 한 근에 얼마예요?
一斤 多少钱

__________ 多少钱 一斤?
jī dàn duō shao qián yì jīn

2 나는 어제 슈퍼에서 계란 3근을 샀다.
我 昨天 在超市 买了

我 昨天 在超市 买了 __________。
wǒ zuó tiān zài chāo shì mǎi le sān jīn jī dàn

잠깐만요!

- 중국은 우리와 달리 '계란'이나 '과일'을 모두 근(斤) 으로 팝니다. 중국에서 1근(斤)은 제품에 관계없이 모두 500g입니다. 'kg'은 '公斤 [gōng jīn]'이라 합니다.
  多少钱一斤(duō shao qián yī jīn)? 한 근에 얼마예요?
  = 一斤多少钱 (yī jīn duō shao qián)?
  위의 두 문장 모두 "한 근에 얼마예요?" 라는 의미입니다. 단 "多少钱一斤?"은 '얼마(多少钱)'라는 돈에 중점을 둔 것이고, "一斤多少钱?"은 '한 근(一斤)'에 중점을 둔 말입니다. 다시 말해 전자는 '돈'에 중점을 둔 말이고, 후자는 '무게'에 중점을 둔 표현으로 전자의 표현을 더 많이 씁니다.

정답 **1.** 鸡蛋 **2.** 三斤鸡蛋

확인문제 | 118-150

1. 밑줄 친 중국어 한자의 발음과 성조를 쓰시오.

❶ 赌场 → _____ chǎng ❷ 公共汽车 → gōng gòng qì _____

❸ 下载 → xià _____ ❹ 见面 → _____ miàn

❺ 圆脸 → _____ liǎn ❻ 服务员 → fú wù _____

❼ 钓鱼 → diào _____ ❽ 新鲜 → xīn _____

❾ 比赛 → bǐ _____ ❿ 百货商店 → bǎi _____ shāng diàn

2. 다음 중국어 발음에 해당하는 중국어 한자를 보기에서 골라 ____에 써 넣고, 전체의 뜻을 (   )에 써 넣으시오.

보기 员 赌 鱼 货 鲜 赛 车 载 圆 见

❶ _____(dǔ) 场 → _________ ❷ 百 _____(huò) 大楼 → _________

❸ 售货 _____(yuán) → _________ ❹ 一场比 _____(sài) → _________

❺ 出租汽 _____(chē) → _________ ❻ 下 _____(zǎi) → _________

❼ _____(xiān) 花 → _________ ❽ _____(yuán) 脸 → _________

❾ 一条 _____(yú) → _________ ❿ _____(jiàn) 面 → _________

정답 1. ❶ dǔ ❷ chē ❸ zǎi ❹ jiàn ❺ yuán ❻ yuán ❼ yú ❽ xiān ❾ sài ❿ huò 2. ❶ 赌 / 카지노, 도박장 ❷ 货 / 백화점 ❸ 员 / 판매원 ❹ 赛 / 한 경기의 시합 ❺ 车 / 택시 ❻ 载 / 다운로드하다 ❼ 鲜 / 생화 ❽ 圆 / 둥근 얼굴 ❾ 鱼 / 물고기 한 마리 ❿ 见 / 만나다

03 한국어 한자(정자)의 **특정 부수**가 간략하게 바뀐 현대중국어 한자(간체자)

❶ 𦰩 → 又	❷ 僉 → 佥	❸ 戠 → 只	❹ 戔 → 戋	❺ 𦥯 → ⺍

❶ 漢 → 汉　難 → 难
❷ 臉 → 脸　險 → 险
❸ 識 → 识　職 → 职
❹ 錢 → 钱　綫 → 线
❺ 學 → 学　覺 → 觉

교육용 1800자 / 신HSK 1급 151.mp3

漢 → 汉

汉 hàn	汉(한나라, 한족) = 氵(물) + 又(또) 물(氵) 또(又: 또 우)한 많은 민족이 한족(汉 hàn) 이다.	漢 한나라 **한**
명 한나라, 한족	汉 语 hàn yǔ 명 한족(漢族)의 언어(言語), 중국어	
명 한어(중국어)	学习 汉语 xué xí hàn yǔ 중국어(汉语)를 공부하다(学习)	
명 한자	汉 字 hàn zì 명 한자 (汉语를 기록한 文字) 汉堡 包 hàn bǎo bāo 명 [음역어] 햄버거	

● **알맞은 중국어 단어를 써 넣고, 듣고 따라 해 보세요.**

1 선생님은 나에게 한자를 가르치신다.
老师 我 教

老师 教 我 ________。
lǎo shī jiào wǒ hàn zì

2 나는 햄버거가 먹고 싶다.
我 想吃

我 想吃 ________。
wǒ xiǎng chī hàn bǎo bāo

잠깐만요!

- 주어 + 教 + IO + DO : ~에게 …을 가르치다
  他教我汉语，我教他韩语(tā jiào wǒ hàn yǔ, wǒ jiào tā hán yǔ)。그(他)는 나(我)에게 중국어(汉语)를 가르치고(教), 나(我)는 그(他)에게 한국어(韩语)를 가르친다(教).
- 汉堡包 [hàn bǎo bāo] 햄버거(줄여서 '汉堡 [hàn bǎo]'라고도 함)
  吉士 汉堡包 [jí shì hàn bǎo bāo] 치즈(吉士) 햄버거(汉堡包)
  香辣 鸡褪 汉堡 [xiāng là jī tuǐ hàn bǎo] 향긋하고(香) 매콤한(辣) 닭(鸡)다리(褪) 햄버거(汉堡)

정답 **1.** 汉字 **2.** 汉堡包

难 nán nàn	难(어렵다) = 又(또) + 隹(새) 또(又: 또 우) 새(隹: 새 추)가 지저귀니 잠자기 어렵다(难 nán).	難 어려울 **난**
[nán] 형 어렵다, 곤란하다, 힘들다	太 难 了 tài nán le 너무(太) 어렵다(难). (太 ~了: 너무 ~하다) 困 难 kùn nan 형 곤란(困难)하다, 어렵다 难 过 nán guò 형 (마음이) 괴롭다, (생활이) 힘들다 心里 难过 xīn li nán guò 마음이(心里) 괴롭다(难过) 日子 难过 rì zi nán guò 생활이(살아가기)(日子) 힘들다(难过)	
형 좋지 않다, 흉하다	难 听 nán tīng 형 듣기(听) 좋지 않다(싫다)(难) 难 看 nán kàn 형 보기(看) 흉하다(难)	
[nàn] 명 재난	灾难 zāi nàn 명 재난	

● 알맞은 중국어 단어를 써 넣고, 듣고 따라 해 보세요.

1 이 문제는 너무 어렵다.
这个 问题

这个 问题 ________。
zhè ge wèn tí tài nán le

2 할머니가 돌아가셨다는 소식을 듣고, 나는 마음이 무척 괴로웠다.
奶奶 去世 消息 听到 我 心里 很

听到 奶奶去世 的消息，我心里 很 ________。
tīng dào nǎi nai qù shì de xiāo xi wǒ xīn lǐ hěn nán guò

잠깐만요!

- 日子 [rì zi] 명 시간, 날짜, 생활, 살림　　过日子(guò rì zi) 생활(日子)하다(过)
  日子过得真快(rì zi guò de zhēn kuài)。 시간(日子)이 정말(真) 빨리 지나간다(过得快).
- 奶奶 [nǎi nai] 명 할머니　　消息 [xiāo xi] 명 소식
  去世 [qù shì] 동 [경어] 세상(世)을 떠나다(去), 돌아가시다
  听到 [tīng dào] 들었다 ('到'는 앞 동사의 목적의 달성을 나타내는 보어)
  买到(mǎi dào) 샀다　　找到(zhǎo dào) 찾았다

정답 1. 太难了 2. 难过

신HSK 3급 153.mp3 **臉 → 脸**

脸 liǎn	**脸(얼굴)** **= 月(살) + 佥(모두)** 살(月 = 肉)이 모두(佥 : 모두 첨) 얼굴(脸 liǎn)에 붙었다.	**臉** 뺨 **검**
명 얼굴	**一张 脸** yì zhāng liǎn 얼굴(脸) 하나(一张) **洗 脸** xǐ liǎn 동 얼굴(脸)을 씻다(洗), 세수하다 **笑 脸** xiào liǎn 명 웃는(笑) 얼굴(脸) **脸 红** liǎn hóng 얼굴(脸)이 붉어지다(红)	

● **알맞은 중국어 단어를 써 넣고, 듣고 따라 해 보세요.**

1 그림 속에 8개의 얼굴이 있는데, 너 찾을 수 있겠니?
画 里 有 你 找到 能~吗

画里 有 __________， 你能 找到 吗?
huà lǐ yǒu bā zhāng liǎn nǐ néng zhǎo dào ma

2 너 뭘 보고 있니(보니)? 내(나의) 얼굴(위)에 뭐가 있니(묻었니)?
你 什么 在看 我的 有什么东西吗

你 在 看什么? 我的 __________ 有 什么东西 吗?
nǐ zài kàn shén me wǒ de liǎn shàng yǒu shén me dōng xi ma

잠깐만요!

- '脸 [liǎn]'의 왼쪽 변은 '달월 변(月)'이 아니라 '육달월 변(月=肉)'입니다. '月(달 월)'은 단독으로 쓰일 때는 '달(月)'이라는 뜻이고, 쓸 때도 좀 통통하게 씁니다. 하지만 부수인 '육달월 변(月 = 肉)'으로 쓰이면 신체와 관련(뇌 · 가슴 · 발 · 다리)이 있고, 쓸 때도 좀 날씬하게 씁니다.
- 얼굴은 종이처럼 넓적하므로 얼굴(脸 [liǎn])에 대한 양사는 종이와 같은 '张 [zhāng]'을 씁니다. 우리 한자어는 '얼굴'을 '颜(얼굴 안)'이라 쓰지만, 현대중국어에서는 '脸 [liǎn]'이라 쓰니 주의하세요!
  一张纸(yì zhāng zhǐ) 종이 한 장
  一张脸(yì zhāng liǎn) 얼굴 하나

정답 **1.** 八张脸 **2.** 脸上

교육용 1800자 / 신HSK 4.5급  154.mp3

险 xiǎn	险(위험하다) = 阝(언덕) + 佥(모두) 언덕(阝 = 阜 : 언덕 부)은 모두(佥 : 모두 첨) 위험(险 xiǎn)하다.	險 험할 **험** 높을 **험**
명 형 위험(하다)	危 险 wēi xiǎn 명 형 위험(하다) 冒 险 mào xiǎn 동 위험(险)을 무릅쓰다(冒), 모험하다	
명 보험	保 险 bǎo xiǎn 명 보험 保险 公司 bǎo xiǎn gōng sī 명 보험(保险)회사(公司)	

● **알맞은 중국어 단어를 써 넣고, 듣고 따라 해 보세요.**

1 저쪽은 위험하니, 지나가지 마세요.
那边 过去 别~了

那边 ________，别 过去 了。
nà biān wēi xiǎn bié guò qù le

2 많은 사람들이 모두 사회보험에 참여했다(가입했다).
很多人 都 社会 参加了

很多人 都 参加了 社会 ________。
hěn duō rén dōu cān jiā le shè huì bǎo xiǎn

★ 잠깐만요!

- 参加保险(cān jiā bǎo xiǎn) 보험(保险)에 가입하다(参加)
- 别[bié] ~了 [le] : 더 이상 ~하지 마세요
  别吃了(bié chī le)。(더 이상) 먹지 마라.
  别看了(bié kàn le)。(더 이상) 보지 마라.
  别来了(bié lái le)。(더 이상) 오지 마라.

정답 **1.** 危险 **2.** 保险

155

교육용 1800자 / 신HSK 1,4급 155.mp3

識 → 识

shí

识(사람/글자/길을 알다)
= 讠(말) + 只(단지)
말(言 → 讠)로 만(只: 다만 지) 안다(识 shi)고 한다.

識
알 식

동 알다, 식별하다

认 识 rèn shi 동 (사람 · 글자 · 길을) 알다
相 识 xiāng shí 동 서로(相) 알다(识)
知 识 zhī shi 명 지식(知識)
识 别 shí bié 동 식별(識別)하다, 가려내다

● 알맞은 중국어 단어를 써 넣고, 듣고 따라 해 보세요.

1 너는 그를 아니?
你 他

你 ________ 他 吗?
nǐ rèn shi tā ma

2 지식이 곧 힘 이다. (아는 것이 힘이다.)
就 力量 是

________ 就是 力量。
zhī shí jiù shì lì liang

잠깐만요!

• '力量 [lì liang]'은 '힘'이라는 뜻으로 문어체에 주로 쓰이며, 회화체에서는 '力气 [lì qi]'를 씁니다. 우리 한자어는 힘을 '力(힘 력)'라고 쓰지만, 현대중국어에서는 '力气 [lì qi]'라고 두 글자로 쓰니 주의하세요!
他力气大(tā lì qi dà)。그는 힘(力气)이 세다(大).

정답 1. 认识 2. 知识

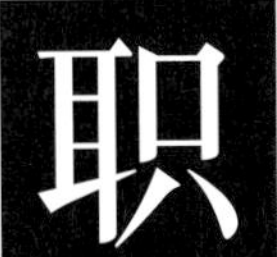

zhí

职(직무)
= 耳(귀) + 只(단지)
귀(耳)로 만(只: 다만 지) 듣는 직무(职 zhí)이다.

職
벼슬 **직**

명 **직무, 직책, 직위**

职 员 zhí yuán 명 (기관 · 기업체의) 직원(職員)
公司 职员 gōng sī zhí yuán 회사(公司) 직원(职员), 사원
职 业 zhí yè 명 직업 형 직업적인, 프로의
职业 运动员 zhí yè yùn dòng yuán 프로(职业) 운동선수(运动员)

● **알맞은 중국어 단어를 써 넣고, 듣고 따라 해 보세요.**

1 그들은 모두 회사 직원(사원)이다.
他们 都 是

他们 都是 ＿＿＿＿＿＿。
tā men dōu shì gōng sī zhí yuán

2 그는 한 명의 프로 운동선수이다.
他 一名 是

他 是 一名 ＿＿＿＿＿＿。
tā shì yì míng zhí yè yùn dòng yuán

잠깐만요!

- "그들은 모두 회사원이다."라는 문장을 영어로는 "They are all office workers."라 하여 수의 일치(all → workers)를 해야 하나, 현대중국어는 '수'의 일치를 하지 않습니다.
  他们都是公司职员。(O) 그들은 모두 회사 직원입니다.
  他们都是公司职员们。(X)
  我们都是学生(O)。우리는 모두 학생입니다(We are all students).
  我们都是学生们(X)。

정답 **1.** 公司职员 **2.** 职业运动员

157 교육용 1800자 / 신HSK 1급 157.mp3

钱 qián	钱(돈) = 钅(쇠) + 戋(쌓이다) 쇠(金 → 钅: 쇠 금)가 쌓이면(戋: 쌓일 전) 돈(钱 qián)이 된다.	錢 돈 **전**
명 돈	金钱 jīn qián 명 금전, 돈 换钱 huàn qián 동 돈(钱)을 바꾸다(换), 환전(換錢)하다 零钱 líng qián 명 잔(零) 돈(钱) 本钱 běn qián 명 본(本)전(钱), 원금 钱包 qián bāo 명 돈(钱)지갑(包)	

● 알맞은 중국어 단어를 써 넣고, 듣고 따라 해 보세요.

1 얼마의 돈이에요(얼마에요)?
多少

多少 ______?
duō shao qián

2 너 잔돈 있니?
你 有~吗

你有 __________ 吗?
nǐ yǒu líng qián ma

잠깐만요!

• '金钱 [jīn qián]'은 '금전, 돈'이라는 뜻으로 주로 서면어에 쓰이며, 구어체에서는 '钱 [qián]'을 씁니다.
时间就是金钱(shí jiān jiù shì jīn qián)。시간(时间)은 바로(就) 돈(金钱)이다(是).
你有多少钱(nǐ yǒu duō shao qián)? 너(你) 돈(钱) 얼마(多少) 있니(有)?

정답 1. 钱 2. 零钱

xiàn

线(선)
= 纟(실) + 戋(쌓이다)
실(纟)이 쌓이면(戋: 쌓일 전) 선(线 xiàn)이 된다.

綫
실 **선**

명 **실, 선, 교통 노선**

毛 线 máo xiàn 명 털(毛)실(线)
光 线 guāng xiàn 명 광(光)선(线), 빛
路 线 lù xiàn 명 노(路)선(线)
线 索 xiàn suǒ 명 실마리, 단서

● **알맞은 중국어 단어를 써 넣고, 듣고 따라 해 보세요.**

1 털옷은 털실로 짠 웃옷 이다.
毛衣 用织成的上衣 是

毛衣 是 用 __________ 织成的 上衣。
máo yī shì yòng máo xiàn zhī chéng de shàng yī

2 나는 매일 지하철 4호선을 타고 출근한다.
我 每天 地铁 四号 坐 上班

我 每天 坐地铁四号 ______ 上班。
wǒ měi tiān zuò dì tiě sì hào xiàn shàng bān

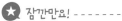

- 织 [zhī] 동 (털옷을) 짜다, 뜨개질하다
  织毛衣(zhī máo yī) 털옷(毛衣)을 짜다(织)
  用毛线织毛衣(yòng máo xiàn zhī máo yī)。털실(毛线)로(用) 털옷(毛衣)을 짜다(织).

毛衣 [máo yī] 명 털(毛)옷(衣), 스웨터(sweater)

정답 **1.** 毛线 **2.** 线

교육용 1800자 / 신HSK 1.4.5급 159.mp3

學 → 学

学	xué	学(배우다) = 丶 丶(점 점) + 字(글자) 점점(丶 丶)이 붙은 글자(字)를 배운다(学 xué).	學 배울 **학**
동 배우다		学 习 xué xí 동 배우다, 공부하다 学 生 xué sheng 명 학생	
명 학교		学 校 xué xiào 명 학교 学 院 xué yuàn 명 단과대학(college)	

● **알맞은 중국어 단어를 써 넣고, 듣고 따라 해 보세요.**

1 그녀는 공부하는 것을 무척 좋아한다.
她 很爱

她 很爱 ________。
tā hěn ài xué xí

2 그는 지금 학교에서 수업하고 있다.
他 现在 在 上课

他 现在 在 ________ 里 上课。
tā xiàn zài zài xué xiào li shàng kè

잠깐만요!

- 중국어에서 '学院 [xué yuàn]'은 우리말 한자어의 '학원(學院)'이 아니라 '단과대학(college)'이라는 뜻입니다.

文学院 [wén xué yuàn] 문과 대학　　商学院 [shāng xué yuàn] 상과 대학
法学院 [fǎ xué yuàn] 법과 대학　　汉语学院 [hàn yǔ xué yuàn] 중국어(汉语) 대학(学院)

정답 **1.** 学习 **2.** 学校

160 교육용 1800자 / 신HSK 2급 160.mp3

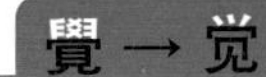

覺 → 觉

觉 jué

觉(느끼다/생각하다)
= 丶丶丿(점 점 점) + 冖(집) + 见(보다)
점 점 점(丶丶丿)이 붙은 집(冖) 아래를 보고 (见) 느끼다/생각하다(觉 jué).

覺
깨달을 **각**

동 (주관적으로) ~라고 느끼다, 생각하다

觉得 jué de 동 (주관적으로) ~라고 느끼다, 생각하다
感觉 gǎn jué 명 느낌 동 느끼다
视觉 shì jué 명 시각
觉悟 jué wù 동 깨닫다, 자각하다

● **알맞은 중국어 단어를 써 넣고, 듣고 따라 해 보세요.**

1 너는 중국어가 어렵다고 생각하니?
你 汉语 难 吗

你 __________ 汉语 难 吗?
nǐ jué de hàn yǔ nán ma

2 이 옷을 입으면 아주 편한 느낌이 든다.
这 衣服 穿 很 舒服

穿 这件衣服 __________ 很舒服。
chuān zhè jiàn yī fu gǎn jué hěn shū fú

잠깐만요!

- '感觉 [gǎn jué]'는 명사와 동사, 2가지 품사로 쓰입니다.
  我重视感觉(wǒ zhòng shì gǎn jué)。나(我)는 느낌(感觉)을 중시한다(重视).
  穿这件衣服感觉很舒服(chuān zhè jiàn yī fu gǎn jué hěn shū fú)。이 옷(这件衣服)은 입으면(穿) 느낌이(觉) 아주(很) 편안하다(舒服).
- 感觉(동사)+到(결과보어)+목적어(명사)
  我去过三次中国，每(一)次都能感觉到新的变化(wǒ qù guò sān cì zhōng guó, měi (yí) cì dōu néng gǎn jué dào xīn de biàn huà)。나(我)는 중국(中国)에 3번(三次) 가 봤는데(去过), 갈 때마다(每一次) 모두(都) 새로운(新的) 변화(变化)를 느낄 수 있었다(能感觉到).

정답 **1.** 觉得 **2.** 感觉

확인문제 | 151-160

1. 밑줄 친 중국어 한자의 발음과 성조를 쓰시오.

❶ 汉 语 → _____ yǔ　　❷ 困 难 → kùn _____

❸ 洗 脸 → xǐ _____　　❹ 危 险 → wēi _____

❺ 认 识 → rèn _____　　❻ 职 员 → _____ yuán

❼ 换 钱 → huàn _____　　❽ 毛 线 → máo _____

❾ 学 习 → _____ xí　　❿ 觉 得 → _____ de

2. 다음 중국어 발음에 해당하는 중국어 한자를 보기에서 골라 ____에 써 넣고, 전체의 뜻을 (　　)에 써 넣으시오.

보기	学	汉	觉	难	钱	脸	险	线	职	识

❶ _____(hàn) 堡包 → __________　　❷ _____(nán) 看 → __________

❸ 一张 _____(liǎn) → __________　　❹ 保 _____(xiǎn) → __________

❺ 知 _____(shi) → __________　　❻ _____(zhí) 业 → __________

❼ _____(qián) 包 → __________　　❽ 路 _____(xiàn) → __________

❾ _____(xué) 院 → __________　　❿ 感 _____(jué) → __________

정답　1. ❶ hàn ❷ nan ❸ liǎn ❹ xiǎn ❺ shi ❻ zhí ❼ qián ❽ xiàn ❾ xué ❿ jué　2. ❶ 汉 / 햄버거 ❷ 难 / 못생기다, 보기 싫다 ❸ 脸 / 얼굴 하나 ❹ 险 / 보험 ❺ 识 / 지식 ❻ 职 / 직업 ❼ 钱 / 돈지갑 ❽ 线 / 노선 ❾ 学 / 단과 대학 ❿ 觉 / 감각, 느낌

• MEMO •

01 한국어 한자(정자)의 **오른쪽 부분**이 간략하게 바뀐 현대중국어 한자(간체자) : 27자

02 한국어 한자(정자)의 **왼쪽 부분**이 간략하게 바뀐 현대중국어 한자(간체자) : 8자

03 한국어 한자(정자)의 **윗부분**이 간략하게 바뀐 현대중국어 한자(간체자) : 8자

04 한국어 한자(정자)의 **아랫부분**이 간략하게 바뀐 현대중국어 한자(간체자) : 11자

05 한국어 한자(정자)의 **중간 부분**이 간략하게 바뀐 현대중국어 한자(간체자) : 2자

06 한국어 한자(정자)의 **안 부분**이 간략하게 바뀐 현대중국어 한자(간체자) : 10자

07 한국어 한자(정자)의 **바깥 부분**이 간략하게 바뀐 현대중국어한자(간체자) : 1자

08 한국어 한자에서 **점(丶/')**만 생략된 현대중국어 한자(간체자) : 2자

셋째마당

한국어 한자(정자)의 일부가 간략하게 바뀐 현대중국어 한자(간체자)

셋째마당에서는 한국어 한자(정자)의 일부가 간략하게 바뀐 현대중국어 한자(간체자) 69자를 8가지 유형으로 분류하여 알아보겠습니다.

01 한국어 한자(정자)의 **오른쪽 부분**이 간략하게 바뀐 현대중국어 한자(간체자)

這 → 这	進 → 进	送 → 送
還 → 还	邊 → 边	遠 → 远
運 → 运	過 → 过	遲 → 迟
適 → 适	襯 → 衬	襪 → 袜
補 → 补	極 → 极	樓 → 楼
橋 → 桥	槍 → 枪	隊 → 队
隨 → 随	塊 → 块	掃 → 扫
種 → 种	價 → 价	湯 → 汤
彈 → 弹	礎 → 础	獨 → 独

161

신HSK 1급 161.mp3

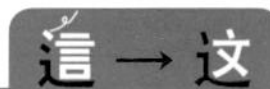

这	zhè	这(이/이것/이 사람) = 文(글) + 辶(가다) 걸어가며(辶) 글(文: 글월 문)을 보는 것은 이것(这 zhè)이다.	這 이 **저**
대 이, 이것		这 个 zhè ge 대 이, 이것 这 些 zhè xiē 대 이것(这)들(些) 这儿 zhèr 대 여기, 이곳 (= 这里 zhè lǐ) 这 样 zhè yàng 이렇게	
대 이 사람, 이 분		这 位 zhè wèi 이 분	

● **알맞은 중국어 단어를 써 넣고, 듣고 따라 해 보세요.**

1 너도 이렇게 할 수 있니?
你也 会~吗

你也 会 ＿＿＿＿＿ 吗?
nǐ yě huì zhè yàng ma

2 이 분은 우리 선생님 입니다.
我们 老师 是

＿＿＿＿＿ 是 我们的 老师。
zhè wèi shì wǒ men de lǎo shī

잠깐만요!

- 중국어는 영어와 마찬가지로 존칭어가 발달되어 있지 않습니다. 예를 들어 "이 분은 저희 엄마입니다"를 중국어로 하면 "这是我妈妈(This is my mother.)"라고 합니다.
- 우리 엄마, 아빠는 나만의 엄마, 아빠이므로 '我妈妈(我妈), 我爸爸(我爸)'라 하나, 선생님은 우리들 모두의 선생님이므로 '我们的老师(우리 선생님)'이라 한 것입니다. 여기서 '的(~의)'는 '소유'를 나타냅니다. 엄마, 아빠는 당연히 자신의 엄마, 아빠이므로 소유의 '的'를 붙이지 않아도 됩니다.

정답 1. 这样 2. 这位

162

교육용 1800자 / 신HSK 2급 162.mp3

 进	jìn	进(들어오다/ 들어가다) = 井(우물) + 辶(가다) 우물(井: 우물 정)에 나갔다(辶) 들어온다(进 jìn).	進 나아갈 **진**
동 들어가다, 들어오다		**请 进!** qǐng jìn 들어오(进)세요(请)! **进 来** jìn lái 동 들어(进)오다(来) **进 去** jìn qù 동 들어(进)가다(去) **走 进** zǒu jìn 걸어(走) 들어오다(가다)(进)	

● **알맞은 중국어 단어를 써 넣고, 듣고 따라 해 보세요.**

1 들어와, 괜찮아.

__________ 吧，没关系。

jìn lái ba méi guān xi

2 나는 그가 교실로 걸어 들어가는 것을 보았다.

我 他 教室 看见

我 看见 他 __________ 教室了。

wǒ kàn jiàn tā zǒu jìn jiào shì le

 잠깐만요!

- '来 [lái]'는 나한테 가까워지는 경우에 쓰이며, '去 [qù]'는 나로부터 멀어지는 경우에 쓰입니다.
- 招财进宝(招財進寶) [zhāo cái jìn bǎo] [성어] 재물(財)을 불러오고(招), 보배(寶)가 들어온다(进), 재운(財運)을 불러오다 ('재물이 많이 들어오라'는 의미로 중국의 영업점에서 많이 볼 수 있음)

정답 **1.** 进来 **2.** 走进

163

교육용 1800자 / 신HSK 2급 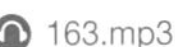 163.mp3 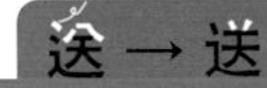

送 sòng	送(선물을 주다/바래다주다) = 关(빗장) + 辶(가다) 빗장(关: 빗장 관)을 열고 가서(辶) 선물을 주다/사람을 바래다주다(送 sòng).	送 보낼 **송**
동 보내다, 주다, 선물하다	送来 sòng lái 보내(送) 오다(来) 送礼物 sòng lǐ wù 선물(礼物)을 주다(送), 선물하다	
동 전송하다, 데려다주다	送她回家 sòng tā huí jiā 그녀(她)를 집까지(回家) 바래다주다(送)	

● **알맞은 중국어 단어를 써 넣고, 듣고 따라 해 보세요.**

1 그에게 무슨 선물을 주면(무엇을 선물하면) 좋지?
他 什么 礼物 好呢

______ 他 什么礼物 好呢?
sòng tā shén me lǐ wù hǎo ne

2 지금 너무 늦었어, 내가 (네가 집에 돌아가는 것을) 너희 집까지 바래다줄게.
现在 太 晚了 我 你 回家

现在 太晚了，我 ______ 你 回家。
xiàn zài tài wǎn le wǒ sòng nǐ huí jiā

잠깐만요!

- 一件礼物(yí jiàn lǐ wù) 선물(礼物) 하나(一件) ('件'은 선물에 대한 양사)
- 太 [tài] + 형 + 了: 너무 ~하다
  太好了(tài hǎo le) 너무(太~了) 좋다(好)
  太贵了(tài guì le) 너무(太~了) 비싸다(贵)
- 回家 [huí jiā] 동 집(家)으로 돌아가다(回), 귀가하다
  回宿舍(huí sù shè)。기숙사(宿舍)로 돌아가다(回).
  위의 두 어휘에서 '回'는 '동사'이고, '家, 宿舍'는 '목적어'입니다. 그런데 우리말로 해석할 때는 '집으로, 기숙사로'라고 부사적으로 해석해야 합니다. 이처럼 중국어의 목적어는 우리말의 부사어처럼 해석해야 하는 경우가 종종 있습니다.

정답 **1.** 送 **2.** 送

164

교육용 1800자 / 신HSK 2~3급 

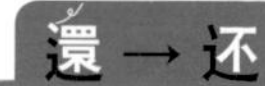

還 → 还

还	hái	还(또한/역시/아직) = 不(아니다) + 辶(가다) 아니(不) 가면(辶) 또한 역시 아직(还 hái)은 안 된다.	還 다시 **환**
부 또한, 역시, 그런대로		还 有 什么 hái yǒu shén me 또(还) 무엇(什么)이 있지(有)? 还 可以 hái kě yǐ 그런대로(还) 괜찮다(可以) 还 好 hái hǎo 그런대로(还) 좋다(好) 还是 hái shi 접 혹은, 아니면 부 역시, 여전히	
[还 + 부정어] 아직 ~않다		还 没~ hái méi 아직(还) ~하지 않았다(没) (과거를 부정함)	

● **알맞은 중국어 단어를 써 넣고, 듣고 따라 해 보세요.**

1 기차를 탈까, 아니면 비행기를 탈까?
火车 坐 飞机 坐

坐火车 __________ 坐飞机?
zuò huǒ chē hái shi zuò fēi jī

2 나는 아직 밥을 먹지 않았다.
我 饭 吃

我 __________ 吃饭。
wǒ hái méi chī fàn

잠깐만요!

- 坐 [zuò] 동 (배 · 기차 · 비행기 · 버스 · 택시를) 타다
  坐船(zuò chuán) 배(船)를 타다(坐)
  坐火车(zuò huǒ chē) 기차(火车)를 타다(坐)
  坐飞机(zuò fēi jī) 비행기(飞机)를 타다(坐)
  坐公共汽车(zuò gōng gòng qì chē) 버스(公共汽车)를 타다(坐)
- 吃饭 [chī fàn] 밥(饭)을 먹다(吃)

정답 **1.** 还是 **2.** 还没

边 biān	边(~쪽) = 辶(가다) + 力(힘) 가서(辶 = 走) 힘(力)을 쓰는 쪽(边 biān)이다.	邊 가 **변**
명 가장자리(어느쪽), 주위, 주변	东 边 dōng biān 명 동쪽 西 边 xī biān 명 서쪽 上 边 shàng biān 명 위쪽 下 边 xià biān 명 아래쪽 前 边 qián biān 명 앞(쪽) 旁 边 páng biān 명 옆(쪽) 海 边 hǎi biān 명 해변, 바닷가	

● **알맞은 중국어 단어를 써 넣고, 듣고 따라 해 보세요.**

1 미술관은 바로 동물원 옆에 있습니다.
美术馆 就 动物园 在

美术馆 就 在动物园 ＿＿＿＿＿＿。
měi shù guǎn jiù zài dòng wù yuán páng biān

2 TV를 보면서 비스킷을 먹는다.
电视 饼干 吃

＿＿＿＿＿＿ 看电视 ＿＿＿＿＿＿ 吃饼干。
yì biān kàn diàn shì yì biān chī bǐng gān

잠깐만요!

- 간체자의 책받침 변은 정자의 책받침 변(辶) 맨 윗점(丶)을 생략하고(辶) 씁니다.
  辶(번체) → 辶(간체)
- 一边 [yì biān] ~一边 [yì biān]··· ~ 하면서 ···하다
  一边唱歌一边跳舞(yì biān chàng gē yì biān tiào wǔ)。노래하며(一边唱歌) 춤추다(一边跳舞).
- 看电视(kàn diàn shì) TV(电视)를 보다(看)

정답 **1.** 旁边 **2.** 一边, 一边

远	yuǎn	远(멀다) = 元(으뜸) + 辶(가다) 가서(辶) 으뜸(元: 으뜸 원)이 되는 길은 멀다 (远 yuǎn).	遠 멀 **원**
형 (거리상 · 시간상) 멀다		远 不 远 yuǎn bu yuǎn 멀어요(远), 멀지(远) 않아요(不)? 永 远 yǒng yuǎn 부 영원히, 언제까지나 永远 在一起 yǒng yuǎn zài yì qǐ 영원히(永远) 함께(一起) 있다(在)	

● **알맞은 중국어 단어를 써 넣고, 듣고 따라 해 보세요.**

1 너희 기숙사는 교실에서 머니, 멀지 않니?
你的 宿舍 离 教室

你的 宿舍 离教室 ________?
nǐ de sù shè lí jiào shì yuǎn bu yuǎn

2 학교는 우리집에서 너무 멀다.
学校 离我家

学校 离我家 ________ 了。
xué xiào lí wǒ jiā tài yuǎn le

잠깐만요!

- '离 [lí]'가 전치사로 쓰이면 '~로부터'라는 의미이며, 공간적(~에서) 시간적(~까지) 거리를 나타냅니다.
  离这儿(lí zhèr) 여기(这儿)서(离)　　离学校(lí xué xiào) 학교(学校)에서(离)
  离上课还有五分钟(lí shàng kè hái yǒu wǔ fēn zhōng)。수업 시작(上课)까지(离)는 아직(还) 5분(五分钟) 남았다(有).
- [동사 + 不 + 동사]의 구조에서 '不'는 경성으로 발음합니다.
  好不好(hǎo bu hǎo)? 좋니, 좋지 않니?　　看不看(kàn bu kàn)? 보니, 안 보니?

정답 **1.** 远不远 **2.** 太远

167

교육용 1800자 / 신HSK 2,5급 167.mp3

运	yùn	运(운동/운) = 云(구름) + 辶(가다) 구름(云: 구름 운)처럼 흘러가는(辶) 것이 운동(运 yùn)이고 운(运 yùn)이다.	運 돌 운
동 돌다, 운동하다		运动 yùn dòng 명동 운동(하다) 运动鞋 yùn dòng xié 명 운동(运动)화(鞋) 运动员 yùn dòng yuán 명 운동(运动)선수(员)	
명 운, 운명		运气 yùn qi 명 운, 운수 命运 mìng yùn 명 운명	

● 알맞은 중국어 단어를 써 넣고, 듣고 따라 해 보세요.

1 너는 무슨 운동 할 줄 아니?
你 什么 会

你会什么＿＿＿＿＿？
nǐ huì shén me yùn dòng

2 너는 매일 얼마 동안 운동하니?
你 每天 多长时间

你每天＿＿＿＿＿多长时间?
nǐ měi tiān yùn dòng duō cháng shí jiān

잠깐만요!

- '运动 [yùn dòng]'은 '운동'이라는 명사 뿐만 아니라, '운동하다'라는 동사로도 쓰입니다.
  运动一个小时(yùn dòng yí ge xiǎo shí)。한 시간 동안(一个小时) 운동하다(运动).
- 우리 한자어는 '운(運)'이라고 한 글자로 쓰나, 현대중국어에서는 '运气 [yùn qi]'라고 두 글자로 씁니다.
- 우리 한자어는 '운명(運命)'이라고 하지만, 현대중국어에서는 거꾸로 '命运 [mìng yùn]'이라고 합니다.

정답 **1.** 运动 **2.** 运动

过	guò	过(지나다/~한 적이 있다) = 寸(마디) + 辶(가다) 한 마디(寸) 만큼만 가서(辶) 지나친(过 guò) 적이 없다.	過 지나칠 **과**

동 건너다, 지나다, 경과하다	过 马路 guò mǎ lù 큰길(马路)을 건너다(过) 过 山 车 guò shān chē 산(山)을 넘어가는(过) 차(车), 롤러코스터 过 来 guò lái 동 (이쪽으로) 다가오다, 이리(过) 와(来)! 通 过 tōng guò 동 통과하다, ~를 통하다 经 过 jīng guò 동 경과하다, 지나다 不 过 bú guò 접 다만, 그러나
[동사 + 过] ~한 적이 있다(과거의 경험을 나타냄)	吃 过 chī guò 먹어(吃) 봤다(过) 没 看过 méi kàn guò 본 적(看过)이 없다(没)

● **알맞은 중국어 단어를 써 넣고, 듣고 따라 해 보세요.**

1 이쪽으로 오세요!
(请)

请 __________ !
qǐng guò lái

2 이 길은 가깝지만, 좀 무질서하다.
(这 路 近 有点儿 乱)

这条路 近， __________ 有点儿 乱。
zhè tiáo lù jìn bú guò yǒu diǎr luàn

잠깐만요!

- '不过 [bú guò]'는 접속사로 '다만', '그러나'라는 의미를 가지고 있습니다. 이 외에도 '但是 [dàn shì], 可是 [kě shì]'가 모두 '그러나'의 의미를 가지고 있습니다. 단 '不过 [bú guò]'는 '但是, 可是'에 비해 '그러나'의 의미가 약하며, '다만'이라는 의미에 가깝습니다.
- 条 [tiáo] 가늘고 긴 것에 대한 양사
  一条路(yì tiáo lù) 길(路) 하나(一条)　　一条鱼(yì tiáo yǔ) 고기(鱼) 한 마리(一条)
- 乱 [luàn] 형 어지럽다, 무질서하다, 혼란하다

정답 **1.** 过来 **2.** 不过

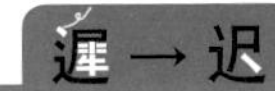

chí

迟(늦다)
= 辶(가다) + 尺(한 자=열치, 10寸)
걸어서(辶) 한 자(尺: 자 척)밖에 못가서 늦었다/지각했다(迟 chí).

遲
더딜 **지**

형 늦다

迟 到 chí dào 동 늦다, 지각하다
又 迟到 了 yòu chí dào le 또(又) 지각했다(迟到了)
(了는 상태의 변화)
经常 迟到 jīng cháng chí dào 늘(经常) 지각하다(迟到)
不能 迟到 bù néng chí dào 지각하면(迟 到) 안 된다(不能)

● **알맞은 중국어 단어를 써 넣고, 듣고 따라 해 보세요.**

1 어제 너 왜 지각했니?
昨天 你 为什么

昨天 你 为什么 ＿＿＿＿＿＿？
zuó tiān nǐ wèi shén me chí dào

2 너 오늘 왜 또 지각했니?
你 今天 怎么

你 今天 怎么 ＿＿＿＿＿＿？
nǐ jīn tiān zěn me yòu chí dào le

잠깐만요!

- 又 [yòu] 또 (과거시제에 쓰임)
  你又来了(nǐ yòu lái le)。너 또(又) 왔구나(来了). (了: 상태의 변화)
- 不能 [bù néng] ~할 수가 없다(능력), ~해서는 안 된다(금지)
  每个人都不能迟到(měi ge rén dōu bù néng chí dào)。누구나(每个人) 다(都) 지각해서는(迟到) 안 된다(不能). ('不能'은 금지의 의미)
- 为什么 [wèi shén me] 왜
  你为什么不去(nǐ wèi shén me bú qù)? 너(你) 왜(为什么) 안 가니(不去)?
- 怎么 [zěn me] ① 어떻게 ② 왜
  这个字怎么念(zhè ge zì zěn me niàn)? 이 글자(这个字)는 어떻게(怎么) 읽지(念)?
  你怎么不去(nǐ zěn me bú qù)? 너(你) 왜(怎么) 안 가니(不去)?

정답 **1.** 迟到 **2.** 又迟到了

170

교육용 1800자 / 신HSK 4급 170.mp3

适 shì	适(적합하다/ 알맞다) = 舌(혀) + 辶(가다) 혀(舌: 혀 설)를 잘 놀려 가니(辶) 적합하다(适 shì).	適 맞을 **적**
형 적합하다, 알맞다	**合 适** hé shì 형 적합하다, 알맞다, (옷 · 신발이) 잘 맞다 **合适的 工作** hé shì de gōng zuò 적합한(合适的) 일(工作) **适 合** shì hé 동 적합하다, 알맞다, 어울리다 **很 适合 你** hěn shì hé nǐ 너(你)에게 아주(很) 잘 어울린다(适合)	

● **알맞은 중국어 단어를 써 넣고, 듣고 따라 해 보세요.**

1 이 신발은 크지도 작지도 않고 아주 잘 맞는다.
这双鞋 不大也不小 挺

这双鞋 不大 也 不小，挺 __________。
zhè shuāng xié bú dà yě bù xiǎo tǐng hé shì

2 이 일은 나에게 아주 잘 맞는다.
这个工作 我 很

这个工作 很 __________ 我。
zhè ge gōng zuò hěn shì hé wǒ

잠깐만요!

- '合适 [hé shì]'와 '适合 [shì hé]'는 모두 '적합하다', '알맞다'라는 의미지만 쓰임에 차이가 있습니다. '合适 [hé shì]'는 형용사로 뒤의 명사를 수식 할 수 있고(合适的 工作: 적합한 일), 또 부사(很, 非常)의 수식을 받을 수 있으나(很合适: 아주 적합하다), 뒤에 목적어는 올 수 없습니다(合适你 x). 반면에 '适合 [shì hé]'는 동사로 부사의 수식을 받을 수 있으며(很 适合: 아주 잘 어울린다), 뒤에 목적어도 올 수 있습니다(适合 你 : 너에게 아주 잘 어울린다).
- 一双鞋(yì shuāng xié) 신발(鞋) 한(一) 켤레(双) (双: 신발에 대한 양사)
- '挺 [tǐng]'은 '很 [hěn] 매우, 아주'과 같은 의미로, 주로 회화체에 쓰입니다.
  挺好(tǐng hǎo) 아주(挺) 좋다(好)

정답 **1.** 合适 **2.** 适合

신HSK 3급 171.mp3

襯 → 衬

chèn

衬(받치다)
= 衤(옷) + 寸(마디)
옷(衤: 옷 의) 옆에 한 마디(寸: 마디 촌)를 더 받쳐(衬 chèn) 입다.

襯
속옷 **친**

동 (안에) 하나 더 대다, 받치다

衬 衫 chèn shān 명 와이셔츠, 셔츠
一件 衬衫 yí jiàn chèn shān 셔츠(衬衫) 하나(一件)
衬 衣 chèn yī 명 블라우스, 와이셔츠 (받쳐 입는 '옷'의 통칭)
真丝 衬衣 zhēn sī chèn yī 100% 실크(真丝) 블라우스(衬衣)

● **알맞은 중국어 단어를 써 넣고, 듣고 따라 해 보세요.**

1 아빠 생일 (쇨)때, 나는 아빠에게 셔츠 하나를 선물해 드렸다.
爸爸 过生日时 我 给爸爸 送

爸爸 过生日 时，我 送给爸爸 ________。
bà ba guò shēng rì shí wǒ sòng gěi bà ba yí jiàn chèn yī

2 제가 이 셔츠를 한번 입어 봐도 되나요?
试试 可以～吗

我 可以 试试 这件 ________ 吗?
wǒ kě yǐ shì shi zhè jiàn chèn yī ma

잠깐만요!

- 件 [jiàn] 벌(옷에 대한 양사)
- 生日 [shēng rì] 명 생일　　过 生日 [guò shēng rì] 생일(生日)을 쇠다(过)
- ～时 [shí] (문어체) : ～할 때 = ～的时候 [de shí hou](회화체)
- 送 [sòng] 동 주다, 선물하다　　送给～ (sòng gěi～) ～에게(给) 선물하다(送)
- 试试 [shì shi] 동 (옷을) 입어보다
- '可以 [kě yǐ]'는 '～해도 되다'라는 의미로 허가를 나타냅니다.
  可以吃吗(kě yǐ chī ma)? 먹어(吃) 봐도 되나요(可以～吗)?
  可以看吗(kě yǐ kàn ma)? 보아(看)도 되나요(可以～吗)?

정답 **1.** 一件衬衣 **2.** 衬衣

172 신HSK 4급 172.mp3 襪 → 袜

袜 wà

袜(양말)
= 衤(옷) + 末(끝)
옷(衤)의 끝(末: 끝 말)에 신는 것은 양말(袜 wà)이다.

襪
버선 **말**

명 **양말**

袜 子 wà zi 명 양말
一双 袜子 yì shuāng wà zi 양말(袜子) 한 켤레(一双)
一只 袜子 yì zhī wà zi 양말(袜子) 한 짝(一只)
黑色的 袜子 hēi sè de wà zi 검은색(黑色的) 양말(袜子)

● **알맞은 중국어 단어를 써 넣고, 듣고 따라 해 보세요.**

1 내(나의) 양말 어디에 있지?
我的 在哪儿

我的 ________ 在哪儿?
wǒ de wà zi zài nǎr

2 너 왜 양말 한 짝만 신었니?
你 怎么 只 穿

你 怎么 只穿 ________ ?
nǐ zěn me zhǐ chuān yì zhī wà zi

잠깐만요!

- '祇(다만 지)'와 '隻(외짝 척, 마리 척)'의 간체자는 모두 '只'입니다. 단 '祇(다만 지)'의 간체자 '只'는 제 3성 [zhǐ]로 읽고, '隻(외짝 척, 마리 척)'의 간체자 '只'는 제1성 [zhī]로 읽습니다.
  只(隻) [zhī] 양 쪽, 짝(쌍으로 된 것 중 하나를 세는 단위)
  只(祇) [zhǐ] 부 단지, ~만
- 穿袜子(chuān wà zi) 양말(袜子)을 신다(穿)

정답 **1.** 袜子 **2.** 一只袜子

补 bǔ	补(보충하다) = 衤(옷) + 卜(점치다) 옷(衤= 衣: 옷 의)으로 점을 쳐(卜: 점칠 복) 부족한 것을 보충(补 bǔ)하다.	補 기울 **보** 보충할 **보**
동 (부족한 것을) 보충하다	补充 bǔ chōng 동 (부족한 것을) 보충하다 补充营养 bǔ chōng yíng yǎng 영양(营养)을 보충하다(补充), 영양보충 补习 bǔ xí 동 보충(补) 학습하다(习) 补习班 bǔ xí bān 명 보습학원, 과외학원	

● **알맞은 중국어 단어를 써 넣고, 듣고 따라 해 보세요.**

1 이 문장 내용이 너무 적어서, 다시 좀 보충 할 필요가 있다.
这篇文章 内容 太 少 再 一些 需要

这篇文章 内容 太少， 需要 再 ＿＿＿＿＿ 一 些。
zhè piān wén zhāng nèi róng tài shǎo xū yào zài bǔ chōng yì xiē

2 너 요즘 공부하느라 이렇게 고생하는데, 영양 보충을 좀 많이 해야 한다.
你 最近 学习 这么 辛苦 营养 些 多 要

你 最近 学习 这么 辛苦， 要多 ＿＿＿＿＿ 些 营养。
nǐ zuì jìn xué xí zhè me xīn kǔ yào duō bǔ chōng xiē yíng yǎng

★ 잠깐만요!

- 현대중국어에서 '学院 [xué yuàn]'은 우리말의 '학원(學院)'이라는 뜻이 아니라 '단과대학(college)'이라는 뜻입니다. 우리말의 '학원'에 해당하는 중국어는 '补习班 [bǔ xí bān]'입니다.
- 一篇文章(yì piān wén zhāng) 한 편(一篇)의 문장(文章), 문장 한 편(篇: 문장에 대한 양사)
- 需要 [xū yào] 필요로 하다, ~할 필요가 있다
- '좀(一些) 많이(多)'는 '一些多(×)'가 아니고 '多一些(○)'라고 해야 하며, '多(一)些' 중의 '一' 는 생략할 수 있습니다.
- 중국어 수량사는 뒤에서 앞의 형용사나 동사를 수식합니다.
  好(一)些(hǎo yì xiē) 좀(一些) 좋다(好)
  说一下(shuō yí xià) 좀(一下) 말해라(说)

정답 **1.** 补充 **2.** 补充

교육용 1800자 / 신HSK 3급 174.mp3

極 → 极

极 jí	极(아주/극히) = 木(나무) + 及(이르다) 나무(木) 끝에 이르니(及: 이를 급/미칠 급) 아주(极 jí) 좋다.	極 다할 극
부 아주, 극히	极 重要 jí zhòng yào 아주(极) 중요하다(重要) 极 好 jí hǎo 아주(极) 좋다(好)	
[형/동 + 极] 아주 ~하다	~极 (了) ~ jí (le) 부 극히, 아주 好 极了 hǎo jí le 아주(极了) 좋다(好) (= 极好 jí hǎo) 漂亮 极了 piào liang jí le 아주(极了) 예쁘다(漂亮) 好吃 极了 hǎo chī jí le 아주(极了) 맛있다(好吃)	

● **알맞은 중국어 단어를 써 넣고, 듣고 따라 해 보세요.**

1 밤에 나는 아주 무섭다.
晚上 我 害怕

晚上，我 害怕 ________。
wǎn shang wǒ hài pà jí le

2 내일 아주 중요한 시합이 하나 있을 것이다.
明天 比赛 一场 会有的

明天，会有 一场 ________ 的比赛。
míng tiān huì yǒu yì chǎng jí zhòng yào de bǐ sài

잠깐만요!

- 형/동 + 极了 [jí le] : 아주(极了) ~하다(뜻을 강조할 때 쓰임)
  好吃 [hǎo chī] 형 맛있다 好吃极了(hǎo chī jí le) 아주 맛있다
  害怕 [hài pà] 동 무서워하다, 두려워하다 害怕极了(hài pà jí le) 아주(极了) 무섭다(害怕), 무서워 죽겠다
- 比赛 bǐ sài 명 시합, 경기
  一场比赛(yì chǎng bǐ sài) 한(一场) 경기(比赛) ('场[chǎng]'은 경기에 대한 양사임)
- 重要 [zhòng yào] 형 중요하다
  重要的事情(zhòng yào de shì qing) 중요한(重要的) 일(事情)

정답 **1.** 极了 **2.** 极重要

175

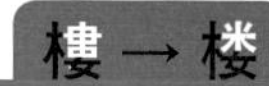

樓 → 楼

楼 lóu

楼(건물/동/층)
= 木(나무) + 米(쌀) + 女(여자)
나무(木) 오른쪽 위에 쌀(米)이 있고, 아래에 여자(女)가 있는 건물/동/층(楼 lóu)이 있다.

樓
다락 **루**
층 **루**

명 건물, 빌딩, (여러 층으로 이루어진 건물의) 층(層)	宿舍 楼 sù shè lóu 기숙사(宿舍) 건물(楼) 办公 楼 bàn gōng lóu 사무(办公)동(楼), 행정동 楼 房 lóu fáng 명 층(楼)집(房) (2층 혹은 2층 이상의 층으로 이루어진 건물)
양 동(아파트나 기숙사의 동(棟)을 세는 단위)	几号 楼 jǐ hào lóu 몇(几号) 동(楼)

● **알맞은 중국어 단어를 써 넣고, 듣고 따라 해 보세요.**

1 말씀 좀 묻겠습니다. 8동은 어디에 있지요?
请问 / 在哪儿

请问, ________ 在哪儿?
qǐng wèn bā hào lóu zài nǎr

2 너 몇 동에 사니?
你 / 住

你 住 ________ ?
nǐ zhù jǐ hào lóu

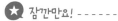

잠깐만요!

- 办公 [bàn gōng] 업무(公)를 처리하다(办)
  办公室 [bàn gōng shì] 명 공무(公)을 처리하는(办) 교실(室), 사무실
  办公室在2楼(bàn gōng shì zài èr lóu)。 사무실(办公室)은 2층(2楼)에 있다(在).

정답 **1.** 八号楼 **2.** 几号楼

桥 qiáo	桥(다리) = 木(나무) + 乔(높다) 나무(木)로 높이(乔: 높을 교) 만든 다리(桥 qiáo) 이다.	橋 다리 **교**
명 다리	桥 梁 qiáo liáng 명 교량, 다리 一 座 桥 yí zuò qiáo 다리(桥) 한(一) 개(座) 过 桥 guò qiáo 동 다리(桥)를 건너다(过) 修 桥 xiū qiáo 동 다리(桥)를 놓다(修) 天 桥 tiān qiáo 명 하늘(天)의 다리(桥), 육교 立交 桥 lì jiāo qiáo 명 입체교차로	

● **알맞은 중국어 단어를 써 넣고, 듣고 따라 해 보세요.**

1 이 강을 건너려면 단지 저 다리로 가는 수밖에 없다.
这条河 要过 走 只能

要过 这条河，只能 走 ＿＿＿＿＿＿。
yào guò zhè tiáo hé zhǐ néng zǒu nà zuò qiáo

2 내년에 이곳에 새 다리를 하나 놓아야 한다.
明年 这里 要修

明年 这里 要 修 ＿＿＿＿＿＿。
míng nián zhè lǐ yào xiū yí zuò xīn qiáo

잠깐만요!

- 座 [zuò] 양 다리에 대한 양사
  一 座 桥(yí zuò qiáo) 다리(桥) 하나(一座)
- 条 [tiáo] 양 강에 대한 양사(가늘고 긴 것에 대한 양사)
  一条河(yì tiáo hé) 강(河) 하나(一条)
  这条河(zhè tiáo hé) 这(대: 이) + 条(양: 하나) + 河(강) : 이(这条) 강(河)
- 过 [guò] (강 · 다리를) 건너다　　过河 [guò hé] 강(河)을 건너다(过)
- 只能 [zhǐ néng] 동 단지 ~할 수밖에 없다
  只能回家(zhǐ néng huí jiā) 집에 돌아갈(回家) 수 밖에 없다(只能).

정답 **1.** 那座桥 **2.** 一座新桥

신HSK 5급 177.mp3

槍 → 枪

枪 qiāng	枪(총) = 木(나무) + 仓(창고) 나무(木) 옆 창고(仓: 창고 창)에 총(枪 qiāng)이 있다.	槍 창 **창**
명 창, 총	一把 枪 yì bǎ qiāng 총(枪) 한 자루(一把) 手 枪 shǒu qiāng 명 손(手) 총(枪), 권총 开 枪 kāi qiāng 동 총(枪)을 쏘다(开) 枪 声 qiāng shēng 명 총(枪)성(声), 총소리	

● **알맞은 중국어 단어를 써 넣고, 듣고 따라 해 보세요.**

1 그는 몸에 총 한 자루를 지니고 있다.
他 身上 带着

他 身上 带着 ＿＿＿＿＿＿。
tā shēn shàng dài zhe yì bǎ qiāng

2 총성을 듣고, 그는 얼른 달아났다.
听到 他 赶紧 跑了

听到 ＿＿＿＿＿＿， 他 赶紧 跑了。
tīng dào qiāng shēng tā gǎn jǐn pǎo le

잠깐만요!

- '枪 [qiāng]'은 '총'이라는 뜻으로, 옛날에는 총을 나무로 만들어서 '나무목 변(木)'을 쓴 것입니다. '枪 [qiāng]' 중의 '木'는 뜻(나무)을 , '仓'은 소리(qiāng)를 나타내는 형성문자(形聲文字) 입니다. 형성문자(形聲文字)는 뜻 [形]과 소리 [聲]가 합쳐진 문자로, 전체 한자의 약 80%을 차지하고 있습니다.
- 身上(shēn shàng) 몸(身)에(上) ('上'은 위를 나타내는 방향보어임)
- 带 [dài] 동 (몸에) 지니다　　带着(dài zhe) 지니고(带) 있다(着) ('着'는 상태의 지속을 나타냄)
- 听到 [tīng dào] 들었다 ('到'는 동사의 목적의 달성을 나타냄)
  赶紧 [gǎn jǐn] 부 얼른, 재빨리　　跑 [pǎo] 동 달리다, 달아나다

정답 1. 一把枪　2. 枪声

队	duì	队(무리/줄) = 阝(阜: 언덕) + 人(사람) 언덕(阝=阜: 언덕 부)에 사람이 무리로 줄/열(队 duì)지어 있다.	隊 대열 **대**

명 줄, 열, 팀, 무리	队 伍 duì wu 명 대열 排 队 pái duì 동 줄(队)을 서다(排) 德国 队 dé guó duì 독일(德国) 팀(队) 队 长 duì zhǎng 명 팀(队)장(长), 주장 队 员 duì yuán 명 팀(队)원(员), 대원, 선수 足球 队员 zú qiú duì yuán 축구(足球) 선수(队员)

● **알맞은 중국어 단어를 써 넣고, 듣고 따라 해 보세요.**

1 그는 한국 대표팀 주장이다.
他 韩国代表队 是

他 是 韩国代表队 ________。
tā shì hán guó dài biǎo duì duì zhǎng

2 그는 독일 팀의 팀원이다.
他 德国 的 是

他 是 德国 ______ 的 ________。
tā shì dé guó duì de duì yuán

잠깐만요!

- 우리는 영어로 팀(team)이라고 말하지만, 중국어로는 '팀(team)'을 '队 [duì]'라고 합니다.
  韩国队(hán guó duì) 한국(**韩国**)팀(**队**)
- 우리는 '팀의 주장'를 한자로 '主將'이라고 쓰지만, 중국어로는 '队长 [duì zhǎng]'이라고 합니다.

정답 **1.** 队长 **2.** 队, 队员

179

교육용 1800자 / 신HSK 4.5급 

随	suí	随(따르다/마음대로 하게 하다) = 阝(阜: 언덕) + 有(있다) + 辶(가다) 언덕(阝=阜:언덕 부)이 있는 곳으로 가서(辶) 마음대로 해라(随 suí).	隨 따를 수
동 ~에 따르다		随 身 suí shēn 동 몸(身)에 지니다(随), 휴대하다	
동 마음대로 하게 하다		随 便 suí biàn 부 마음대로, 좋을 대로, 편할 대로 随便 看 suí biàn kàn 마음대로(随便) 보다(看) 随便 坐 suí biàn zuò 편히(随便) 앉다(坐)	

● 알맞은 중국어 단어를 써 넣고, 듣고 따라 해 보세요.

1 마음대로(하고 싶은 대로, 편할 대로) 하세요!(请)

请 ____________ !

qǐng suí biàn

2 이건(这) 절대로(可) 함부로 할 일(事)이 아니다(不是).

这 可不是 件 ____________ 的事。

zhè kě bú shì jiàn suí biàn de shì

잠깐만요!

- 请 [qǐng] + 동사 : ~하세요 (권유)
  请进(qǐng jìn)! 들어오세요!　　请喝茶(qǐng hē chá)! 차 드세요!
- 可 [kě] + 부정어 : 절대로 ~이 아니다 (강조)
  那可不行(nà kě bù xíng)! 그러면(那) 절대(可) 안 돼(不行)!
- 一件事(yí jiàn shì) 하나(一件)의 일(事) (件: 일에 대한 양사)
  一件随便的事(yí jiàn suí biàn de shì) 하나(一件)의 마음대로 할(随便的) 일(事), 함부로 할 일

정답 1. 随便 2. 随便

180

교육용 1800자 / 신HSK 1급 180.mp3

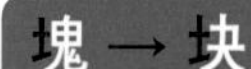

塊 → 块

块 kuài	块(덩어리/원) = 土(흙) + 夬(터지다) 흙(土)이 터져(夬: 터질 쾌) 굳어 덩어리(块 kuài)가 되었다.	塊 흙덩이 **괴**
양 원(중국의 화폐 단위)	一 块 (钱) yí kuài (qián) (돈) 1원(块)	
양 조각, 개, 덩어리 (조각 또는 덩어리 모양의 물건을 세는 단위)	一块 糖 yí kuài táng 사탕(糖) 한 개(一块) 一块 巧克力 yí kuài qiǎo kè lì 초콜릿(巧克力) 한 조각(一块) 一块 肉 yí kuài ròu 고기(肉) 한 덩어리(一块)	

● **알맞은 중국어 단어를 써 넣고, 듣고 따라 해 보세요.**

1 너 초콜릿 몇 개 샀니?
你 巧克力 几 买了

你 买了 几 ______ 巧克力?
nǐ mǎi le jǐ kuài qiǎo kè lì

2 하나에 1원입니다.
一个

__________ 一 个。
yí kuài yí ge

잠깐만요!

- 중국 돈은 '人民币 [rén mín bì]'라고 하며, 중국의 화폐 단위는 '元[yuán]'입니다. 人民币 1元을 회화체에서는 '一块钱[yí kuài qián]'이라고 하며, '钱'을 생략하고 '一块[yí kuài]'라고만 하기도 합니다. '块[kuài]'는 우리나라 돈의 '원'에 해당하는 금액으로 주로 회화체에 많이 쓰이며, '元[yuán]'은 주로 문어체에 쓰이는 편이지만 회화체에서도 가끔 사용합니다. 지폐에는 '圆 [yuán]'이라고 쓰여 있습니다.
  两块(钱) [liǎng kuài (qián)] 2원(회화체)
  = 两元 [liǎng yuán](서면어)
  = 2圆 [liǎng yuán] (지폐)

정답 **1.** 块 **2.** 一块

181

교육용 1800자 / 신HSK 3급 181.mp3

sǎo

扫(쓸다/청소하다)
= 扌(손) + 彐(비)
손(扌=手)에 비(帚 → 彐)를 들고 청소한다(扫 sǎo).

掃
쓸 소

동 쓸다, 청소하다

打 扫 dǎ sǎo 동 청소하다
打扫 房间 dǎ sǎo fáng jiān 방(房间)을 청소하다(打扫)
打扫 教室 dǎ sǎo jiào shì 교실(教室)을 청소하다(打扫)
打扫 干净 dǎ sǎo gān jìng 깨끗이(干净) 청소하다(打扫)

● 알맞은 중국어 단어를 써 넣고, 듣고 따라 해 보세요.

1 그는 매일 자기(의) 방을 청소한다.
他 每天 自己的

他 每天 __________ 自己的 __________。
tā měi tiān dǎ sǎo zì jǐ de fáng jiān

2 너 가서 주방 청소 좀 해라.
你 去 厨房 一下 ~吧

你 去 __________ 一下 厨房 吧。
nǐ qù dǎ sǎo yí xià chú fáng ba

잠깐만요!

- 房间 [fáng jiān] 명 (기숙사 · 아파트의) 방　　干净 [gān jìng] 형 깨끗하다
- 동사 + 一下 : 좀(一下) ~하다
  听一下(tīng yí xià) 좀(一下) 들어(听)봐
  请让一下(qǐng ràng yí xià) 좀(一下) 양보해(让) 주세요(请). 좀 비켜주세요.
- 打扫厨房(dǎ sǎo chú fáng) 주방(厨房)을 청소하다(打扫)
  打扫一下(dǎ sǎo yí xià)。좀(一下) 청소하다(打扫).

정답 1. 打扫, 房间 2. 打扫

182 교육용 1800자 / 신HSK 3~6급 182.mp3 **種 → 种**

种 zhǒng zhòng	**种(종류)** **= 禾(벼) + 中(가운데)** 벼(禾: 벼 화)가 가운데(中: 가운데 중) 있는 종류(种 zhǒng)이다.	**種** 씨 **종** 종류 **종**
[zhǒng] 명 씨, 씨앗, 종자, 종류	**种 子** zhǒng zi 명 씨, 씨앗, 종자 **种 类** zhǒng lèi 명 종류(種類) **种类 很多** zhǒng lèi hěn duō 종류(种类)가 아주(很) 많다(多) **各 种** gè zhǒng 각종 **各种 颜色** gè zhǒng yán sè 각종(各种) 색(颜色)	
양 종, 종류	**一 种 颜色** yì zhǒng yán sè 한 종류(一 种)의 색(颜色)	
[zhòng] 동 (종자를) 심다, (씨를) 뿌리다	**种种子** zhòng zhǒng zi 종자(种子)를 심다(种), 씨를 뿌리다	

● **알맞은 중국어 단어를 써 넣고, 듣고 따라 해 보세요.**

1 우리 가게에는 두 종류의 케이크가 있는데, 당신은 어느 것을 원하세요?
我们 店里 蛋糕 有 您 哪一种 要

我们店里 有 __________ 蛋糕，您 要 哪一种?
wǒ men diàn li yǒu liǎng zhǒng dàn gāo nín yào nǎ yì zhǒng

2 꽃밭에는 아주 여러 종류의 꽃이 있다.
花园里 很 多 花 有

花园里 有 很多 ______ 花。
huā yuán li yǒu hěn duō zhǒng huā

잠깐만요!

- '种类 [zhǒng lèi]'의 '种'은 제 3성 [zhǒng]으로 발음하면 '종류(種類)'라는 뜻의 명사가 되고, 제 4성 [zhòng]으로 발음하면 '(종자를) 심다, (씨를) 뿌리다'라는 동사의 뜻이 되니 주의하세요!
  一种花(yì zhǒng huā) 한 종류(一种)의 꽃(花)　　种树(zhòng shù) 나무(树)를 심다(种)
- 店 [diàn] 명 가게, 상점
  鞋店(xié diàn) 신발(鞋)가게(店)　　服装店(fú zhuāng diàn) 옷(服装)가게(店)
- 花园 [huā yuán] 명 화원(花园), 꽃(花) 밭(园)

정답 **1.** 两种 **2.** 种

jià

价(값/가격)
= 亻(사람) + 介(끼어들다)
사람(亻=人 : 사람)이 끼어(介)들면 가격(价 jià)이 올라간다.

價
값 **가**

명 값, 가격

价 格 jià gé 명 가격
价 钱 jià qian 명 값, 가격
价 值 jià zhí 명 가치
物 价 wù jià 명 물가

● 알맞은 중국어 단어를 써 넣고, 듣고 따라 해 보세요.

1 이 책 가격은 15원 이다, 아주 싸다!
这 书 元 是 很 便宜

这本书的 ＿＿＿＿＿ 是 15元，很便宜。
zhè běn shū de jià gé shì shí wǔ yuán hěn pián yi

2 이 그림의 예술 가치는 아주 높다.
这 画的 艺术 很 高

这幅画的 艺术 ＿＿＿＿＿ 很高。
zhè fú huà de yì shù jià zhí hěn gāo

- 便宜 [pián yi] 형 (값이) 싸다 　　贵 [guì] 형 (값이) 비싸다
  这(一)本书 : 이(这) 한 권(一)本)의 책(书)
  这(대) + 本(양) + 书(명) : 이(这本) 책(书) ('本'은 책을 세는 단위)
- 一幅画(yì fú huà) 한 폭(幅)의 그림(画) ('幅 [fú]'는 그림에 대한 양사임)
- 艺术 [yì shù] 명 예술
  艺术作品(yì shù zuò pǐn) 예술(艺术) 작품(作品)

정답 **1.** 价格 **2.** 价值

교육용 1800자 / 신HSK 4급 184.mp3

湯 → 汤

汤 tāng

汤(국)
= 氵(물) + 昜 → 勿(쉽다)
물(水 → 氵: 물 수)은 쉽게(昜 → 勿 : 쉬울 이) 끓어 국(汤 tāng)이 된다.

湯
끓일 **탕**

명 탕, 국, 스프(soup)

白菜 汤 bái cài tāng 명 배추(白菜) 국(汤)
喝 汤 hē tāng 동 국(汤)을 먹다(喝)
一 碗 汤 yì wǎn tāng 국(汤) 한(一) 그릇(碗)
酸 辣 汤 suān là tāng [음식명] 쏸안 라 탕(산날탕)(시큼(酸) 매콤(辣)한 국(汤))

● **알맞은 중국어 단어를 써 넣고, 듣고 따라 해 보세요.**

1 광저우 사람들은 매 식사 때마다 모두 국을 먹어야 한다.
　广州人 每 餐 都 要

广州人 每餐 都 要 ＿＿＿＿＿＿。
guǎng zhōu rén měi cān dōu yào hē tāng

2 사장님, 갈비탕 한 그릇 주세요!
　老板 要

老板，我 要 ＿＿＿＿＿＿ 排骨 ＿＿＿。
lǎo bǎn wǒ yào yì wǎn pái gú tāng

★ 잠깐만요!

- '국을 먹다'는 중국어로 '吃汤'(X)이 아니라 반드시 '喝汤 [hē tāng]'이라고 해야 합니다. 액체는 마시는 것이기 때문에 액체로 된 음식을 먹는다고 할 때는 동사 '喝 [hē]'를 씁니다.
  喝水(hē shuǐ) 물(水)을 마시다(먹다)(喝)　　喝酒(hē jiǔ) 술(酒)을 마시다(먹다)(喝)
- 餐 [cān] 명 식사 (= 饭 [fàn])　　早餐 [zǎo cān] 아침(早)식사(餐) (= 早饭 [zǎo fàn])
  午餐[wǔ cān] 점심(午)식사(餐) (= 午饭[wǔ fàn])
- 每 ～ 都 [měi ~ dōu] 매(每) ~마다 모두(都)
  每顿都要喝汤(měi dùn dōu yào hē tāng)。매(每) 끼니(顿)마다 모두(都) 국을 먹어야 한다(要喝汤).
- 酸辣汤 [suān là tāng] 쏸안(酸)라(辣)탕(汤)
  두부와 닭이나 돼지의 선지를 잘게 썰고 갈분을 첨가하고 후추와 식초를 넣어 끓인 국으로, 맛이 시큼(酸) 매콤(辣)하여 한국인의 입맛에 그런대로 잘 맞는 탕입니다.
- 老板 [lǎo bǎn] 명 (가게 · 회사) 사장님　　排骨汤 [pái gú tāng] 갈비(排骨)탕(汤)

정답 **1.** 喝汤 **2.** 一碗, 汤

185

교육용 1800자 / 신HSK 4.6급 185.mp3

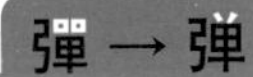

弹 tán	弹(탄력이 있다/연주하다) = 弓(활) + 单(하나) 활(弓: 활 궁)은 단 하나(單→单: 홑 단)의 줄로 되어있지만, 탄력(弹 tán)이 있어 악기로 연주할 수 있다(弹 tán).	彈 탄알 **탄**
명 형 탄력(이 있다)	弹 性 tán xìng 명 탄력(弹)성(性)	
동 (악기를) 타다, 켜다, 연주하다	弹 钢琴 tán gāng qín 피아노(钢琴)를 치다(弹) 弹 吉他 tán jí tā 기타(吉他)를 치다(弹)	

● **알맞은 중국어 단어를 써 넣고, 듣고 따라 해 보세요.**

1 그녀는 4살 때부터 바로 피아노를 치기 시작했다.
她 4岁 从 就 开始

她 从4岁 就 开始 ____________。
tā cóng sì suì jiù kāi shǐ tán gāng qín

2 그녀는 기타를 아주 잘 친다.
她 吉他 十分 好

她 弹吉他 ______ 得 十分好。
tā tán jí tā tán de shí fēn hǎo

잠깐만요!

- 开始 [kāi shǐ] + 목적어 : ~하기(를) 시작하다
  开始工作(kāi shǐ gōng zuò) 일하기(工作) 시작하다(开始)
- 十分 [shí fēn] 부 십분, 아주, 충분히, 대단히
- S + V + O + V + 得 [de] + 很好 : 주어(S)는 ~를(O) 아주 잘 한다
  他说汉语说得很好(tā shuō hàn yǔ shuō de hěn hǎo)。그(他)는 중국어(汉语)를 아주 잘 한다(说得很好).
  她唱歌唱得很好(tā chàng gē chàng de hěn hǎo)。그녀(她)는 노래(歌)를 아주 잘 부른다(唱得很好).

정답 **1.** 弹钢琴 **2.** 弹

교육용 1800자 / 신HSK 4급 186.mp3 **礎 → 础**

础 chǔ

础(기초)
= 石(돌) + 出(나오다)
돌(石: 돌 석)이 튀어나온(出: 날 출) 것은 주춧돌/기초(础 chǔ)이다.

礎
주춧돌 **초**

명 **주춧돌, 초석, 기초**

基 础 jī chǔ 명 기초
基础 好 jī chǔ hǎo 기초(基础)가 잘 되어 있다(好), 기초가 튼튼하다
打 基础 dǎ jī chǔ 기초(基础)를 닦다(打)
打好 基础 dǎ hǎo jī chǔ 기초(基础)를 잘(好) 닦다(打)

● **알맞은 중국어 단어를 써 넣고, 듣고 따라 해 보세요.**

1 그는 기초가 잘 되어 있다.
(그는: 他)

他 ________。
tā jī chǔ hǎo

2 외국어를 배우는 데는 기초를 잘 닦아야 한다.
(외국어: 外语, 배우는: 学, 한다: 要)

学外语 要 ________。
xué wài yǔ yào dǎ hǎo jī chǔ

★ 잠깐만요!

- 동사 + 好 [hǎo] : 잘(다) ~했다
  여기서 '好'는 보어로 동사의 목적을 '잘(好)' 혹은 '다(好)' 달성했다는 의미입니다.
  吃好了(chī hǎo le)。잘 먹었습니다.
  吃好了吗(chī hǎo le ma)? 잘(好) 드셨습니까(吃~了吗)?
  准备好了吗(zhǔn bèi hǎo le ma)? 준비(准备) 다 됐습니까(好了吗)?
- 우리는 '외국어(外國語)'라고 3글자로 말하지만, 중국인은 '外语 [wài yǔ]'라고 2글자로 많이 말합니다.

정답 **1.** 基础好 **2.** 打好基础

교육용 1800자 / 신HSK 5급 187.mp3

獨 → 独

独 dú	独(혼자) = 犭 (犬: 개) + 虫(벌레) 개(犭 =犬:개 견)가 벌레(虫: 벌레 충)를 혼자(独 dú) 먹는다.	獨 홀로 **독**
부 홀로, 혼자	独生女 dú shēng nǚ 명 무남독녀, 외동딸 独生子 dú shēng zǐ 명 외아들, 독자 独立 dú lì 동 홀로(独) 서다(立), 독립하다 独特 dú tè 형 독특하다	

● **알맞은 중국어 단어를 써 넣고, 듣고 따라 해 보세요.**

1 나는(我) (무남독녀) 외동딸 이다(是).

我是 ________。

wǒ shì dú shēng nǚ

2 이(这) 건축물의(建筑的) 디자인(设计) 기풍이(风格) 아주(很) 독특하다.

这座建筑的设计风格很 ________。

zhè zuò jiàn zhù de shè jì fēng gé hěn dú tè

- 座 [zuò] 양 동, 채(건축물을 세는 단위)
  一座建筑(yí zuò jiàn zhù) 건축물(建筑) 한 동(一座)
  这(一)座建筑(zhè (yí) zuò jiàn zhù) 이(这座) 건축물(建筑)
- 设计 [shè jì] 명 설계, 디자인 设计师 [shè jì shī] 명 설계사, 디자이너

정답 **1.** 独生女 **2.** 独特

확인문제 | 161-187

1. 밑줄 친 중국어 한자의 발음과 성조를 쓰시오.

❶ 一边 → yì ______ ❷ 补充 → ______ chōng

❸ 衬衫 → ______ shān ❹ 迟到 → ______ dào

❺ 基础 → jī ______ ❻ 独特 → ______ tè

❼ 排队 → pái ______ ❽ 过马路 → ______ mǎ lù

❾ 随便 → ______ biàn ❿ 弹钢琴 → ______ gāng qín

2. 다음 중국어 발음에 해당하는 중국어 한자를 보기에서 골라 ____에 써 넣고, 전체의 뜻을 ( )에 써 넣으시오.

보기 过 迟 队 边 弹 随 衬 补 础 独

❶ 基 ______ (chǔ) → ________ ❷ 一 ______ (biān) ~一 ______ (biān) → ________

❸ ______ (chèn) 衫 → ________ ❹ ______ (guò) 马路 → ________

❺ ______ (bǔ) 充 → ________ ❻ ______ (dú) 特 → ________

❼ ______ (suí) 便 → ________ ❽ 排 ______ (duì) → ________

❾ ______ (chí) 到 → ________ ❿ ______ (tán) 钢琴 → ________

정답 1. ❶ biān ❷ bǔ ❸ chèn ❹ chí ❺ chǔ ❻ dú ❼ duì ❽ guò ❾ suí ❿ tán 2. ❶ 础 / 기초, 바탕, 밑바탕 ❷ 边 / 边 / ~하면서 …하다 ❸ 衬 / 와이셔츠, 블라우스 ❹ 过 / 길을 건너다 ❺ 补 / 보충하다 ❻ 独 / 독특하다, 특별하다 ❼ 随 / 마음대로, 좋을 대로 ❽ 队 / 순서대로 정렬하다, 줄을 서다 ❾ 迟 / 지각하다 ❿ 弹 / 피아노를 치다

02 한국어 한자(정자)의 **왼쪽 부분**이 간략하게 바뀐 현대중국어 한자(간체자)

歡 → 欢	對 → 对	戲 → 戏
師 → 师	數 → 数	動 → 动
郵 → 邮	亂 → 乱	

03 한국어 한자(정자)의 **윗부분**이 간략하게 바뀐 현대중국어 한자(간체자)

幫 → 帮	幣 → 币	熒 → 荧
熱 → 热	興 → 兴	單 → 单
帶 → 带	導 → 导	

교육용 1800자 / 신HSK 1,3급  188.mp3

歡 → 欢

欢 huān	欢(기쁘다/좋아하다) = 又(또) + 欠(하품) 또(又:또 우) 하품(欠: 하품 흠)을 하듯 기뻐(欢 huān)하며 좋아한다(欢 huān).	歡 기뻐할 **환**
형 즐겁다, 기쁘다	**欢 迎** huān yíng 동 환영하다 **受 欢迎** shòu huān yíng 환영(欢迎)을 받다(受), 인기가 있다	
동 좋아하다	**喜 欢** xǐ huan 동 (사람 · 물건을) 좋아하다 **喜欢 看电视** xǐ huan kàn diàn shì TV(电视) 보기(看)를 좋아한다(喜欢)	

● **알맞은 중국어 단어를 써 넣고, 듣고 따라 해 보세요.**

1 네가 우리 집에 놀러오는 것을 환영해(우리집에 놀러와).
(你 / 我家 / 来~玩儿)

_________ 你 来我家 玩儿。
huān yíng nǐ lái wǒ jiā wár

2 나는 붉은색을 좋아한다.
(我 / 红色)

我 _________ 红色。
wǒ xǐ huan hóng sè

잠깐만요!

- '欢迎 [huān yíng]'이 단독으로 쓰일 때는 보통 두 번 반복해서 말합니다.
  欢迎！欢迎！(huān yíng huān yíng) 어서 오세요!
- 来 [lái]~玩儿 [wár] ~에 놀러(玩儿) 오다(来)
  来我家玩儿(lái wǒ jiā wár)。우리 집(我家)에 놀러 와(来~玩儿).

정답 **1.** 欢迎 **2.** 喜欢

교육용 1800자 / 신HSK 1,4급  189.mp3

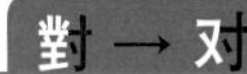

对 duì	对(맞다) = 又(또) + 寸(마디) 또(又:또 우) 손가락 마디(寸)가 맞은편(对面 duì miàn)을 향하니 맞았다(对 duì).	對 대답할 **대**
동 대답하다, (상)대하다, 서로 마주 향하다	对不起 duì bu qǐ 미안합니다, 죄송합니다 对面 duì miàn 명 맞은(对) 편(面)	
형 맞다	对 duì 형 맞다 不对 bú duì 틀리다 对不对 duì bu duì 맞니(对) 틀리니(不对)? 对了 duì le 맞아! 맞았다! 아참!	

● **알맞은 중국어 단어를 써 넣고, 듣고 따라 해 보세요.**

1 미안합니다!

__________ !
duì bu qǐ

2 영화관 맞은편에 약국이 하나 있다.
电影院 药店 一个 是

电影院 __________ 是一个药店。
diàn yǐng yuàn duì miàn shì yí ge yào diàn

잠깐만요!

- '对不起!'에 대한 대답은 '没关系(méi guān xi)。괜찮아, 괜찮습니다'입니다.
- 우리는 '약국(藥局)'이라고 쓰지만, 중국에서는 '药店 [yào diàn]'이라고 씁니다. '药 [yào]'는 '藥'의 간체자입니다.
- 장소 + 是 [shì] + 사물 : ~에 …가 있다('是'는 존재를 나타냄)
  电影院对面是一个药店(diàn yǐng yuàn duì miàn shì yí ge yào diàn)。영화관(电影院) 맞은편(对面)에 약국(药店)이 하나(一个) 있다(是).

정답 **1.** 对不起 **2.** 对面

190

교육용 1800자 / 신HSK 3급 190.mp3

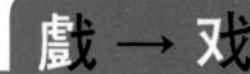

xì

戏(게임)
= 又(또) + 戈(창)
또(又:또 우) 창(戈: 창 과)을 들고 싸우는 게임(戏 xì)을 한다.

戲
놀 **희**

명 **놀이, 게임**

游 戏 yóu xì 명 게임, 오락
游戏 机 yóu xì jī 명 게임(游戏)기(机), 오락기
游戏 光盘 yóu xì guāng pán 게임(游戏) CD(光盘)
足球 游戏 zú qiú yóu xì 축구(足球) 게임(游戏)

● **알맞은 중국어 단어를 써 넣고, 듣고 따라 해 보세요.**

1 준비 다 됐니? 게임이 곧 시작된다.
准备 好了吗 马上 开始

准备好了 吗? ________ 马上 开始。
zhǔn bèi hǎo le ma yóu xì mǎ shàng kāi shǐ

2 남동생은 컴퓨터 게임 하는 것을 무척 좋아한다.
弟弟 电脑 玩儿 很 喜欢

弟弟 很喜欢 玩儿电脑 ________。
dì di hěn xǐ huān wár diàn nǎo yóu xì

잠깐만요!

- '게임(오락)'은 노는 것이기 때문에 '게임(오락)을 하다'라는 동사는 '玩(놀 완) [wán]'을 씁니다.
  玩游戏(wán yóu xì) 게임(游戏)을 하다(玩)
  玩电脑游戏(wán diàn nǎo yóu xì) 컴퓨터(电脑) 게임(游戏)을 하다(玩)

정답 **1.** 游戏 **2.** 游戏

191 교육용 1800자 / 신HSK 1.4급 191.mp3 **師 → 师**

师 shī	师(스승) = 刂(칼) + 一(하늘) + 巾(수건) 칼(刀 → 刂)을 하늘(一) 아래 수건(巾: 수건 건)처럼 차고 있는 장수(帥: 장수 수)같은 사람이 그의 스승(师 shī)이다.	師 스승 **사**
명 선생님	老 师 lǎo shī 명 선생님	
명 (기술 방면의) 스승	师 傅 shī fu 명 (무술사범 · 요리사 · 운전기사 등 기술 방면의) 스승 厨 师 chú shī 명 요리사 工程 师 gōng chéng shī 명 기술자, 엔지니어	

● **알맞은 중국어 단어를 써 넣고, 듣고 따라 해 보세요.**

1 선생님, 안녕하세요!
好

__________ 好!
lǎo shī hǎo

2 기사님, 티엔 안 먼(천안문)으로 가 주세요.
天安门 去

__________，去天安门。
shī fu qù tiān ān mén

잠깐만요!

- '老师 [lǎo shī]'의 '老'는 '늙다'라는 뜻이 아니라, 존경의 의미만을 나타내는 허사입니다. '老虎 [lǎo hǔ] 호랑이'의 '老'도 마찬가지입니다. 고대 중국어 어휘는 한 글자(师, 虎) 위주였으나, 현대중국어에서는 두 글자(老师, 老虎) 위주로 바뀌었습니다.
- '선생님, 안녕하세요!'는 '老师，您好！'라고 해도 되지만, '老师好！'라고만 해도 됩니다.
- '师傅 [shī fu]'는 운전기사, 요리사, 무술사범 등에 대한 존칭일뿐만 아니라, 우리말의 '아저씨'처럼 보편적으로 쓰이는 호칭이랍니다.
  师傅去天安门怎么走(shī fu qù tiān ān mén zěn me zǒu)? 아저씨(师傅) 티엔 안 먼(천안문)(天安门) 어떻게(怎么) 가죠(走)?

정답 **1. 老师 2. 师傅**

192 교육용 1800자 / 신HSK 3~5급  192.mp3

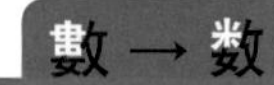

数 shù shǔ	数(수/세다) = 米(쌀) + 女(여자) + 攵(치다) 쌀(米: 쌀 미)을 여자(女)가 치면서(攵: 칠 복) 수(数 shù)를 세고(数 shǔ) 있다.	數 셈 **수**
[shù] 명 수	数字 shù zì 명 숫자 数学 shù xué 명 수학 数量 shù liàng 명 수량, 양	
[shǔ] 동 (수를) 세다	数一数 shǔ yi shǔ 한번(좀) 세어보다 (= 数一下 shǔ yí xià)	

● **알맞은 중국어 단어를 써 넣고, 듣고 따라 해 보세요.**

1 오늘의 수학 숙제를 나는 아직 안 했다.
今天的 作业 我 还 没(有)做

今天的 __________ 作业我还没(有)做呢。
jīn tiān de shù xué zuò yè wǒ hái méi (you) zuò ne

2 한번(좀) 세어 보세요!
请

请 __________ 。
qǐng shǔ yí xià

잠깐만요!

- 还没 ~ 呢 [hái méi ~ ne] 아직(还) ~하지 않았다(没~呢)(강조)
  还没吃饭呢(hái méi chī fan ne)。아직(还) 밥(饭) 먹지(吃) 않았다(没).
  作业还没做完呢(zuò yè hái méi zuò wán ne)。숙제(作业)는 아직(还) 다하지 못했다(没做完呢).
- '数'는 [shù]와 [shǔ] 두 가지로 발음됩니다. 제4성인 '数 [shù]'로 읽으면 '숫자'라는 명사가 되고, '数 [shǔ]'라고 제3성으로 읽으면 '수를 세다'라는 동사가 됩니다.
- 현대중국어 어휘의 가장 큰 특징 중 하나는 대부분의 어휘가 두 글자로 이루어 졌다는 점입니다(약75% 이상). 그래서 우리는 '양'이나 '질'을 한 글자로 말하나, 중국인은 '质量 [zhì liàng]'처럼 두 글자로 말합니다.
  质量高(zhì liàng gāo) 질(质量)이 높다(좋다)(高)

정답 **1.** 数学 **2.** 数一下

교육용 1800자 / 신HSK 3급 193.mp3

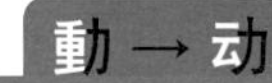

dòng

动(움직이다)
= 云(구름) + 力(힘)
구름(云)이 힘(力: 힘 력) 있게 움직인다(动 dòng).

動
움직일 **동**

동 움직이다

自 动 zì dòng 형 자동으로
动 物 dòng wù 명 동물
动物 园 dòng wù yuán 명 동물(动物)원(园)
动 画 片 dòng huà piān 명 그림(画)이 움직이는(动) 영화(画), 만화영화

● **알맞은 중국어 단어를 써 넣고, 듣고 따라 해 보세요.**

1 아이들은 모두 작은 동물을 좋아한다.
孩子们 都 小 喜欢

孩子们 都 喜欢 小 ＿＿＿＿＿＿。
hái zi men dōu xǐ huān xiǎo dòng wù

2 나는 베이징(북경)동물원을 가 본 적이 없다.
我 北京 去过 没

我 没去过 北京 ＿＿＿＿＿＿。
wǒ méi qù guò běi jīng dòng wù yuán

★ 잠깐만요!

- 北京动物园 [běi jīng dòng wù yuán] 북경(北京) 동물원(動物園)
- V + 过 [guò] : ~한 적이 있다(과거 경험) 没 + V + 过 : ~한 적이 없다(과거 부정)
  去过(qù guò) 가 본 적이 있다 没去过(méi qù guò) 가 본 적이(去过) 없다(没)
  我去过北京(wǒ qù guò běi jīng)。나(我)는 베이징(북경)(北京)에 가 본 적이 있다(去过).
  我没去过北京(wǒ méi qù guò běi jīng)。나(我)는 베이징(북경)(北京)에 가 본 적이 없다(没去过).

정답 **1.** 动物 **2.** 动物园

194 교육용 1800자 / 신HSK 3,4급 194.mp3 **郵 → 邮**

邮	yóu	**邮(우편)** **= 由(말미암다) + 阝(고을)** 쓰여 있는 주소로 말미암아(由: 말미암을 유) 고을(阝: 고을읍 방)을 찾게 되는 우편(邮 yóu).	**郵** 역말 **우**

형 우편의, 우편업무의	**邮 寄** yóu jì 동 우편(邮)으로 보내다(寄), 우송하다 **邮 局** yóu jú 명 우체(邮)국(局) **邮 票** yóu piào 명 우표 **邮 筒** yóu tǒng 명 우체(邮)통(筒) **邮 件** yóu jiàn 명 우편(邮)물(件) **电子 邮件** diàn zǐ yóu jiàn 전자(电子) 우편(邮件), e메일

● **알맞은 중국어 단어를 써 넣고, 듣고 따라 해 보세요.**

1 말씀 좀 묻겠습니다. 우체국은 어디에 있죠?
请问 在哪儿

请问, ________ 在哪儿?
qǐng wèn yóu jú zài nǎr

2 편지 를 우체통에 넣었다.
信 把 投进了

把信 投进了 ________。
bǎ xìn tóu jìn le yóu tǒng

잠깐만요!

- 중국인들은 일반적으로 우체국을 '邮局 [yóu jú]'라고 하나, 실제 우체국 간판에는 대부분이 '邮政 [yóu zhèng] 우편 업무'이나 '邮政储蓄 [yóu zhèng chǔ xù] 우편 저축'라고 쓰여 있습니다. '邮政编码(yóu zhèng biān mǎ) 우편(邮政)번호(编码)'는 줄여서 보통 '邮编(yóu biān)'이라고 합니다.
- 投进 [tóu jìn] 동 투입하다, 집어(投)넣다(进) ('进'은 방향보어임)
- '电子邮局'은 '伊妹儿 [yī mèir]'이라고도 합니다. ('伊妹儿'은 'E-mail'을 음역한 것임)

정답 **1.** 邮局 **2.** 邮筒

195

교육용 1800자 / 신HSK 4급 195.mp3

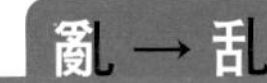

乱	luàn	乱(어지럽다/혼란하다) = 舌(혀) + 乙→ 乚(새) 혀(舌: 혀 설)를 새(乙→ 乚: 새 을)처럼 함부로 나불대니 어지럽고(乱 luàn) 혼란스럽다(乱 luàn).	亂 어지러울 **란**

형 어지럽다, 혼란하다	屋里 很乱 wū li hěn luàn 방(屋) 안(里)이 아주(很) 어지럽다/엉망이다(乱) 乱 说 luàn shuō 동 함부로(乱) 말하다(说), 제멋대로(乱) 지껄이다(说) 别 乱说 bié luàn shuō 함부로 말하지(乱说) 마(别)! 乱画 luàn huà 함부로(乱) 그림을 그리다(画), 낙서하다

● **알맞은 중국어 단어를 써 넣고, 듣고 따라 해 보세요.**

1 이 방은 아주 어지럽다(엉망이다).
这房间 很

这个 房间 很 ＿＿＿＿＿＿＿。
zhè ge fáng jiān hěn luàn

2 너 책에 함부로 낙서하지 마라!
你 在书上 别

你 别 在 书 上 ＿＿＿＿＿＿＿。
nǐ bié zài shū shàng luàn huà

잠깐만요!

- 屋 [wū] 명 (집 안의) 방 屋里(wū li) 방 안
  房间 [fáng jiān] 명 (기숙사 · 아파트 · 호텔 따위의) 방
- 在书上(zài shū shàng) 책(书) 위에(在～上), 책에
- "你别在书上乱画。"에서 부정어 '别 [bié]'는 전치사 '在' 앞에 와야 합니다. 동사 '乱' 앞에 두면 안 됩니다!
  你别在这儿抽烟(nǐ bié zài zhèr chōu yān)! 너 여기서(在这儿) 담배 피지(抽烟) 마라(别))!
  你别在这儿睡觉(nǐ bié zài zhèr shuì jiào)! 너 여기서(在这儿) 잠자지(睡觉) 마라(别)!

정답 **1.** 乱 **2.** 乱画

196　신HSK 2,3급　196.mp3　幫 → 帮

帮 bāng

帮(돕다)
= 丰(풍성하다) + 阝(고을) + 巾(수건)
나라에서 풍성한(丰: 풍성할 풍) 고을(阝: 고을 읍 방)에 수건(巾: 수건 건)을 하사하여 살림을 돕다(帮 bāng).

幫
도울 **방**

동 돕다, 일을 거들어 주다

帮 助 bāng zhù 동 돕다 명 도움
对我 有 帮助 duì wǒ yǒu bāng zhù 나(我)에게(对) 도움(帮助)이 되다(有)
帮 忙 bāng máng 동 바쁜 것(忙)을 도와주다(帮), 일(손)을 돕다
帮 他的忙 bāng tā de máng 그의(他的) 바쁜 것(忙)을 돕다(帮), 그를 돕다

● **알맞은 중국어 단어를 써 넣고, 듣고 따라 해 보세요.**

1 내가 너 책 사는 걸 도와줄게.
我 你 买书

我 ______ 你 买书。
wǒ bāng nǐ mǎi shū

2 너는 반드시 그의 바쁜 것을 도와야 한다.
你 一定 要

你 一定要 __________。
nǐ yí dìng yào bāng tā de máng

잠깐만요!

- '帮助 [bāng zhù]'와 '帮忙 [bāng máng]'은 모두 '돕다'라는 의미의 동사지만, 그 쓰임에 차이가 있습니다. '帮助'에서 '帮 [bāng]'과 '助 [zhù]'는 모두 '돕다'라는 의미의 동사로, 뒤에 목적어가 올 수 있습니다. 반면 '帮忙'에서 '帮 [bāng]'은 '돕다'라는 동사이고, '忙 [máng]'은 '바쁜 것'이라는 목적어로 쓰여 목적어 뒤에 다시 목적어가 올 수 없습니다.
  따라서 목적어는 동사 '帮' 뒤에 두어야 합니다.
  我可以帮忙你。(X)
  → 我可以帮你的忙(wǒ kě yǐ bāng nǐ de máng)。(O)
  = 我可以帮助你(wǒ kě yǐ bāng zhù nǐ)。(O)
- '帮助'를 간단히 줄여 '帮'으로만 쓰기도 합니다.

정답 1. 帮 2. 帮他的忙

교육용 1800자 197.mp3

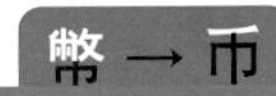

bì

币(화폐)
= 丿(삐침) + 巾(수건)
삐침(丿) 밑에 수건(巾: 수건 건)이 있으면 화폐(币 bì)이다.

幣
재물 **폐**
화폐 **폐**

명 화폐

货 币 huò bì 명 화폐
外 币 wài bì 명 외화(外貨)
人民 币 rén mín bì 명 인민(人民)폐(币)
港 币 gǎng bì 명 홍콩 달러

● **알맞은 중국어 단어를 써 넣고, 듣고 따라 해 보세요.**

1 런민삐(인민폐, RMB, ¥)는 중국의 법정화폐 이다.
中国的 法定货币 是

______ 是中国的法定货币。
rén mín bì shì zhōng guó de fǎ dìng huò bì

2 깡삐(港币)는 홍콩의 화폐 명칭인데, 깡위옌(港元) 이라고도 한다.
香港的 货币 是~名称 港元 也称

______ 是香港的货币名称，也称港元。
gǎng bì shì xiāng gǎng de huò bì míng chēng yě chēng gǎng yuán

잠깐만요!

• '人民币 [rén mín bì]'는 중국의 법정 화폐를 말합니다. 흔히 [Ren Min Bi]를 간단히 줄여 RMB으로 쓰고 있으며, '¥'으로 표기합니다.
'人民币'의 기본 단위는 서면어로는 '元 [yuán], 角 [jiǎo], 分 [fēn]'이며, 구어체에서는 '元' 대신 '块 [kuài]'를, '角' 대신 '毛 [máo]'를 쓰고 있습니다. '元(块)'는 우리나라의 100원짜리, '分'은 1원짜리에 해당되는데, 시중에는 '元(块), 毛'만 유통되고 '分'은 유통되지 않고 있습니다.

정답 **1.** 人民币 **2.** 港币

198

신HSK 1급 198.mp3

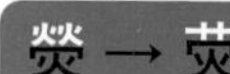

yíng

荧(희미한 빛)
= 艹(풀) + 冖(덮다) + 火(불)
풀(艹) 아래 덮여(冖) 있는 불(火)은 희미하다 (荧 yíng).

熒
등불 형

형 빛이 희미한 모양

荧光 yíng guāng 명 형광
发出 荧光 fā chū yíng guāng 형광(荧光)을 발산하다(发出)
荧光 笔 yíng guāng bǐ 명 형광(荧光)펜(笔)
荧光 灯 yíng guāng dēng 명 형광(荧光)등(灯)

● 알맞은 중국어 단어를 써 넣고, 듣고 따라 해 보세요.

1 너 형광펜 있니?
你 有

你 有 ＿＿＿＿＿ 吗?
nǐ yǒu yíng guāng bǐ ma

2 네 형광펜 좀 빌려줄 수 있겠니?
一下 借 能~吗

能 借一下 你的 ＿＿＿＿＿ 吗?
néng jiè yí xià nǐ de yíng guāng bǐ ma

잠깐만요!

- 能~吗(néng ~ ma)? : ~할 수(能) 있니(吗)?
  能借一下~吗(néng jiè yí xià ~ ma)? : ~를 좀 빌릴 수 있나요?
  能借一下您的笔吗(néng jiè yí xià nín de bǐ ma)? 당신 펜(您的笔)을 좀(一下) 빌릴(借) 수 있나요(能~吗)?

정답 1. 荧光笔 2. 荧光笔

교육용 1800자 / 신HSK 1,3,4급  199.mp3

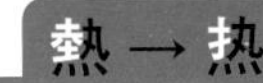

热 rè	热(뜨겁다/덥다) = 扌(손) + 丸(알) + 灬(불) 손(扌 = 手)으로 알(丸: 알 환)을 잡고(執: 잡을 집) 불(灬 = 火) 위에 있으니 뜨겁다/덥다(热 rè).	熱 열 **열** 더울 **열**
형 덥다, 뜨겁다	天气 热 tiān qì rè 날씨(天气)가 덥다(热) 热 的 rè de 뜨거운(热) 것(的) 热 闹 rè nao 형 떠들썩하다, 시끌벅적하다, 번화하다	
형 (사이가) 친밀하다	热 情 rè qíng 형 친절하다	

● **알맞은 중국어 단어를 써 넣고, 듣고 따라 해 보세요.**

1 오늘의 날씨는 정말 너무 덥다.
今天的 天气 真是 太~了

今天的 天气 真是 太 ______ 了。

jīn tiān de tiān qì zhēn shi tài rè le

2 저는 뜨거운 것을 원합니다. (뜨거운 것 주세요!)
我 要

我 要 __________。

wǒ yào rè de

잠깐만요!

- 현대중국어에서 '热情 [rè qíng]'은 '친절하다'라는 의미로 많이 쓰입니다.
  热情服务(rè qíng fú wù) 친절한(热情) 서비스(服务)
  他很热情(tā hěn rè qíng)。그(他)는 아주(很) 친절하다(热情).
- 真是 ① [zhēn shì] 정말, 참(불만을 나타냄)
  真是的(zhēn shì de) 나 원 참! (여성들이 많이 쓰는 표현임)
  这个人真是的(zhè ge rén zhēn shì de)。이 사람(这个人) 참(真是的).
  你也真是的(nǐ yě zhēn shì de)。너도(你也) 참(真是的).
  天气真是不错(tiān qì zhēn shi bú cuò)。날씨(天气)가 정말(真是) 좋다(不错).
  ② [zhēn shi] 정말, 참으로(강조표현)
  真是聪明的孩子(zhēn shi cōng míng de hái zi)。참(真是) 똑똑한(聪明的) 아이(孩子)구나!
- 太 [tài] ~ 了 : 너무(太) ~하다(了)(了는 상태의 변화를 나타냄)

정답 **1.** 热 **2.** 热的

xìng

兴(흥미)
= 丷 (세 가지 음식) + 一(상) + 八(두 다리)
3가지 음식(丷)을 차린 상(一)을 두 다리(八)가 받치고 있는 모습이 흥미롭다(兴 xìng).

興
기뻐할 **흥**

명 흥미

高 兴 gāo xìng 형 기쁘다
兴 趣 xìng qù 명 흥미
感 兴趣 gǎn xìng qù 흥미(兴趣)를 느끼다(感), 흥미가 있다
兴 奋 xīng fèn 명형 흥분(하다)

● **알맞은 중국어 단어를 써 넣고, 듣고 따라 해 보세요.**

1 너를(你) 알게 되어(认识) 무척(很) 기쁘다.

认识你很 ________。
rèn shi nǐ hěn gāo xìng

2 나는(我) 음악에(对音乐) 무척(很) 흥미가 있다.

我 对音乐 很 ________。
wǒ duì yīn yuè hěn gǎn xìng qù

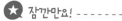

- 认识 [rèn shi] 동 (사람 · 글자 · 길을) 알다
- 音乐 [yīn yuè] 명 음악
- 对 [duì] ~ 感兴趣 [gǎn xìng qù] : ~에(对) 흥미(兴趣)를 느끼다(感), ~에 흥미가 있다
  我对书法很感兴趣(wǒ duì shū fǎ hěn gǎn xìng qù)。나(我)는 서예에(对书法) 무척(很) 흥미가 있다(感兴趣).

정답 1. 高兴 2. 感兴趣

201 교육용 1800자 / 신HSK 3급 201.mp3

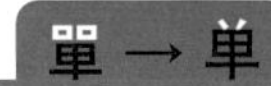

单 dān	单(하나/쪽지) = 丷(뿔) + 田(밭) + 十(열) 뿔이 둘(丷) 달린 소가 밭(田)에 나가 열(十) 사람 일을 쪽지(单 dān) 같은 밭에서 홀로(单 dān) 한다.	單 단지 **단** 홑 **단** 쪽지 **단**
형 홀로, 하나의	单 词 dān cí 명 단(单)어(词) 单 独 dān dú 부 단독으로, 홀로 单 调 dān diào 형 단조롭다 生活 单调 shēng huó dān diào 생활(生活)이 단조롭다(单调) 单 纯 dān chún 형 단순하다, 순진하다	
명 (물건의 목록이나 사실을 기재한) 종이쪽지	菜 单 cài dān 명 메뉴 (= 菜谱 cài pǔ)	

● 알맞은 중국어 단어를 써 넣고, 듣고 따라 해 보세요.

1 이것은(这) 메뉴(menu) 입니다(是).

这 是 ____________。

zhè shì cài dān

2 그는(他) 매우(很) 단순(순진)하다.

他 很 ____________。

tā hěn dān chún

잠깐만요!

- '菜单 [cài dān]'과 '菜谱 [cài pǔ]'는 모두 '메뉴판'이라는 뜻입니다. 일반적으로 회화체에서는 '菜单'을 많이 쓰며, '菜谱 [cài pǔ]'는 서면어로 실제 메뉴판에 많이 쓰여 있습니다.

정답 **1.** 菜单 **2.** 单纯

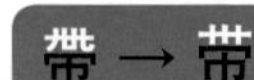

带 dài	带(휴대하다/인솔하다/띠처럼 긴 것) = 卌(끈) + 冖(덮다) + 巾(수건) 가이드는 세 개의 막대를 꿴 긴 끈(卌) 밑에 덮여(冖) 있는 수건(巾)을 휴대(带 dài)하고 테이프(带 dài)를 들으며 관광객을 인솔한다(带 dài).	帶 띠 **대**
동 (몸에) 지니다, 휴대하다	带 钱 dài qián 돈(钱)을 지니다(带) 没 带钱 méi dài qián 돈(钱)을 가지고 있지 않다(没带) 带 雨伞 dài yǔ sǎn 우산(雨伞)을 휴대하다(带)	
동 (사람을) 데리다, 이끌다, 인솔하다	带 你 去 dài nǐ qù 너(你)를 데리고(带) 가다(你)	
명 (녹음)테이프, 혁대, 넥타이, 띠같이 긴 것	录音 带 lù yīn dài 명 녹음(录音) 테이프(带) 腰 带 yāo dài 명 허리(腰)띠(带) 领 带 lǐng dài 명 목(领) 띠(带), 넥타이	

● **알맞은 중국어 단어를 써 넣고, 듣고 따라 해 보세요.**

1 우산을 휴대해야 합니까?
雨伞 要不要

要不要 ______ 雨伞?
yào bu yào dài yǔ sǎn

2 내가 감기에 걸렸기 때문에, 그래서 엄마가 나를 데리고 병원에 가셨다.
我 感冒了 因为 所以 妈妈 我 去医院了

因为 我 感冒了，所以 妈妈 ______ 我 去医院了。
yīn wèi wǒ gǎn mào le suǒ yǐ mā ma dài wǒ qù yī yuàn le

잠깐만요!

- 要 [yào] ~해야 한다 要 [yào] ~吗 : ~해야 합니까?(= 要不要 [yào bu yào])
- 因为 [yīn wèi] ~ 所以 [suǒ yǐ]··· ~이기 때문에(因为) 그래서(所以)
- 感冒 [gǎn mào] 명동 감기(에 걸리다) 感冒了(gǎn mào le) 감기에 걸렸다.(了: 상태의 변화)
- 医院 [yī yuàn] 명 병원

정답 **1.** 带 **2.** 带

dǎo

导(이끌다/지도하다)
= 巳(뱀) + 寸(마디)
뱀(巳: 뱀 사) 밑에 마디(寸: 마디 촌)가 있는 것은 지도한다(导 **dǎo**)는 의미이다.

導
이끌 **도**

동 **이끌다, 지도하다**

导 游 dǎo yóu 명 여행(游)을 이끄는(导) 사람, 관광 가이드(안내원)
导 演 dǎo yǎn 명 연기(演)를 지도하는(导) 사람, 감독
辅 导 fǔ dǎo 동 보충(辅) 지도하다(导), 과외하다
辅导 老师 fǔ dǎo lǎo shī 과외(辅导) 선생님(老师)
指 导 zhǐ dǎo 동 지도하다
领 导 lǐng dǎo 명 지도자, 리더, 우두머리, 윗분
동 지도하다, 이끌다

● **알맞은 중국어 단어를 써 넣고, 듣고 따라 해 보세요.**

1 그는 우리 회사의 우두머리(윗분) 이다.
他 我们公司的 是

他 是 我们公司的 ＿＿＿＿＿＿。
tā shì wǒ men gōng sī de lǐng dǎo

2 나는 관광 가이드가 되고 싶다.
我 想当

我 想当 ＿＿＿＿＿＿。
wǒ xiǎng dāng dǎo yóu

- 想当 [xiǎng dāng] ~이(가) 되고(当) 싶다(想)
  我想当总统(wǒ xiǎng dāng zǒng tǒng)。나(我)는 대통령(总统)이 되고 싶다(想当).
  我想当老师(wǒ xiǎng dāng lǎo shī)。나(我)는 선생님(老师)이 되고 싶다(想当).
  我想当演员(wǒ xiǎng dāng yǎn yuán)。나(我)는 배우(演员)가 되고 싶다(想当).

정답 **1.** 领导 **2.** 导游

확인문제 | 188-203

1. 밑줄 친 중국어 한자의 발음과 성조를 쓰시오.

❶ 动物 → _____ wù　❷ 邮局 → _____ jú

❸ 师傅 → _____ fu　❹ 游戏 → yóu _____

❺ 帮助 → _____ zhù　❻ 人民币 → rén mín _____

❼ 热情 → _____ qíng　❽ 单独 → _____ dú

❾ 屋里很乱 → wū li hěn _____　❿ 荧光笔 → _____ guāng bǐ

2. 다음 중국어 발음에 해당하는 중국어 한자를 보기에서 골라 ___에 써 넣고, 전체의 뜻을 (　)에 써 넣으시오.

보기 邮　师　戏　动　乱　帮　币　单　荧　热

❶ _____(dòng) 物 → __________　❷ 屋里很 _____(luàn) → __________

❸ _____(shī) 傅 → __________　❹ _____(rè) 情 → __________

❺ 游 _____(xì) → __________　❻ _____(yóu) 局 → __________

❼ _____(yíng) 光笔 → __________　❽ _____(bāng) 助 → __________

❾ 人民 _____(bì) → __________　❿ _____(dān) 独 → __________

정답　1. ❶ dòng　❷ yóu　❸ shī　❹ xì　❺ bāng　❻ bì　❼ rè　❽ dān　❾ luàn　❿ yíng　2. ❶ 动 / 동물　❷ 乱 / 방이 지저분하다　❸ 师 / 기사님, 선생님　❹ 热 / 열정적이다, 친절하다　❺ 戏 / 게임　❻ 邮 / 우체국　❼ 荧 / 형광펜　❽ 帮 / 돕다, 원조하다　❾ 币 / 런민비, 인민폐　❿ 单 / 단독으로, 혼자서

04 한국어 한자(정자)의 **아랫부분**이 간략하게 바뀐 현대중국어 한자(간체자)

會 → 会	愛 → 爱	蘋 → 苹
藥 → 药	筆 → 笔	零 → 零
爺 → 爷	當 → 当	直 → 直
嘗 → 尝	壺 → 壶	

05 한국어 한자(정자)의 **중간 부분**이 간략하게 바뀐 현대중국어 한자(간체자)

差 → 差	藍 → 蓝

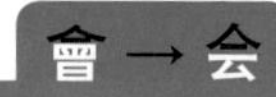

huì

会(모이다/ ~할 수 있다)
= 人(사람) + 云(구름)
사람(人)이 구름(云)처럼 모여(会 huì)야 할 수 있다(会 huì).

會
모일 **회**

동 **모이다, 만나다**
조동 **(배워서) ~할 수 있다**

会 话 huì huà 명 회화
汉语 会话 hàn yǔ huì huà 중국어(汉语) 회화(会话)
会 说 汉语 huì shuō hàn yǔ 중국어(汉语)를 말 할 줄 안다(会说)
会 一点儿 huì yì diǎr 조금(一点儿) 할 줄 안다(会)
会 游泳 huì yóu yǒng 헤엄(游泳)칠 줄 안다(会)

● **알맞은 중국어 단어를 써 넣고, 듣고 따라 해 보세요.**

1 너 중국어 할 줄 아니?
你 汉语 吗

你 ________ 汉语 吗?
nǐ huì shuō hàn yǔ ma

2 나는 조금 할 줄 안다.
我

我 ________。
wǒ huì yì diǎr

잠깐만요!

- '会 [huì]'는 조동사로서 '(배워서) ~할 수 있다'라는 의미를 나타냅니다.
  他会开车(tā huì kāi chē)。그(他)는 차를 운전(开车)할 줄 안다(会).
  我会说汉语(wǒ huì shuō hàn yǔ)。나(我)는 중국어(汉语)를 할 줄 안다(会说).

정답 **1.** 会说 **2.** 会一点儿

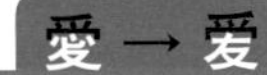

爱	ài	爱(사랑) = 爫(손톱)+ 冖(덮다)+ 友(벗) 손톱(爫: 손톱 조)처럼 허물을 덮어(冖: 덮을 멱) 주고 벗(友: 벗 우)처럼 아껴 주는 것이 사랑(爱 ài)이다.	愛 사랑 **애**
동 사랑하다		爱人 ài rén 명 사랑하는(爱) 사람(人), 남편 또는 아내 爱情 ài qíng 명 애정, (남녀간의) 사랑 可爱 kě ài 형 사랑스럽다, 귀엽다	
조동 ~하기를 좋아하다, ~를 즐겨하다		爱好 ài hào 명 취미('好'는 제4성 hào로 읽어야 함)	

● **알맞은 중국어 단어를 써 넣고, 듣고 따라 해 보세요.**

1 나는 공부하기를 좋아한다.
我 学习

我 ______ 学习。
wǒ ài xué xí

2 나의 취미는 운동 이다.
我的 运动 是

我的 __________ 是运动。
wǒ de ài hào shì yùn dòng

잠깐만요!

- 한국어 한자(정자) '愛(사랑 애)'에는 '心'이 들어가 있어 사랑은 마음으로 한다는 것을 의미하였습니다. 그러나 중국어 한자(간체자) '爱 [ài]'에는 '心'이 없어지고 '夂'가 '友'로 바뀌었습니다(夂→ 友).
- 우리말의 '애인(愛人)'에 해당하는 중국어는 '情人 [qíng rén]'이 있습니다. 하지만 '情人'은 남편이나 아내가 있는 사람의 '애인(愛人)'이라는 의미로 비정상적인 불륜 관계를 말합니다. 남녀간의 '애인(愛人)'을 뜻하는 중국어는 '**男朋友** [nán péng you] 남자 친구'와 '**女朋友** [nǔ péng you] 여자 친구'입니다.

정답 **1. 爱 2. 爱好**

206 신HSK 1급 206.mp3 **蘋 → 苹**

苹 píng	苹(사과) = 艹(풀) + 平(평평하다) 풀(艹) 밑의 평평한(平) 것은 사과(苹 píng)이다.	蘋 개구리밥 **빈** 부평초 **빈**
명 사과	苹 果 píng guǒ 명 사과 一些 苹果 yì xiē píng guǒ 약간의(一些) 사과(苹果) 吃 苹果 chī píng guǒ 사과(苹果)를 먹다(吃) 喜欢 吃 苹果 xǐ huān chī píng guǒ 사과(苹果)를 즐겨(喜欢) 먹다(吃)	

● **알맞은 중국어 단어를 써 넣고, 듣고 따라 해 보세요.**

1 나는 매일 사과 하나를 먹는다.
我 每天 吃

我 每天 吃 ＿＿＿＿＿。
wǒ měi tiān chī yí ge píng guǒ

2 나는 사과가 필요합니다(사겠습니다).
我 要

我 要 ＿＿＿＿＿。
wǒ yào píng guǒ

잠깐만요!

- 要 [yào] 동 원하다, 필요하다
  A: 你要什么(nǐ yào shén me)? 당신(你)은 뭐(什么)가 필요해요(要)? 당신 뭐 살거에요?
  B: 我要苹果(wǒ yào píng guǒ)。나(我)는 사과(苹果)를 원해요(要). 사과 주세요.

정답 **1.** 一个苹果 **2.** 苹果

yào

药(약)
= 艹(풀) + 约(약속하다)
풀(艹) 밑에서 약속(約 → 约)하여 약(药 yào)을 만들었다.

藥
약물 **약**

명 **약**

吃 药 chī yào 동 약(药)을 먹다(吃)
中 药 zhōng yào 명 한(中)약(药)
西 药 xī yào 명 양(西)약(药)
药 店 yào diàn 명 약(药)을 파는 상점(店), 약국(藥局)

● **알맞은 중국어 단어를 써 넣고, 듣고 따라 해 보세요.**

1 너는 오늘 약 먹었니?
你 今天 吃过~吗

你 今天 吃过 ______ 了 吗?
nǐ jīn tiān chī guo yào le ma

2 영화관 맞은편에 약국이 하나 있다.
电影院 对面 一个 是

电影院 对面 是 一个 __________。
diàn yǐng yuàn duì miàn shì yí ge yào diàn

잠깐만요!

- 동사 + 过 [guó] : 동사의 과거의 경험을 나타냄
  吃 [chī] 먹다 　　吃过(chī guo) 먹은 적이 있다, 먹었다
  A: 你吃饭吗(nǐ chī fàn le ma)? 너 밥 먹었니?
  B: 吃过(chī guo)。 먹었어.
- 장소 + 是(존재) + 사물 : ~에 …이 있다(是)
  学校旁边是中国银行(xué xiào páng biān shì zhōng guó yín háng)。 학교(学校) 옆(旁边)에 중국은행(中国银行)이 있다(是).
- 우리말 한자어의 '약국(藥局)'은 중국어로 '药店 [yào diàn]'이라고 합니다. 일반적으로 거리에 있는 약국은 '药店 [yào diàn]', '大药店 [dà yào diàn]', '大药房 [dà yào fáng]'이라고 하고, 병원 내의 구내 약국은 '药房 [yào fáng]'이라고 합니다.

정답 **1.** 药 **2.** 药店

교육용 1800자 / 신HSK 2,3급 208.mp3

bǐ

笔(필기구)
= 竹(대) + 毛(털)
대(竹: 대 죽) 밑에 털(毛: 털 모)이 있는 것은 붓/필기구(笔 bǐ)이다.

筆
붓 **필**

명 필기구

毛 笔 máo bǐ 명 털(毛)이 달린 펜(笔), 붓
铅 笔 qiān bǐ 명 연필
活动 铅笔 huó dòng qiān bǐ 명 활동(活动) 연필(铅笔), 샤프
圆珠 笔 yuán zhū bǐ 명 둥근(圆) 구슬(珠)이 달린 펜(笔), 볼펜
笔 试 bǐ shì 명 필기(笔) 시험(试)
笔 记 bǐ jì 명 필기
记 笔记 jì bǐ jì 필기(笔记)하다(记)
笔记 本 bǐ jì běn 명 공책, 노트 (= 本子 běnzi), 노트북
笔记本 电脑 bǐ jì běn diàn nǎo 명 노트북(笔记本) 컴퓨터(电脑), 노트북

● **알맞은 중국어 단어를 써 넣고, 듣고 따라 해 보세요.**

1 너 필기구 있니?
你 有~吗

你有 ______ 吗?
nǐ yǒu bǐ ma

2 너 노트북 컴퓨터 있니?
你 有~吗

你有 ________________ 吗?
nǐ yǒu bǐ jì běn diàn nǎo ma

잠깐만요!

- '笔记本电脑 [bǐ jì běn diàn nǎo]'를 간단히 줄여 '笔记本 [bǐ jì běn]'이라고 많이 말합니다.
- 有 [yǒu] ~吗? : ~이 있니? ~를 가지고 있니?
  你有铅笔吗(nǐ yǒu qiān bǐ ma)? 너(你) 연필(铅笔) 있니(有~吗)?
- '笔 [bǐ]'는 '필기구'라는 뜻으로, '铅笔 [qiān bǐ] 연필, 毛笔 [máo bǐ] 붓, 圆珠笔 [yuán zhū bǐ] 볼펜' 등 필기구 전체를 통틀어서 일컫는 말입니다.

정답 **1.** 笔 **2.** 笔记本电脑

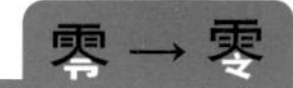

líng

零(영/나머지)
= 雨(비) + 令(명령하다)
비(雨) 아래서 명령(令→ 令)하여 나머지(零 líng)는 영(零 líng)으로 만들었다.

零
영 **령**
나머지 **령**

수 영(零), 공(空)	零 líng 수 영(zero) 零下六度 líng xià liù dù 영하(零下) 6도(六度) 二零零八年 èr líng líng bā nián 2008년 两点零五分 liǎng diǎn líng wǔ fēn 2시(两点) 0(零) 5분(五分)
수 나머지	零钱 líng qián 명 잔(零)돈(钱) 零食 líng shí 명 간식(間食) 零件 líng jiàn 명 부속품, 부품

● **알맞은 중국어 단어를 써 넣고, 듣고 따라 해 보세요.**

1 너 잔돈 있니?
你 有~吗

你有 __________ 吗?
nǐ yǒu líng qián ma

2 나는 간식을 즐겨 먹는다.
我 喜欢 吃

我喜欢吃 __________。
wǒ xǐ huān chī líng shí

- 회화체에서 중국인들은 2008년(而零零八年)을 간단히 줄여 '08(零八年)'이라고 흔히 말합니다.
2003年 → 03年/零三年 [líng sān nián]

정답 **1.** 零钱 **2.** 零食

yé

爷(할아버지)
= 父(아비) + ㄗ → ㄲ(무릎을 꿇다)
아비(父: 아비 부) 몸 밑의 무릎이 꿇어지면(耶 → ㄗ → ㄲ : 무릎 꿇을 절) 할아버지(爷 yé)가 된다.

爺
아비 야

명 할아버지

爷 爷 yé ye 명 (친)할아버지, 할아버지뻘 되는 어르신
老 爷爷 lǎo yé ye 명 할아버지(사회 호칭)('할아버지'에 대한 존칭)
大 爷 dà yé 명 [옛말] 나리, 어르신
老 大爷 lǎo dà yé 명 어르신(사회 호칭), '할아버지'에 대한 존칭
少 爷 shào ye 명 [옛말] 도련님

● 알맞은 중국어 단어를 써 넣고, 듣고 따라 해 보세요.

1 네 할아버지는 금년에 연세가 어떻게 되시니?
你 今年 年纪 多大

你 __________ 今年 多大 年纪?
nǐ yé ye jīn nián duō dà nián jì

2 나는 오른쪽 그 할아버지를 뵌 적이 있다.
我 右边 那位 见过

我 见过 右边 那位 __________。
wǒ jiàn guò yòu biān nà wèi lǎo yé ye

잠깐만요!

- 존칭어가 발달되어 있는 한국어와는 달리 중국어는 존칭어가 거의 발달되어 있지 않습니다. 대표적인 존칭어로는 '您(당신), 位(분), 年纪(나이 · 연세)' 등을 들 수 있습니다.
  老师，您好(lǎo shī, nín hǎo)！선생님(老师) 안녕하세요(您好)!
  一位爷爷(yí wèi yé ye) : 할아버지(爷爷) 한 분(一位) : 一(수) + 位(양) + 爷爷(명)
  那(一)位爷爷(nà (yí) wèi yé ye)。저(那) 한 분((一)位)의 할아버지(爷爷), 저(那位) 할아버지(爷爷).
  您多大年纪(nín duō dà nián jì)? 당신 연세가 어떻게 되십니까?
- 동사 + 过 : ~한 적이 있다(과거 경험을 나타냄)
  我见过他(wǒ jiàn guò tā)。나(我)는 그(他)를 만난(见) 적이 있다(过).

정답 **1.** 爷爷 **2.** 老爷爷

교육용 1800자 / 신HSK 3,4급 211.mp3

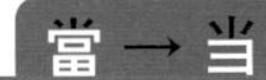

dāng

当(~이 되다/~을 맡다)
= ⺌(작다) + 彐(손)
작은(小 → ⺌) 손(彐)으로 해야 당연히(当 dāng) 된다(当 dāng).

當
당연할 **당**
될 **당**
맡을 **당**

동 ~이(가) 되다, (~의 일을) 담당하다, 맡다

当 然 dāng rán 형 당연하다, 물론이다 부 당연히, 물론
当 老师 dāng lǎo shī 선생님(老师)이 되다(当)
想 当 xiǎng dāng ~이 되고(当) 싶다(想)
当 主席 dāng zhǔ xí 주석(의장)(主席)을 맡다(当)

● 알맞은 중국어 단어를 써 넣고, 듣고 따라 해 보세요.

1 나는 당연히(물론) 집 생각이 난다.
我 想家

我 ________ 想家。
wǒ dāng rán xiǎng jiā

2 나는 선생님이 되고 싶다.
我 老师

我 ________ 老师。
wǒ xiǎng dāng lǎo shī

잠깐만요!

• 想 [xiǎng] 동 ① 그리워하다, 보고싶다 ② ~하고 싶다
想家(xiǎng jiā) 집(家) 생각이 나다(想)
我想你(wǒ xiǎng nǐ)。나(我)는 네(你) 생각이 난다(想), 나는 네가 보고 싶다
我想当妈妈(wǒ xiǎng dāng mā ma)。나(我)는 엄마(妈妈)가 되고 싶다(想当).
'我想你'를 간단히 줄여 '想你'라고도 할 수 있습니다.

정답 1. 当然 2. 想当

212 교육용 1800자 / 신HSK 3.5급 212.mp3

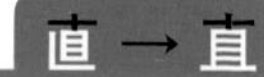

直 zhí	直(곧장) = 十(열) + 目(눈) + 一(땅) 열(十) 개의 눈(目)이 땅(一) 위에 있으니 곧장(直 zhí) 가라.	直 곧을 **직**
부 (방향) 곧장, 똑바로	一直 yì zhí 부 곧장, 똑바로 一直 走 yì zhí zǒu 곧장(一直) 가다(走)	
부 계속, 줄곧, 쭉 (동작 · 상태의 지속)	一直 到现在 yì zhí dào xiàn zài 지금까지(到现在) 줄곧(쭉)(一直) 一直 等了 好久 yì zhí děng le hǎo jiǔ 한참 동안(好久) 줄곧(一直) 기다렸다(等了).	

● **알맞은 중국어 단어를 써 넣고, 듣고 따라 해 보세요.**

1 곧장 앞으로 가세요!
往前 走

______ 往前 走!
yì zhí wǎng qián zǒu

2 나는 계속(줄곧) 베이징(북경)에 있었다.
我 北京 在

我 ______ 在北京。
wǒ yì zhí zài běi jīng

잠깐만요!

- '一直 [yì zhí]'는 '방향'과 '동작 · 상태의 지속' 2가지 의미가 있습니다.
  ① 방향 : 곧장
  一直走(yì zhí zǒu) 곧장(一直) 가세요(走).
  ② 동작 · 상태의 지속 : 계속, 줄곧, 쭉
  一直到现在(yì zhí dào xiàn zài) 지금까지(到现在) 계속(一直)
- '往 [wǎng]'이 전치사로 쓰이면 '~쪽으로, ~을 향해'라는 의미를 가지고 있는데, 이때는 '向 [xiàng]'으로 바꾸어 쓸 수 있습니다.
  往前 [wǎng qián] 앞(前)으로(往)
  往东 [wǎng dōng] 동쪽(东)으로(往)
  往西 [wǎng xī] 서쪽(西)으로(往)
  向前 [xiàng qián] 앞으로

정답 **1.** 一直 **2.** 一直

교육용 1800자 / 신HSK 4,6급 213.mp3

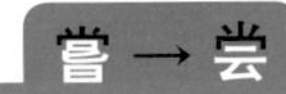

cháng

尝(맛보다)
= ⺍(3개의 점) + 冖(덮다)+ 云(구름)
3개의 점(⺍) 아래에 덮여진(冖) 구름(云) 과자를 맛본다(尝 cháng).

嘗
맛볼 **상**

동 (음식 따위를) 맛보다

尝尝 cháng chang 한번(좀) 맛보다
(= 尝一尝 cháng yì cháng, 尝 一下 cháng yí xià)
品 尝 pǐn cháng 동 맛보다, 시식(試食)하다
免费 品尝 miǎn fèi pǐn cháng 무료로(免费) 시식하다(品尝)
尝 试 cháng shì 동 시험 삼아(尝) 해보다(试), 시도해 보다, 테스트해 보다

● **알맞은 중국어 단어를 써 넣고, 듣고 따라 해 보세요.**

1 만두 맛이 어떤지 너 맛 좀 볼래?
饺子 怎么样 你

你 ＿＿＿＿＿, 饺子 怎么样?
nǐ cháng chang jiǎo zi zěn me yàng

2 당신 한번 맛보세요!
您

您 ＿＿＿＿＿!
nín cháng yi cháng

잠깐만요!

- 饺子 [jiǎo zi] (물)만두 包子 [bāo zi] 왕 만두 馒头 [mán tou] 찐빵
  ‘馒头 [mán tou]’는 소를 넣지 않고 밀가루만을 발효시켜 만든 ‘빵’을 말합니다.
  중국어에서 ‘饺子(물만두)’를 ‘水饺子’라고도 할 수 있습니다.
- 怎么样(zěn me yàng)? : ~은 어떠한가(어때)?
  他怎么样(tā zěn me yàng)? 그 사람(他) 어때(怎么样)?
  明天怎么样(míng tiān zěn me yàng)? 내일(明天) 어때(怎么样)?

정답 **1.** 尝尝 **2.** 尝一尝

214

신HSK 5급 214.mp3

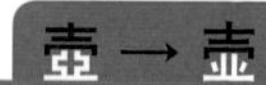

壶	hú	壶(주전자) = 士(뚜껑) + 冖(덮다) + ㅣㅣ(두 기둥) + ˋˊ(받침대) + 一(땅) 뚜껑(士) 아래에 덮고(冖) 그 아래에 두 기둥(ㅣㅣ)을 세우고, 두 기둥 양쪽 옆에 점 같은 받침대(ˋˊ)를 땅 위(一)에 세우니 생긴 것이 주전자(壶 hú)이다.	壺 병 호
명 주전자		茶壶 chá hú 명 차(茶) 주전자(壶) 水壶 shuǐ hú 명 물(水) 주전자(壶) 酒壶 jiǔ hú 명 술(酒) 주전자(壶) 一壶茶 yì hú chá 차(茶) 한 주전자(一壶)	

● 알맞은 중국어 단어를 써 넣고, 듣고 따라 해 보세요.

1 차 한 주전자 주세요! (식당에서)
　　　　　　　来

来 ____________!
lái yì hú chá

2 찻주전자, 찻잔은 차를 마시는 도구 이다.
　　　　　　　　喝茶　　　用具　是

____________、茶杯 是 喝茶的 用具。
chá hú　　　chá bēi shì hē chá de yòng jù

잠깐만요!

- 중국에서는 엽차도 돈을 내고 마셔야 합니다. 최근에는 간혹 엽차를 제공하는 식당도 있으나 일반적으로 식당에서 엽차를 마시려면 '茶'를 주전자 채로 시키고 돈을 내야 합니다.
- '来 [lái]'는 구체적인 동사를 대신하는 대동사로 일상생활에 많이 쓰입니다.
  来一个(lái yí ge)。하나 주세요(来).　　再来一个(zài lái yí ge)。하나(一个) 더(再) 주세요(来).
  我来(wǒ lái)。내(我)가 할게(来).　　我来吧(wǒ lái ba)。제가 할게요. 내가 할게.
- 茶杯 [chá bēi] 명 찻(茶)잔(杯)　　用具 [yòng jù] 명 도구
  喝茶的用具(hē chá de yòng jù) 차(茶)를 마시(喝)는(的) 도구(用具)

정답 1. 一壶茶 2. 茶壶

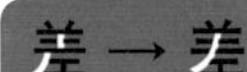

差	chà	差(수량이 부족하다/수준이 떨어지다) = 羊(양) + 丿(삐딱하다) + 工(장인) 양(羊)처럼 삐딱하게(丿) 서서 일하는 장인(工)이 만든 것은 수량도 부족하고(差 chà), 수준도 떨어진다(差 chà).	差 어긋날 **차**

동 (수 · 물건의 수량이) 부족하다	差 一个人 chà yí ge rén 한 사람(一个人)이 부족하다(差) 差 多少 chà duō shao 얼마나(多少) 부족하니(差)?
형 (수준이) 차이가 나다, 떨어지다	差 一点儿 chà yì diǎr (수준이) 좀(一点儿) 떨어지다(差) 差多了 chà duō le 차이가(差) 많이(多) 난다(了), 수준이 많이 떨어진다
형 (시간) ~전(前)	差 五分 九点 chà wǔ fēn jiǔ diǎn 5분(五分) 전(差) 9시(九点)

● **알맞은 중국어 단어를 써 넣고, 듣고 따라 해 보세요.**

1 아직 한 사람이 부족하다.
还 一个人

还 ______ 一个人。
hái chà yí ge rén

2 그는 중국어 수준이 많이 떨어진다.
他 汉语 很

他 汉语 很 __________。
tā hàn yǔ hěn chà

• 우리말 한자어에서 '差'는 '차이(差異)', '차별(差別)' 등 주로 명사로 쓰이나, 현대중국어에서 '差 [chà]'는 '(수량이) 부족하다, (수준) 차이가 나다, (시간) ~전(前)' 등의 다양한 의미로 회화체에서 자주 쓰이니 용법을 잘 기억해 두세요!

정답 1. 差 2. 差

교육용 1800자 / 신HSK 3급 216.mp3 藍 → 蓝

蓝 lán

蓝(파랗다)
= 艹(풀) + 刂(칼) + 竹(대) + 皿(그릇)
풀(艹) 밑을 칼(刀→ 刂)로 대(竹)를 잘라 그릇(皿: 그릇 명)에 넣었더니 파란(蓝 lán)색이 되었다.

藍
남빛 **람**

명 형 **파란색(의)**

蓝 的 lán de 파란(蓝) 것(的)
蓝 色 lán sè 명 파란(蓝)색(色)
天 蓝色 tiān lán sè 하늘색
蓝 天 lán tiān 명 파란(蓝) 하늘(天)

● **알맞은 중국어 단어를 써 넣고, 듣고 따라 해 보세요.**

1 너는 붉은 것을 원하니(가질래), 아니면 파란 것을 원하니(가질래)?
你 红的 要 还是 要

你 要 红的 还是 要 ＿＿＿＿＿＿?
nǐ yào hóng de hái shi yào lán de

2 오늘 하늘이 정말 파랗다.
今天 天 真

今天 天 真 ＿＿＿ !
jīn tiān tiān zhēn lán

 잠깐만요!

- 要 [yào] 동 원하다, 필요하다, 가지다
  A : 你要哪个(nǐ yào nǎ ge)? 너(你) 어느 것(哪个) 가질래(要)?
  B : 我要这个(wǒ yào zhè ge)。나(我)는 이것(这个) 가질래(要).
- 현대중국어에는 명사 아닌 품사의 단어가 '的 [de]'와 결합하여 명사화 되는 구조가 있습니다.
  红的(hóng de) 붉은(红) 것(的)　白的(bái de) 흰(白) 것(的)
  你的(nǐ de) 네 것　我的(wǒ de) 내 것
- '还是 [hái shi]'는 '아니면, 혹은'이라는 의미로, 'A할래 아니면 B할래?' 형태의 선택의문문을 만들 수 있습니다.
  你爱爸爸还是爱妈妈(nǐ ài bà ba hái shi ài mā ma)? 넌(你) 아빠(爸爸)가 좋아(爱), 아니면(还是) 엄마(妈妈)가 좋아(爱)?

정답 1. 蓝的 2. 蓝

확인문제 | 204-216

1. 밑줄 친 중국어 한자의 발음과 성조를 쓰시오.

❶ 零钱 → ____ qián　❷ 苹果 → ____ guǒ

❸ 药店 → ____ diàn　❹ 蓝色 → ____ sè

❺ 一直 → yì ____　❻ 爱人 → ____ rén

❼ 铅笔 → qiān ____　❽ 差多少 → ____ duō shao

❾ 当然 → ____ rán　❿ 茶壶 → chá ____

2. 다음 중국어 발음에 해당하는 중국어 한자를 보기에서 골라 ____에 써 넣고, 전체의 뜻을 (　　)에 써 넣으시오.

보기　壶　直　蓝　零　尝　当　药　苹　爱　笔

❶ ____(dāng) 然 → ________　❷ 茶 ____(hú) → ________

❸ ____(ài) 人 → ________　❹ 铅 ____(bǐ) → ________

❺ ____(lán) 色 → ________　❻ ____(líng) 钱 → ________

❼ ____(píng) 果 → ________　❽ ____(yào) 店 → ________

❾ ____(cháng) 尝 → ________　❿ 一 ____(zhí) → ________

정답　1. ❶ líng　❷ píng　❸ yào　❹ lán　❺ zhí　❻ ài　❼ bǐ　❽ chà　❾ dāng　❿ hú　2. ❶ 当 / 당연하다, 물론이다　❷ 壶 / 찻주전자　❸ 爱 / 남편, 아내　❹ 笔 / 연필　❺ 蓝 / 파랑, 청색, 남색　❻ 零 / 잔돈　❼ 苹 / 사과　❽ 药 / 약국　❾ 尝 / 좀 맛보다　❿ 直 / 계속, 줄곧

06 한국어 한자(정자)의 **안 부분**이 간략하게 바뀐 현대중국어 한자(간체자)

傘 → 伞　圖 → 图　風 → 风
網 → 网　應 → 应　痲 → 麻
圍 → 围　國 → 国　齒 → 齿
園 → 园

07 한국어 한자(정자)의 **바깥 부분**이 간략하게 바뀐 현대중국어 한자(간체자)

鬧 → 闹

08 한국어 한자(정자)에서 **점(丶/ ′)**만 생략된 현대중국어 한자(간체자)

都 → 都　宮 → 宫

217

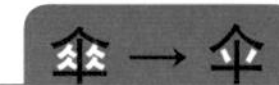

sǎn

伞(우산/양산)
= 𠆢(지붕) + ˋˊ(우산살) + 十(우산대)
위가 덮힌 지붕(𠆢) 아래에 두 개의 우산살(ˋˊ)과 우산대가 열 십자(十) 모양으로 되어 있는 것이 바로 우산(伞 sǎn)이다.

우산 **산**

명 **우산, 양산**

雨 伞 yǔ sǎn 명 우산

带 雨伞 dài yǔ sǎn 우산(雨伞)을 몸에 지니다(带), 우산을 가지고 가다/오다

忘了 带伞 wàng le dài sǎn 우산(伞) 가져오는(带) 것을 잊어버리다(忘了)

阳 伞 yáng sǎn 명 양산

● **알맞은 중국어 단어를 써 넣고, 듣고 따라 해 보세요.**

1 우산을 가지고(带) 가야 합니까(要不要)?

要不要 带 ＿＿＿＿＿ ?

yào bu yào dài yǔ sǎn

2 또(又) 우산 가져오는 것을 잊었네(忘了).

又 忘了 ＿＿＿＿＿。

yòu wàng le dài sǎn

잠깐만요!

- 要不要? = 要~吗? : ~해야 합니까?
- 중국인들은 '우산'을 '雨伞[yǔ sǎn]'이라고 하거나, 혹은 줄여서 '伞[sǎn]'이라고만 말합니다. 그래서 '带雨伞(dài yǔ sǎn)'을 줄여서 대개 '带伞[dài sǎn]이라고 말하기도 합니다. 중국인들은 짝수를 선호하는데, 이 단어 또한 그 예겠죠!
- 又 [yòu] 또 (과거 시제를 나타냄)
  又忘了(yòu wàng le)。 또(又) 잊었다(忘了). (了: 상태의 변화)
  又见面了(yòu jiàn miàn le)。 또(又) 만났다(见面了). (了: 상태의 변화)

정답 1. 雨伞 2. 带伞

218

교육용 1800자 / 신HSK 3급 218.mp3

tú

图(그림)
= 口(큰 도화지) + 夂(천천히) + 、、(두 점)
네모진 큰 도화지(口) 속으로 천천히 걸어 들어가(夂: 천천히 걸을 쇠) 아래에 두 점을 찍어(、、) 그림(图 tú)을 그린다.

그림 **도**

명 그림

地图 dì tú 명 지도
图书馆 tú shū guǎn 명 도서(图书)관(馆)
图片 tú piàn 명 사진 · 그림(의 통칭)
图画 tú huà 명동 그림(을 그리다)

● **알맞은 중국어 단어를 써 넣고, 듣고 따라 해 보세요.**

1 나는 도서관에 가서 공부한다.
我 去 学习

我去 ________ 学习。
wǒ qù tú shū guǎn xué xí

2 그는 살아 있는(걸어 다니는) 지도 이다.
他 活 是

他是活 ________。
tā shì huó dì tú

잠깐만요!

- '活地图 [huó dì tú]'는 '걸어 다니는(活)(살아 있는) 지도(地图)'라는 뜻으로, 어떤 지역의 지리에 아주 밝은 사람을 비유하여 이르는 말입니다.
- 活词典 [huó cí diǎn] 살아 있는(걸어 다니는)(活) 사전(词典)
他，可以说，是一部活词典(tā kě yǐ shuō shì yí bù huó cí diǎn)。그(他)는 한 권(一部)의 걸어다니는(活) 사전(词典)이라 할 수 있다(可以说).

정답 **1.** 图书馆 **2.** 地图

219

교육용 1800자 / 신HSK 3.5급 219.mp3

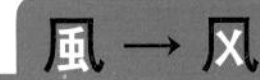

fēng

风(바람/풍경/풍속)
= 几(안석) + 㐅(다스리다)
안석(几: 안석 궤) 속을 다스리는 것(㐅: 다스릴 예)은 바람(风 fēng)이다.

風
바람 **풍**

명 바람	刮 风 guā fēng 동 바람(风)이 불다(刮) 电 风 扇 diàn fēng shàn 명 전기(电 diàn) 바람(风) 부채(扇), 선풍기
명 풍경, 경치, 풍속	风 景 fēng jǐng 명 풍경, 경치 风 俗 fēng sú 명 풍속

● 알맞은 중국어 단어를 써 넣고, 듣고 따라 해 보세요.

1 바람이 불고, 비가 내리다.
下雨

______ 下雨。
guā fēng xià yǔ

2 경치가 아주 아름답다.
特别 美

______ 特别 美。
fēng jǐng tè bié měi

- 特别 [tè bié] 아주, 특별히, 특히
  特别好(tè bié hǎo) 아주(特别) 좋다(好)
  特别美(tè bié měi) 아주(特别) 아름답다(美)
  '特别美'는 '特美 [tè měi]'라고 두 글자로 줄여서 말하기도 합니다.

정답 **1.** 刮风 **2.** 风景

신HSK 3.4급 220.mp3 **網 → 网**

网 wǎng	网(그물/인터넷) = 冂(골문) + ㄨㄨ(그물) 골문(冂) 안에 엑스 자 2개(ㄨㄨ) 모양으로 얽혀 있는 것은 그물(网 wǎng)이다.	網 그물 **망**
명 그물, 그물처럼 생긴 것	**网 球** wǎng qiú 명 그물(网) 공(球), 테니스	
명 인터넷	**因特 网** yīn tè wǎng 명 인터(因特)넷(网) **上 网** shàng wǎng 인터넷(网)을 하다(上) **网 站** wǎng zhàn 명 (인터넷) 웹사이트 **网 吧** wǎng bā 명 PC방 **网上 购物** wǎng shàng gòu wù 온라인(网上) 쇼핑(购物)	

● **알맞은 중국어 단어를 써 넣고, 듣고 따라 해 보세요.**

1 나는 인터넷 하는 것을 좋아한다.
我 喜欢

我 喜欢 ___________。
wǒ xǐ huan shàng wǎng

2 나는 늘 뉴스 사이트에 들어가서 뉴스를 본다.
我 经常 上~去 新闻 看

我 经常 上 ___________ 去看新闻。
wǒ jīng cháng shàng xīn wén wǎng zhàn qù kàn xīn wén

잠깐만요!

- 经常 [jīng cháng] 부 늘, 항상　　新闻 [xīn wén] 명 뉴스
  上 新闻网站(shàng xīn wén wǎng zhàn) 뉴스(新闻) 사이트(网站)에 들어가다(上).
- 우리말 한자어 '新聞(신문)'은 중국어에서는 새롭게(新) 듣는 것(聞) 즉, '뉴스'라는 뜻입니다. 우리말 '신문(新聞)'에 해당하는 중국어는 '报纸[bàozhǐ]' 혹은 '报[bào]'입니다. 한 · 중 양국이 똑같은 한자를 쓰더라도 그 의미가 다른 것이 다소 있으니 주의하세요!

정답 **1.** 上网 **2.** 新闻网站

221

교육용 1800자 / 신HSK 3,4급 221.mp3

应 yīng yìng	应(마땅히 ~해야 한다) = 广(집안) + ッ(세 식구) + 一(하나) 집안(广)의 세 식구(ッ)는 마땅히 하나(一)로 뭉쳐야 한다(应 yīng).	應 응당 응
[yīng] 조동 마땅히 ~해야 한다	应该 yīng gāi 조동 마땅히 ~해야 한다	
[yìng] 동 대답하다, 승낙하다, 응하다	答应 dā ying 동 대답하다, 승낙하다 适应 shì yìng 동 적응하다 反应 fǎn yìng 명 반응	

● 알맞은 중국어 단어를 써 넣고, 듣고 따라 해 보세요.

1 말씀 좀 여쭙겠습니다, 저는 티엔 안 먼(천안문) 가는데 어느 길로 가야 하죠?
请问 我 天安门 去 哪条路 走

请问，我去天安门，__________走哪条路?

qǐng wèn wǒ qù tiān ān mén yīng gāi zǒu nǎ tiáo lù

2 그는 마침내 승낙했다.
他 终于 了

他终于__________了。

tā zhōng yú dā ying le

잠깐만요!

- 请问 [qǐng wèn] 말씀 좀 여쭙겠습니다, 실례합니다, Excuse me!
- 天安门 [tiān ān mén] [지명] 티엔안먼(천안문) 走路 [zǒu lù] 동 걷다, 걸어가다
- 条 [tiáo] 양 길을 세는 단위
  一条路(yì tiáo lù) 길(路) 하나(一条) 哪条路(nǎ tiáo lù) 어느(哪条) 길(路)
- 终于 [zhōng yú] 부 마침내, 결국
  他终于成功了(tā zhōng yú chéng gōng le)。그(他)는 마침내(终于) 성공(成功)했다(了). (了: 상태 변화)

정답 1. 应该 2. 答应

麻 má	麻(참깨/얼얼하다/귀찮다) = 广(집) + 林(숲) 집(广) 안의 숲처럼 빽빽한 맛이 얼얼한(麻 má) 참깨(麻 má)가 귀찮다/번거롭다(麻 má).	麻 삼 **마**
명 마(麻), 삼베, 참깨	芝 麻 zhī ma 명 참깨 麻 烦 má fan 형 귀찮다, 성가시다, 번거롭다 添 麻烦 tiān má fan 폐(麻 烦)를 끼치다(添), 번거롭게 하다	
동 (맛이) 얼얼하다	麻婆 豆腐 má pó dòu fu [음식명] 마 파 떠우푸(마파두부)(麻婆豆腐)	

● **알맞은 중국어 단어를 써 넣고, 듣고 따라 해 보세요.**

1 당신에게 폐를 끼쳐드려 죄송합니다.
给你 不好意思

不好意思 给你 ＿＿＿＿＿＿＿＿。
bù hǎo yì si gěi nǐ tiān má fan

2 나는 마 파 떠우푸(마파두부)를 즐겨 먹는다.
我 喜欢吃

我 喜欢 吃 ＿＿＿＿＿＿＿＿。
wǒ xǐ huān chī má pó dòu fu

잠깐만요!

- '麻婆豆腐 [má pó dòu fu]'는 중국 쓰추안(사천(四川)) 지방에서 얼굴이 깨(麻 [má])처럼 얽은 한 할머니(婆 [pó])가 발명한 두부(豆腐 [dòu fu]) 요리라 하여 붙여진 이름입니다. 이 요리는 두부를 주원료로 하며, 맵고 얼얼하게 만든 중국 사천(四川) 요리의 하나로, 한국인의 입맛에 잘 맞아 한국인이 좋아하는 요리 중의 하나랍니다.
- '不好意思 [bù hǎo yì si]'는 '미안합니다, 죄송합니다'라는 의미로, '对不起 [duì bu qǐ]'보다 사과의 의미가 좀 약합니다.

정답 **1.** 添麻烦 **2.** 麻婆豆腐

교육용 1800자 / 신HSK 4.5급 223.mp3

wéi

围(둘러싸다/주위)
= 口(네모진 우리) + 韦(가죽옷을 입은 병사)
네모진 우리(口) 안에 가죽(韋→ 韦 : 가죽 위) 옷을 입은 병사가 적군에 둘러싸여(围 wéi) 있다.

韋
에워쌀 **위**

동 둘러싸다, 에워싸다	围 巾 wéi jīn 명 두르는(围) 수건(巾), 목도리 围 围巾 wéi wéi jīn 목도리(围巾)를 두르다(围)
명 주위, 둘레	周 围 zhōu wéi 명 주위, 둘레 腰 围 yāo wéi 명 허리(腰)둘레(围), 웨이스트

● **알맞은 중국어 단어를 써 넣고, 듣고 따라 해 보세요.**

1 붉은 색 목도리를 하나 두르다.
红色 一条 围

围 一条 红色的 ＿＿＿＿＿＿＿。
wéi yì tiáo hóng sè de wéi jīn

2 광장(廣場) 주위에 몇 대의 자동차가 있다.
广场 几辆 汽车 有

广场 ＿＿＿＿＿＿＿ 有 几辆 汽车。
guǎng chǎng zhōu wéi yǒu jǐ liàng qì chē

잠깐만요!

- 条 [tiáo] 양 가늘고 긴 것을 세는 단위
  一条围巾(yì tiáo wéi jīn) 목도리(围巾) 하나(一条)
  围一条围巾(wéi yì tiáo wéi jīn) 목도리/스카프(围巾)를 두르다(围)
- 辆 [liàng] 대, 량 (차량을 세는 단위)
  一辆汽车(yí liàng qì chē) 자동차(汽车) 한(一) 대(辆)

정답 **1.** 围巾 **2.** 周围

224 교육용 1800자 / 신HSK 3급 224.mp3

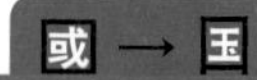

国	guó	国 (나라/국가) = 囗(둘러싸다) + 玉 (옥) 네모진 우리(囗)안에 옥(玉)과 같은 것이 나라/국가(国 guó)이다.	國 나라 **국**
명 나라, 국가		国家 guó jiā 명 국가 外国 wài guó 명 외국 哪国人 nǎ guó rén 명 어느(哪) 나라(国) 사람(人) 韩国人 hán guó rén 명 한국(韩国) 사람(人)	

● **알맞은 중국어 단어를 써 넣고, 듣고 따라 해 보세요.**

1 너는 어느 나라 사람이니?
(你 … 是)

你是 __________?

nǐ shì nǎ guó rén

2 나는 한국 사람입니다.
(我 … 是)

我是 __________。

wǒ shì hán guó rén

잠깐만요!

- 国际 [guó jì] 명 국제
  国际关系(guó jì guān xi) 국제(国际) 관계(关系)
  国际会议(guó jì huì yì) 국제(国际) 회의(会议)
  国际劳动节(guó jì láo dòng jié) 국제(国际) 노동절(劳动节)(양력 5월1일), 근로자의 날
- 国庆节 [guó qìng jié] 국경절
  '중화인민공화국(中华人民共和国)' 수립일(1949년 10월 1일)을 기념하는 중국 최대 국가명절
- 国籍 [guó jí] 명 국적 祖国 [zǔ guó] 명 조국
  双重国籍(shuāng chóng guó jí) 이중(双重) 국적(国籍)
  热爱祖国(rè ài zǔ guó)。조국(祖国)을 열렬히(热) 사랑하다(爱).

정답 **1.** 哪国人 **2.** 韩国人

chǐ

齿(이)
= 止(그치다) + 凶(흉하다)
말을 그치자(止: 그칠 지) 아래 흉한(凶: 흉할 흉) 이(齿 chǐ)가 안 보였다.

齒
이 **치**

명 **이, 치아(齒牙)**

牙 齿 yá chǐ 명 치(齿)아(牙), 이
齿 轮 chǐ lún 명 [기계] 이(齿)처럼 생긴 바퀴(轮). 기어(gear).
唇 齿 相 依 chún chǐ xiāng yī 성 입술(唇)과 이(齿)처럼 서로 의지하다(相依), 상호 의존적인 밀접한 관계이다
咬 牙 切 齿 yǎo yá qiè chǐ 성 윗니와 아랫니를 꽉 다물다, 격분하여 이를 부득부득 갈다

● **알맞은 중국어 단어를 써 넣고, 듣고 따라 해 보세요.**

1 이는 어디에 있지요?
哪儿 在

__________ 在哪儿?
yá chǐ zài nǎr

2 한국과 중국은 입술과 이처럼 상호 의존적인 아주 밀접한 관계이다.
韩国 中国 息息相关

韩国 与 中国 __________，息息相关。
hán guó yǔ zhōng guó chún chǐ xiāng yī xī xī xiāng guān

잠깐만요!

- 우리는 한자어로는 '치아(齒牙)'라고 하지만, 중국인들은 거꾸로 '牙齿[yá chǐ]'라고 합니다. 우리나라와 중국은 이처럼 한자의 배열순서가 거꾸로 된 단어가 상당히 많습니다.
  언어(言語) → 语言 [yǔ yán]　　평화(平和) → 和平 [hé píng]
  소개(紹介) → 介绍 [jiè shào]　　영광(榮光) → 光荣 [guāng róng]
  단계(段階) → 阶段 [jiē duàn]　　구급(救急) → 急救 [jí jiù]
- '与 [yǔ], 和 [hé], 跟 [gēn]'은 모두 '~와, ~과'의 의미이나, '跟'과 '和'는 구어체에, '与'는 문어체에 쓰입니다.
- 息息相关 [xī xī xiāng guān] 성 관계가 아주 밀접하다, 밀접하게 관련되어 있다

정답 **1.** 牙齿 **2.** 唇齿相依

226 교육용 1800자 / 신HSK 3.5급  226.mp3 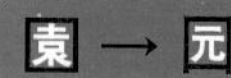

 yuán

园(공공장소/공원)
= 口(네모진 울타리) + 元(으뜸)
네모진 울타리(口) 안에 으뜸(元: 으뜸 원)으로 잘 가꿔진 것은 동산/공원(园 yuán)이다.

園 동산 **원**

명 (관람 · 오락 따위를 위한) 공공장소

公 园 gōng yuán 명 공원
动物 园 dòng wù yuán 명 동물(动物)원(园)
幼儿 园 yòu ér yuán 명 유치(幼儿)원(园)
颐和 园 yí hé yuán [지명] 이 허 위옌(이화원)

● **알맞은 중국어 단어를 써 넣고, 듣고 따라 해 보세요.**

1 나는 매일 아침 공원에 가서 산책을 한다.
我 每天 早上 去 散步

我 每天早上 去 ＿＿＿＿＿ 散步。
wǒ měi tiān zǎo shàng qù gōng yuán sàn bù

2 말씀 좀 여쭙겠습니다, 동물원에 가는데 어떻게 가지요?
请问 去 怎么 走

请问，去 ＿＿＿＿＿ 怎么走?
qǐng wèn qù dòng wù yuán zěn me zǒu

잠깐만요!

- '이 허 위옌(이화원)(颐和园)'은 북경에 있는 명승지로, 清나라때 서태후의 별장이었습니다.
- 散步[sàn bù] 동 산보하다, 산책하다
- 去 + 목적지 + 怎么走(zěn me zǒu)? : ~에 어떻게 가죠? (走는 '걸어가다'라는 의미임)
  去北京站怎么走(qù běi jīng zhàn zěn me zǒu)? 북경역(北京站)에 가는데(去) 어떻게(怎么) 가죠(走)?
  위의 문장에서 '去'를 생략하고 "北京站怎么走?"라고도 할 수 있습니다.

정답 **1.** 公园 **2.** 动物园

nào

闹(시끄럽다/떠들썩하다)
= 门(문) + 市(시장)
문(门) 안의 시(市)는 시끄럽다/시끌벅적하다/번화하다(闹 nào).

鬧
시끄러울
뇨

형 **시끄럽다, 떠들썩하다**

闹钟 nào zhōng 명 시끄러운(闹) 종(钟), 자명종
热闹 rè nao 형 (광경) 번화하다, 떠들썩하다, 시끌벅적하다
看热闹 kàn rè nao 시끌벅적한 것(热闹)을 보다(看), 구경하다
凑热闹 còu rè nao 동 함께 모여(凑) 떠들썩하게 놀다(热闹), 성가시게 굴다, 번거롭게 하다

● **알맞은 중국어 단어를 써 넣고, 듣고 따라 해 보세요.**

1 자명종 어디에 있지?
哪儿 在

_________ 在哪儿?
nào zhōng zài nǎr

2 서울에서 가장 번화한 곳은 명동이다.
在首尔 最 地方 是明洞

在首尔 最 _________ 的地方 是 明洞。
zài shǒu ěr zuì rè nào de dì fāng shì míng dòng

잠깐만요!

- 在 [zài] 동 ~에 있다
  你在哪儿(nǐ zài nǎr)? 너(你) 어디(哪儿)에 있니(在)? 너 어디니?
- 在 + 장소명사 : ~에서
  我在食堂吃饭(wǒ zài shí táng chī fàn)。나(我)는 구내식당(食堂)에서(在) 밥을 먹는다(吃饭).
  '在 [zài]'는 '~에서'라는 뜻의 전치사로, [전치사 + 명사]의 구조로 '부사구'를 형성하여 뒤에 오는 동사(구)를 수식합니다. 위의 문장에서는 '在食堂(식당에서)'이 '吃饭(밥을 먹다)'을 수식하고 있습니다.
- ~的地方 [de dì fang] : ~하는(的) 곳(地方)
  这里是吃饭的地方(zhè li shì chī fàn de dì fang)。이곳(这里)은 밥을 먹는(吃饭的) 곳(地方)이다(是).

정답 **1.** 闹钟 **2.** 热闹

228

신HSK 1.4급 228.mp3

都 → 都

都	dōu dū	都(모두/도시) = 者(사람) + 阝(고을) 사람(者: 사람 자)이 고을(阝)에 모두(都 dōu) 모여 사는 도시(都 dū)이다.	都 모두 **도** 도시 **도**
[dōu] 부 모두, 다		不 都 bù dōu 모두 ~인 것은 아니다(부분 부정) 都 不 dōu bù 모두 ~이 아니다(완전 부정)	
[dū] 명 도시		都 市 dū shì 명 도시 首 都 shǒu dū 명 수도	

● **알맞은 중국어 단어를 써 넣고, 듣고 따라 해 보세요.**

1 그들 도 모두(다) 잘 있습니다.
他们 也 很好

他们 也 ___________ 很好。
tā men yě dōu hěn hǎo

2 그들 모두(다) 오는 것은 아니다.(부분 부정)
他们 来

他们 ___________ 来。
tā men bù dōu lái

잠깐만요!

- 都不是 [dōu bú shì] 모두(都) ~이 아니다(不是) (완전 부정)
  什么都不是(shén me dōu bú shì)。어떤 것(什么)도(都) 아니다(不是).
  谁都不是(shéi dōu bú shì)。누구(谁)도(都) 아니다(不是).
- 不都是 [bù dōu shì] 모두 ~인 것은 아니다 (부분 부정)
  不都是坏人(bù dōu shì huài rén)。모두 다(都) 나쁜(坏)사람(人)은 아니다(不~是).
- '都市[dū shì]'는 '도시'라는 의미로 서면어입니다. 일반적으로 회화체에서 '都市[dū shì]'보다 '城市[chéng shì]'를 더 많이 사용합니다.
  大城市 [dà chéng shì] 대도시　　中小城市 [zhōng xiǎo chéng shì] 중소도시
  小城市 [xiǎo chéng shì] 작은 도시, 소도시

정답 **1.** 都 **2.** 不都

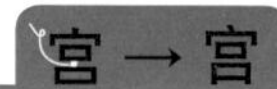

宫	gōng	宫(궁전) = 宀(지붕) + 口(작은 집) + 口(큰 집) 지붕(宀) 아래에 작은집(口)과 큰 집(口)이 아래로 쭉 이어져 있는 곳은 궁(宫 gōng)이다.	宮 대궐 **궁**
명 궁, 궁전		故宫 gù gōng 명 고궁, 자금성(紫禁城) 白宫 bái gōng 명 백악관 皇宫 huáng gōng 명 황궁 宫殿 gōng diàn 명 궁전	

● **알맞은 중국어 단어를 써 넣고, 듣고 따라 해 보세요.**

1 이번 주 일요일 나는 고궁에 간다.
这周日 我 去

这 周日 我 去 ________。
zhè zhōu rì wǒ qù gù gōng

2 백악관은 미국 대통령 의 관저 와 사무실 이다.
美国 总统 的 官邸 和 办公室 是

________ 是 美国 总统的 官邸 和 办公室。
bái gōng shì měi guó zǒng tǒng de guān dǐ hé bàn gōng shì

잠깐만요!

- '故宫 [gù gōng]'은 북경에 있는 청(淸)대의 궁전인 '자금성(紫禁城:고대중국어)'을 이르는 말로, 현재 중국인들은 '故宫 [gù gōng] 옛날 궁전'이라고 부르고 있습니다.
- '白宫 [bái gōng]'은 백악관(WHITE HOUSE)을 의역한 것으로, 하얀(白[bái]) 궁전(宫[gōng])이라는 의미가 아니라 '백악관(白宫[bái gōng])'이라는 고유명사입니다. 한국의 '청와대(靑瓦臺)'도 고유명사이기 때문에 중국인들은 한자 그대로 '青瓦台[qīng wǎ tái]'라고 부르고 있습니다.
- 星期天 [xīng qī tiān] 일요일 (= 星期日 [xīng qī rì], 周日 [zhōu rì])
- 官邸 [guān dǐ] 명 관저

정답 **1.** 故宫 **2.** 白宫

확인문제 | 217-229

1. 밑줄 친 중국어 한자의 발음과 성조를 쓰시오.

❶ 牙齿 → yá _____ ❷ 刮风 → guā _____
❸ 国家 → _____ jiā ❹ 麻烦 → _____ fan
❺ 雨伞 → yǔ _____ ❻ 图片 → _____ piàn
❼ 围巾 → _____ jīn ❽ 上网 → shàng _____
❾ 故宫 → gù _____ ❿ 热闹 → rè _____

2. 다음 중국어 발음에 해당하는 중국어 한자를 보기에서 골라 ___에 써 넣고, 전체의 뜻을 (　　)에 써 넣으시오.

보기 伞 齿 风 围 国 麻 宫 闹 图 网

❶ 牙 _____ (chǐ) → _________ ❷ 刮 _____ (fēng) → _________
❸ _____ (guó) 家 → _________ ❹ _____ (má) 烦 → _________
❺ 雨 _____ (sǎn) → _________ ❻ _____ (tú) 片 → _________
❼ _____ (wéi) 巾 → _________ ❽ 上 _____ (wǎng) → _________
❾ 热 _____ (nao) → _________ ❿ 故 _____ (gōng) → _________

정답 1. ❶ chǐ ❷ fēng ❸ guó ❹ má ❺ sǎn ❻ tú ❼ wéi ❽ wǎng ❾ gōng ❿ nao 2. ❶ 齿 / 이, 치아 ❷ 风 / 바람이 불다 ❸ 国 / 나라, 국가 ❹ 麻 / 귀찮다, 성가시다 ❺ 伞 / 우산 ❻ 图 / 사진, 그림 ❼ 围 / 목도리, 머플러 ❽ 网 / 인터넷을 하다 ❾ 闹 / 번화하다, 떠들썩하다, 시끌벅적하다 ❿ 宫 / 고궁

MEMO

01 한국어 한자(정자)의 **왼쪽부분과 오른쪽부분**이 모두 간략하게 바뀐 현대중국어 한자(간체자) : 16자

02 한국어 한자(정자)의 **윗부분과 아랫부분**이 모두 간략하게 바뀐 현대중국어 한자(간체자) : 7자

03 한국어 한자(정자)의 **일부**를 취해 간략하게 바뀐 현대중국어 한자(간체자) : 32자

04 한국어 한자(정자) **전체 모양**이 간략하게 바뀐 현대중국어 한자(간체자) : 30자

넷째마당

한국어 한자(정자) 전체가 간략하게 바뀐 현대중국어 한자(간체자)

넷째마당에서는 한국어 한자(정자)의 전체가 간략하게 바뀐 현대중국어 한자(간체자) 85자를 4가지 유형으로 분류하여 알아보겠습니다.

01 한국어 한자(정자)의 **왼쪽부분과 오른쪽부분**이 모두 간략하게 바뀐 현대중국어 한자(간체자)

認 → 认	請 → 请	讀 → 读
讓 → 让	講 → 讲	鐵 → 铁
鍋 → 锅	鐘 → 钟	綠 → 绿
經 → 经	視 → 视	禮 → 礼
聽 → 听	體 → 体	護 → 护
賬 → 账		

认	rèn	认(사람을 알다) = 讠(말) + 人(사람) 말(言 → 讠)을 듣고 사람(人)을 안다(认 rèn).	認 알 **인** 인정할 **인**

동 분간하다, 식별하다, 알다, 승인하다, 인정하다

认 识 rèn shi 동 (사람 · 글자 · 길을) 알다
不 认识 bú rèn shi (사람 · 글자 · 길을) 모른다
认 真 rèn zhēn 형 진지하다, 착실하다, 성실하다
认 为 rèn wéi 동 (객관적으로) 여기다, 생각하다

● **알맞은 중국어 단어를 써 넣고, 듣고 따라 해 보세요.**

1 너를 알게 되어 무척 반갑다.
你 很高兴

__________ 你 很 高 兴。
rèn shi nǐ hěn gāo xìng

2 나는 진지하다(진담이다).
我

我 是 __________ 的。
wǒ shì rèn zhēn de

잠깐만요!

- "认识你很高兴(rèn shi nǐ hěn gāo xìng)。"은 '너(你)를 알게되어(认识) 반갑다(高兴).'라는 뜻이며, "很高兴认识你(hěn gāo xìng rèn shi nǐ)。"라고 말해도 됩니다. 전자는 '认识 [rèn shi]'를 강조한 문장이며, 후자는 '很高兴 [hěn gāo xìng](반갑다)'을 강조한 문장입니다.
- 是~的 강조용법 : 일반적으로 '장소 · 방법 · 시간'을 강조할 때 쓰는 구문이지만, 특별한 사실을 강조할 때도 쓰입니다.
  我……爱你，我是认真的(wǒ …… ài nǐ, wǒ shì rèn zhēn de)。사랑해, 진심이야!

정답 **1.** 认识 **2.** 认真

231 교육용 1800자 / 신HSK 1,3급 231.mp3

請 → 请

请 qǐng	请(~세요/초대하다) = 讠(말) + 青(푸르다) 말씀 언(言 → 讠) 오른쪽 옆에 푸를 청(靑→ 青: 푸를 청)을 붙여 말하세요(请 qǐng).	請 청할 **청**
동 ~세요(상대방에게 어떤 일을 권유하거나 부탁할 때 쓰는 공손한 말)	请 进 qǐng jìn! 들어오(进)세요(请)! 请 问 qǐng wèn 말씀 좀 여쭙겠습니다, 실례합니다	
동 초대하다, 초청하다	请 客 qǐng kè 동 손님(客)을 초대하다(请), 한턱내다, 한턱 쏘다	
동 신청하다	请 假 qǐng jià 동 (휴가 · 조퇴를) 신청하다	

● **알맞은 중국어 단어를 써 넣고, 듣고 따라 해 보세요.**

1 오늘 내가 한턱낼게(한턱쏠게).
今天 我

今天 我 ________。
jīn tiān wǒ qǐng kè

2 나중에 내가 너에게 한국요리를 대접할게(쏠게).
以后 我 你 韩国菜

以后 我 ______ 你 吃韩国菜。
yǐ hòu wǒ qǐng nǐ chī hán guó cài

 잠깐만요!

- 请假 [qǐng jià] 동 휴가(조퇴)(假)를 신청하다(내다)(请)
- 请(V) + 기간 + 假(O) : ~동안 휴가(조퇴)를 내다
  请一天假(qǐng yì tiān jià)。하루(一天) 동안 휴가를 내다(请 ~ 假).

정답 **1.** 请客 **2.** 请

232

교육용 1800자 / 신HSK 1.5급  232.mp3

dú

读(읽다)
= 讠(말) + 十(십) + 买(사다)
말(言→讠)로는 열십(十)자 밑에서 책을 사(買→买) 읽는다(读 dú)고 한다.

讀
읽을 **독**

동 소리 내어 읽다, 낭독하다, (눈으로) 읽다

请 读 qǐng dú ! 읽으(读)세요(请)!
读 书 dú shū 동 책(书)을 읽다(读), 공부하다
朗 读 lǎng dú 동 낭독하다
朗读 课本 lǎng dú kè běn 교과서(课本)를 낭독하다(朗读)

● **알맞은 중국어 단어를 써 넣고, 듣고 따라 해 보세요.**

1 나를 따라 읽으세요!
我 跟 请

请 跟 我 ______!
qǐng gēn wǒ dú

2 우리는 (교과서) 본문을 읽고 있다.
我们 课文 在

我们 在 ______ 课文。
wǒ men zài dú kè wén

잠깐만요!

- 请 [qǐng] + 동사 : ~하세요!
  请看(qǐng kàn)! 보세요! 请读(qǐng dú)! 읽으세요! 请听(qǐng tīng)! 들으세요!
- 跟我(gēn wǒ) 나(我)를 따라(跟) 跟我来(gēn wǒ lái)。나를 따라(跟我) 오세요(来).
- 课文 [kè wén] 명 교과서 본문
- 在 [zài] + 동사 : ~하고 있다(진행형을 나타냄)
  读 [dú] 읽다 在读(zài dú) 읽고(读) 있다(在).

정답 **1.** 读 **2.** 读

233

교육용 1800자 / 신HSK 2급 233.mp3

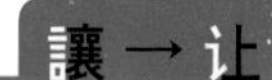

 让	ràng	**让(~하게 하다)** **= 讠(말) + 上(높이다)** 말(言 → 讠)을 높여(上) ~ 하게(하도록) 하다(让 ràng).	**讓** 사양할 **양**
동 양보하다, ~하게 하다, 하도록 하다		**让 步** ràng bù 동 양보하다 **让 开** ràng kāi 동 길을 비키다, 물러서다	

● **알맞은 중국어 단어를 써 넣고, 듣고 따라 해 보세요.**

1 미안, 너로 하여금 이렇게 오랫동안 기다리게 해서.
不好意思 你 这么 长时间 等了

不好意思，______ 你 等了 这么长时间。
bù hǎo yì si ràng nǐ děng le zhè me cháng shí jiān

2 너 그더러 들어오라고 해, 밖이 너무 추우니.
你 他 进来 吧 外面 太冷了

你 ______ 他 进来 吧，外面 太冷了。
nǐ ràng tā jìn lái ba wài miàn tài lěng le

잠깐만요!

- '让 [ràng]'은 현대중국어 회화체에서 자주 쓰이는 사역동사의 하나입니다. '~하게 하다', '~하도록 시키다'라는 뜻을 가지고 있지만 사역의 의미는 좀 약한 편입니다. 영어의 'let'에 해당합니다.
  让我看看(ràng wǒ kàn kan)。내가(让我) 좀 보자(看看).
  让我过去(ràng wǒ guò qù)。내가(让我) 좀 지나가자(过去).
- 等 [děng] 동 기다리다
  让他等(ràng tā děng)。그를 기다리게 하다.
  让他等了(ràng tā děng le)。그를 기다리게 했다. (了 : 상태의 변화)

정답 **1.** 让 **2.** 让

234

교육용 1800자 / 신HSK 3.5급 234.mp3

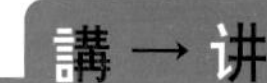

讲 jiǎng	讲(말하다) = 讠(말) + 井(우물) 말(言 → 讠)을 우물(井: 우물 정) 옆에서 말하다(讲 jiǎng).	講 이야기할 **강**
동 말하다, 이야기하다	讲 话 jiǎng huà 동 말하다 讲 课 jiǎng kè 동 강의하다 讲 故事 jiǎng gù shi 이야기(故事)를 하다(讲) 讲究 jiǎng jiu 동 중히 여기다, 따지다	

● **알맞은 중국어 단어를 써 넣고, 듣고 따라 해 보세요.**

1 왕 선생님은 지금 막 강의 중이시다.
王老师 正在

王老师 正在 ＿＿＿＿＿。
wáng lǎo shī zhèng zài jiǎng kè

2 도서관(안)에서 큰 소리로 말하지 마세요.
图书馆里 大声 请不要

图书馆里，请不要 大声 ＿＿＿。
tú shū guǎn li qǐng bú yào dà shēng jiǎng huà

잠깐만요!

- '讲 [jiǎng]'은 '说 [shuō]'와 같은 의미이지만, '说'보다는 더 정중한 표현입니다.
  请讲(qǐng jiǎng)。말씀하세요!(전화 받을 때)
- 正在 [zhèng zài] + 동사 : 막 ~하는 중이다
  我正在吃饭(wǒ zhèng zài chī fàn)。나는 막(正) 밥(饭)먹고(吃) 있는 중이다(在).
- 请不要(qǐng bú yào) + 동사 : ~하지 마세요
  请不要吃(qǐng bú yào chī)。먹지(吃) 마세요(请不要).
  请不要动(qǐng bú yào dòng)。움직이지(动) 마세요(请不要). 손대지(动) 마세요(请不要).

정답 **1.** 讲课 **2.** 讲话

235 교육용 1800자 / 신HSK 3급 235.mp3 **鐵 → 铁**

铁 tiě	铁(철) = 钅(쇠) + 失(잃다) 쇠(钅: 쇠 금)를 잃으면(失: 잃을 실) 철(铁 tiě)이 된다.	**鐵** 쇠 철
명 쇠, 철	**铁 路** tiě lù 명 철(铁)도(路) **地 铁** dì tiě 명 지(地)하철(铁) **地铁 站** dì tiě zhàn 명 지하철(地铁) 역(站) **换 地铁** huàn dì tiě 지하철(地铁)로 갈아타다(换)	

● **알맞은 중국어 단어를 써 넣고, 듣고 따라 해 보세요.**

1 여기서 고궁(故宫) 가는데, 지하철을 타면 20분 걸린다.
从这儿 故宫 去 坐 二十 分钟 要

从这儿 去故宫，坐 ＿＿＿＿＿ 要 二十分钟。
cóng zhèr qù gù gōng zuò dì tiě yào èr shí fēn zhōng

2 이곳은 지하철역으로부터 아주 머니, 너는 버스를 타고 가라.
这儿 离 很 远 你 公交车 坐 去吧

这儿 离 ＿＿＿＿＿ 很远，你 坐公交车 去吧。
zhèr lí dì tiě zhàn hěn yuǎn nǐ zuò gōng jiāo chē qù ba

★ 잠깐만요!

• 우리는 '지하철(地下鐵)'이라고 3글자로 말하지만, 짝수를 좋아하는 중국인은 '地铁[dì tiě]'라고 2글자로 말합니다. '铁'는 '鐵'의 간체자입니다.
分钟 [fēn zhōng] 분(시간의 양을 나타냄) 要 [yào] (시간이) 걸리다

• 公交车 [gōng jiāo chē] 공공(公) 교통(交) 차(车)
= 公共汽车 [gōng gòng qì chē] 공공(公共) 자동차(汽车), 버스
坐公交车(zuò gōng jiāo chē) 버스(公交车)를 타다(坐).

정답 1. 地铁 2. 地铁站

236

신HSK 5급 236.mp3

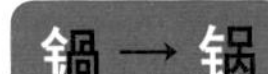

guō

锅(솥/냄비)
= 钅(쇠) + 咼(입이 삐뚤어지다)

쇠(钅: 쇠 금)가 입이 삐뚤어진 것(咼 : 입이 삐뚤어질 과)이 솥/냄비(锅 guō)이다.

鍋
노구솥 **과**

명 **솥, 냄비**

饭 锅 fàn guō 명 밥(饭)솥(锅)
电 饭锅 diàn fàn guō 명 전기(电) 밥솥(饭锅)
高压 锅 gāo yā guō 압력(高压) 솥(锅)
火 锅 huǒ guō 명 불(火) 솥(锅), 신선로, 샤브샤브
锅 巴 guō bā 명 솥(锅)에 엉겨붙은(巴) 것, 누룽지
锅 炉 guō lú 명 솥(锅) 화로(炉), 보일러

● **알맞은 중국어 단어를 써 넣고, 듣고 따라 해 보세요.**

1 고원에서는 보통 밥솥으로 밥을 지을 수 없다.
在高原上 普通 用 煮饭 不能

在高原上 不能 用 普通 __________ 煮饭。
zài gāo yuán shàng bù néng yòng pǔ tōng fàn guō zhǔ fàn

2 시금치는 쇠솥 안 에 넣고 삶아서는 안 된다.
菠菜 铁 里 放在 烧 不要

菠菜 不要 放在 铁 ______ 里 烧。
bō cài bú yào fàng zài tiě guō li shāo

잠깐만요!

- 煮 [zhǔ] (불로) 삶다, 끓이다, 익히다
  '煮'에서 '灬'는 '火'와 같은 의미입니다.
  煮饭 [zhǔ fàn] 동 밥(饭)을 짓다(煮)
  煮方便面(zhǔ fāng biàn miàn) 라면(方便面)을 끓이다(煮)
- 放在~ : ~에(在) 넣다(放)
- 烧 [shāo] 동 불사르다, 가열하다, 끓이다 烧水 [shāo shuǐ] 물(水)을 끓이다(烧)

정답 1. 饭锅 2. 锅

钟 zhōng	钟(종/시간) = 钅(쇠) + 中(가운데) 쇠(钅: 쇠 금) 가운데(中)를 종(钟 zhōng)을 치듯 쳐 시간(钟 zhōng)을 알린다.	鐘 종 **종**
명 종, 시간, 시	闹 钟 nào zhōng 명 자명(闹)종(钟), 알람시계 钟 表 zhōng biǎo 명 시계(의 총칭)(钟 zhōng 알람시계, 表 biǎo 손목시계) 钟表 店 zhōng biǎo diàn 명 시계(钟表) 점(店) 点 钟 diǎn zhōng 명 시(時) 几点钟 jǐ diǎn zhōng 몇 시(時)? (= 几点 jǐ diǎn) 分 钟 fēn zhōng 명 분(分)	

● **알맞은 중국어 단어를 써 넣고, 듣고 따라 해 보세요.**

1 지금 몇 시지?
现在

现在 ________?
xiàn zài jǐ diǎn

2 여기서 멀지 않아, 10분이면 바로 도착해.
离 这儿 十 就 到

离这儿 不远，十 ________ 就到。
lí zhèr bù yuán shí fēn zhōng jiù dào

잠깐만요!

- '点 [diǎn]'은 '시(時)', '分 [fēn]'은 '분(分)'이라는 구체적인 시간을 의미하는 반면, '分钟 [fēn zhōng]'은 시간의 양(길이)을 의미합니다.
  再走十分钟就到(zài zǒu shí fēn zhōng jiù dào)。10분만(十分钟) 더(再) 걸어가면(走) 도착한다(就到).
- '几点钟(jǐ diǎn zhōng)?'과 '几点(jǐ diǎn)?'은 모두 '몇 시?'라는 의미이나, 회화체에서는 '几点?'을 더 자주 씁니다. '几点?'으로 물으면 구체적인 시간을 말해야 합니다.
  A : 你几点去火车站(nǐ jǐ diǎn qù huǒ chē zhàn)? 너(你) 몇 시(几点)에 기차역(火车站) 가니(去)?
  B : 我八点去火车站(wǒ bā diǎn qù huǒ chē zhàn)。나(我)는 8시(八点)에 기차역(火车站)에 간다(去).

정답 **1.** 几点 **2.** 分钟

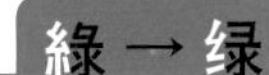

lǜ

绿(녹색)
= 纟(실) + 录(근본)
실(纟: 실 사)의 근본(录: 근본 록)은 녹색(绿 lǜ)이었다.

綠
초록빛 **록**

형 **녹색의, 초록색의, 푸르다**

绿 色 lǜ sè 명 녹색(綠色)
绿色 食品 lǜ sè shí pǐn 명 녹색(绿色) 식품(食品), 무공해식품
绿 茶 lǜ chá 명 녹(绿)차(茶)
绿 化 lǜ huà 동 녹화(綠化)하다
绿 草地 lǜ cǎo dì 명 푸른(绿) 풀밭(草地), 잔디밭 (= 草地 cǎo dì)

● **알맞은 중국어 단어를 써 넣고, 듣고 따라 해 보세요.**

1 봄이 와서, 새싹이 모두 푸르러졌다.
春天 来了 小草 都 了

春天 来了，小草 都 ______ 了。
chūn tiān lái le xiǎo cǎo dōu lǜ le

2 우리 저쪽 푸른 풀밭(잔디밭)에 가서 좀 앉자!
我们 那边 上 去 坐坐吧

我们 去 那边的 __________ 上 坐坐 吧!
wǒ men qù nà biān de lǜ cǎo dì shang zuò zuo ba

잠깐만요!

- 小草 [xiǎo cǎo] 명 작은(小) 풀(草), 새싹
  绿草地 [lǜ cǎo dì] 잔디밭(= 草地, 草坪[cǎo píng])
- 坐坐(zuò zuo) 좀 앉다 = 坐 一坐(zuò yí zuò), 坐 一下(zuò yí xià)
- 吧 [ba] : ~하자(문장 끝에 쓰여 권유나 명령의 의미를 나타냄)
  走吧(zǒu ba)! 가자! 吃吧(chī ba)! 드세요! 来吧(lái ba)! 오세요!

정답 **1.** 绿 **2.** 绿草地

교육용 1800자 / 신HSK 3,4급 239.mp3 **經 → 经**

经 jīng	经(경영하다) = 纟(실) + 圣(물줄기) 실(纟: 실 사)이 물줄기(圣 : 물줄기 경)처럼 쭉 뻗어나가는 것처럼 경영(经 jīng)하다.	經 경영할 **경**
동 경영하다, 관리하다	经 理 jīng lǐ 명 (어떤 부문의) 책임자, 지배인, 매니저	
동 지나다, 통과하다	经 过 jīng guò 동 지나다, 통과하다	
동 경험하다, 겪다	经 历 jīng lì 동 겪다, 경험하다 经 常 jīng cháng 부 늘, 언제나, 항상	

● **알맞은 중국어 단어를 써 넣고, 듣고 따라 해 보세요.**

1 그녀는 우리 회사에서 가장 젊은 매니저 이다.
她 我们 公司 最 年轻的 是

她 是 我们公司 最 年轻的 ＿＿＿＿＿＿。
tā shì wǒ men gōng sī zuì nián qīng de jīng lǐ

2 그가 늘 지각을 해서, 매니저가 무척 화를 낸다.
他 迟到 很 生气

他 ＿＿＿＿＿＿ 迟到， ＿＿＿＿＿＿ 很生气。
tā jīng cháng chí dào jīng lǐ hěn shēng qì

잠깐만요!

- 중국어에서 '经理 [jīng lǐ]'는 회사의 '경리(經理)'를 의미하는 것이 아니고, '그 부서의 책임자(매니저)'라는 의미입니다. 회사의 '경리'에 해당하는 중국어는 '会计 [kuài jì]'입니다. 여기서 '会'는 '[huì]'가 아니라, 반드시 '会 [kuài]'로 읽어야 합니다.
- 迟到 [chí dào] 동 늦게(迟) 도착하다(到), 지각하다
- 生气 [shēng qì] 동 화(气)를 내다(生), 화내다

정답 **1.** 经理 **2.** 经常, 经理

240

교육용 1800자 / 신HSK 1.4급 240.mp3

視 → 视

shì

视(보다)
= 礻(보다) + 见(만나다)
보고(示 → 礻: 보일 시) 싶어 만나는 것(见: 만나다)이 보는 것(视 shì)이다.

視
볼 **시**

동 **보다**

电 视 diàn shì 명 전기(电)로 보는 것(视), TV
一台 电视 yì tái diàn shì TV(电视) 한 대(一台)
重 视 zhòng shì 동 중시하다, 중요시하다
重视 教育 zhòng shì jiào yù 교육(教育)을 중시하다(重视)
视 力 shì lì 명 시력
近 视 jìn shì 명 근시

● **알맞은 중국어 단어를 써 넣고, 듣고 따라 해 보세요.**

1 기숙사에 TV 있니?
宿舍里 有~吗

宿舍里 有 ＿＿＿＿＿ 吗?
sù shè li yǒu diàn shì ma

2 테이블 위에 TV가 한 대 있다.
桌子 上 有

桌子上 有 ＿＿＿＿＿ 。
zhuō zi shàng yǒu yì tái diàn shì

잠깐만요!

- 宿舍 [sù shè] 명 기숙사 宿舍里(sù shè li) 기숙사(宿舍) 안(里), 기숙사에
- 台 [tái] 대(기계 · 차량 따위를 세는 단위)
  一台电视(yì tái diàn shì) TV(电视) 한 대(一台)
- 桌子 [zhuō zi] 명 탁자, 테이블 桌子上(zhuō zi shàng) 테이블(桌子) 위(上)

정답 **1.** 电视 **2.** 一台电视

교육용 1800자 / 신HSK 3,4급 241.mp3

禮 → 礼

礼	lǐ	礼(예의/선물) = 礻(보다) + ㄴ(새) 상대를 보며(示 → 礻: 보일 시) 새(乙→ ㄴ: 새 을)처럼 허리를 굽히는 것이 예의/선물(礼 lǐ)이다.	禮 예 **례**
명 예의		礼貌 lǐ mào 명 예의(禮儀) 没有 礼貌 méi yǒu lǐ mào 예의(礼貌)가 없다(没有) 不懂 礼貌 bù dǒng lǐ mào 예의(礼貌)를 모르다(不懂)	
명 선물		礼物 lǐ wù 명 선물 生日 礼物 shēng rì lǐ wù 명 생일(生日) 선물(礼物) 送 礼物 sòng lǐ wù 선물(礼物)을 주다(送)	

● **알맞은 중국어 단어를 써 넣고, 듣고 따라 해 보세요.**

1 그에게(他) 무슨(什么) 선물을 주면(送) 좋지(好呢)?

送他什么 ＿＿＿＿＿ 好呢?

sòng tā shén me lǐ wù hǎo ne

2 그는(他) 예의가 없다(没有).

他没有 ＿＿＿＿＿。

tā méi yǒu lǐ mào

잠깐만요!

- '禮(예 례)' 정자의 보일시변(示)은 간체자에서 '礻'로 간략화 되었습니다.
  幸福(행복) → 幸福 [xìng fú]
- 우리말의 '선물(膳物)'에 해당하는 현대중국어는 '礼物 [lǐ wù]'입니다. '礼物 [lǐ wù]'는 우리가 알고 있는 결혼 예물이란 뜻이 아니니 주의하세요!
- 우리말의 '예의(禮儀)'에 해당하는 중국어는 '礼貌 [lǐ mào]'입니다. '禮儀(예의)'는 고대중국어로 현대중국어 회화체에서는 거의 사용하지 않습니다.

정답 **1.** 礼物 **2.** 礼貌

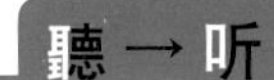

听 tīng	听(듣다/깡통) = 口(입) + 斤(도끼) 입(口)으로 도끼(斤: 도끼 근)라고 말하는 것을 듣다(听 tīng).	聽 들을 **청**
동 듣다	请 听 qǐng tīng 들으(听)세요(请)! 听 音乐 tīng yīn yuè 음악(音乐)을 듣다(听), 음악 감상 听 懂 tīng dǒng 동 듣고(听) 이해하다(懂), 알아듣다 听 得 懂 tīng de dǒng 알아들을 수 있다 听 不 懂 tīng bu dǒng 알아들을 수 없다 听懂 一点儿 tīng dǒng yì diǎr 조금(一点儿) 알아들을 수 있다(听懂) 听 说 tīng shuō 동 (듣자니, 듣건대) ~이라 한다	
양 캔 [tin의 음역어]	两 听 可口可乐 liǎng tīng kě kǒu kě lè 코카콜라(可口可乐) 두 캔(两 听)	

● **알맞은 중국어 단어를 써 넣고, 듣고 따라 해 보세요.**

1 듣자니 사천 요리가 매우 맛있다고 하던데.
四川菜 很 好吃

________ 四川菜 很好吃。
tīng shuō sì chuān cài hěn hǎo chī

2 저에게 코카콜라 한 캔 주세요!
我 一 给

给我 一 ______ 可口可乐。
gěi wǒ yì tīng kě kǒu kě lè

잠깐만요!

- '可口可乐 [kě kǒu kě lè]'는 영어 'Coca Cola'를 음역한 것입니다.
- '四川菜[sì chuān cài]'는 사천(四川) 요리(菜)라는 뜻으로, 두 글자로 줄여 보통 '川菜 [chuān cài]'라고 합니다. '川菜'는 대부분 맛이 매콤하고 얼얼하여 한국인의 입맛에 대체적으로 잘 맞습니다.
- (请)给我 [(qǐng) gěi wǒ] + 목적어 : 저에게 ~을 주세요
  (请)给我咖啡((qǐng) gěi wǒ kā fēi)。저에게(给我) 커피(咖啡)를 주세요. 커피 주세요.
  (请)给我一杯水((qǐng) gěi wǒ yì bēi shuǐ)。저에게(给我) 물 한 잔(一杯水) 주세요.

정답 **1.** 听说 **2.** 一听

교육용 1800자 / 신HSK 2,3급 243.mp3 **體 → 体**

体	tǐ	体(몸) = 亻(사람) + 本(근본) 사람(人 → 亻: 사람 인)의 근본(本: 근본 본)은 몸(体 tǐ)이다.	體 몸 **체**

명 몸, 신체	身 体 shēn tǐ 명 몸, 신체(身体) 注意 身体 zhù yì shēn tǐ 몸(身体)조심하다(注意) 体育 tǐ yù 명 체육 体育 运动 tǐ yù yùn dòng 명 체육(体育) 운동(运动), 스포츠

● **알맞은 중국어 단어를 써 넣고, 듣고 따라 해 보세요.**

1 최근 네 몸은 건강하니?
最近 你 好吗

最近 你 ________ 好吗?
zuì jìn nǐ shēn tǐ hǎo ma

2 날씨가 추워졌으니, 몸조심해라(아)!
天气 冷了 啊

天气 冷了, ________ 啊!
tiān qì lěng le zhù yì shēn tǐ a

잠깐만요!

- 好 [hǎo] 형 (몸이) 건강하다
  您身体好吗(nín shēn tǐ hǎo ma)? 당신(您)은 몸(身体)이 건강(好)하세요(吗)?
  冷 [lěng] 형 춥다 冷了(lěng le) 추워졌다(了:상태의 변화)
- 일반적으로 중국어의 어순은 [동사+목적어] 입니다. 따라서 '몸조심하다'는 '身体注意(x)'가 아니라 '注意(V)身体(O)'라고 해야 합니다.
- 啊 [a] 감탄을 나타내는 어기조사

정답 **1.** 身体 **2.** 注意身体

교육용 1800자 / 신HSK 3.4급 244.mp3

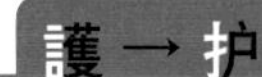

	hù	护(보호하다) = 扌(손) + 户(집) 손(言 → 扌)으로 집(戸 → 户)에서 처럼 보호(护 hù)하다.	護 지킬 호
동 지키다, 보호하다		护 士 hù shi 명 간호(护)사(士) 护 照 hù zhào 명 여권 保 护 bǎo hù 동 보호하다 保护 环境 bǎo hù huán jìng 환경(环境)을 보호하다(保护), 환경보호	

● 알맞은 중국어 단어를 써 넣고, 듣고 따라 해 보세요.

1 나는 간호사가 되고 싶다.
我 想当

我 想当 ________。
wǒ xiǎng dāng hù shi

2 당신 여권 좀 봅시다.
你 看一下

我 看一下 你的 ________。
wǒ kàn yí xià nǐ de hù zhào

잠깐만요!

- 현대중국어에서 '言'은 일반적으로 '言 → 讠'으로 간략화 되었으나, '護(지킬 호, 보호할 호)'는 '言 → 扌'으로 간략화 되었습니다. 보호는 손(手)으로 한다는 의미에서 이렇게 손수 변(手 → 扌)으로 간략화 된것 같습니다.
- '환경보호/환경을 보호하다(環境保護)'는 중국어로 '保护环境 [bǎo hù huán jìng]'이라고 해야 합니다. 한국어는 [목적어+동사]의 어순이지만, 중국어는 목적어를 동사 뒤에 두어 [동사+목적어]의 어순으로 '保护(V)+环境(O)'이라고 해야 합니다. 그러나 '환경보호'라고 '명사'로 쓰일 때는 '环境保护'라 할 수 있습니다.
  环境保护是全人类都要努力的课题(huán jìng bǎo hù shì quán rén lèi dōu yào nǔ lì de kè tí)。
  환경보호(环境保护)는 전인류(全人类)가 노력해야 할(要努力的) 과제(课题)이다(是).

정답 **1.** 护士 **2.** 护照

zhàng

账(장부)
= 贝(재물) + 长(길다)
재물(貝 → 贝: 재물 패)을 길게(長 → 长: 길 장) 기록해 놓은 장부(账 zhàng).

賬
장부 **장**

명 장부

结 账 jié zhàng 동 장부(账)를 결산하다(结), (음식을 먹고) 계산하다
账 号 zhàng hào 명 (은행 등의) 계좌(账) 번호(号)
算 账 suàn zhàng 동 장부(账)를 계산하다(算), 결산하다

● **알맞은 중국어 단어를 써 넣고, 듣고 따라 해 보세요.**

1 아가씨(小姐), 계산해 주세요(吧)!

小姐，__________ 吧！
xiǎo jiě jié zhàng ba

2 건설은행(建设银行) 계좌번호는 몇 자리(多少位)이지?

建设银行 __________ 是多少位?
jiàn shè yín háng zhàng hào shì duō shao wèi

잠깐만요!

- 음식점에서 여종업원을 부를 때는 '小姐 [xiǎo jiě]' 혹은 '服务员 [fú wù yuán]'이라고 하고, 남자 종업원을 부를 때는 '服务员'이라고만 하면 됩니다.
- 结账 [jié zhàng] 계산하다(= 买单 [mǎi dān] 계산서(单)를 사다(买), 계산하다)
- '多少位(duō shao wèi)'에서 '位'는 (숫자의) 자리를 말합니다. 통장계좌 번호는 대개 10자리가 넘으므로 '几(10미만의 적은 수)' 대신 '多少 [duō shao]'를 쓴 것입니다. 전화번호 또한 대개 10자리가 넘으므로 '多少'를 씁니다.
  你的电话号码是多少(nǐ de diàn huà hào mǎ shì duō shao)? 너의(你的) 전화번호(电话号码)는 몇 번(多少)이니?

정답 1. 结账 2. 账号

확인문제 | 230-245

1. 밑줄 친 중국어 한자의 발음과 성조를 쓰시오.

❶ 地铁 → dì ____ ❷ 经理 → ____ lǐ

❸ 听懂 → ____ dǒng ❹ 结账 → jié ____

❺ 几点钟 → jǐ diǎn ____ ❻ 读书 → ____ shū

❼ 护照 → ____ zhào ❽ 讲课 → ____ kè

❾ 绿色 → ____ sè ❿ 电饭锅 → diàn fàn ____

2. 다음 중국어 발음에 해당하는 중국어 한자를 보기에서 골라 ____에 써 넣고, 전체의 뜻을 (   )에 써 넣으시오.

보기 铁 听 账 钟 锅 读 护 讲 经 绿

❶ ____(dú) 书 → ________ ❷ ____(hù) 照 → ________

❸ ____(jiǎng) 课 → ________ ❹ ____(jīng) 理 → ________

❺ ____(lǜ) 色 → ________ ❻ 电饭 ____(guō) → ________

❼ 地 ____(tiě) → ________ ❽ ____(tīng) 懂 → ________

❾ 结 ____(zhàng) → ________ ❿ 几点 ____(zhōng) → ________

정답 1. ❶ tiě ❷ jīng ❸ tīng ❹ zhàng ❺ zhōng ❻ dú ❼ hù ❽ jiǎng ❾ lǜ ❿ guō 2. ❶ 读 / 책을 읽다, 독서하다 ❷ 护 / 여권 ❸ 讲 / 강의하다, 수업하다 ❹ 经 / 매니저 ❺ 绿 / 녹색 ❻ 锅 / 전기 밥솥 ❼ 铁 / 지하철 ❽ 听 / 알아듣다 ❾ 账 / 계산하다, 결산하다 ❿ 钟 / 몇 시

02 한국어 한자(정자)의 **윗부분과 아랫부분**이 모두 간략하게 바뀐 현대중국어 한자(간체자)

聖 → 圣	歲 → 岁	寫 → 写
眞 → 真	節 → 节	質 → 质
麥 → 麦		

246 교육용 1800자 246.mp3 **聖 → 圣**

圣 shèng	圣(성/성스럽다) = 又(또) + 土(흙) 또(又) 아래에 흙(土)이 있으니 성(圣 shèng)스럽다.	聖 성스러울 **성** 성인 **성**
명 성(聖), 성인(聖人)	圣 人 shèng rén 명 성인	
형 성스럽다, 신성하다	圣 经 shèng jīng 명 성경 圣诞 节 shèng dàn jié 명 성탄절, 크리스마스 圣诞 礼物 shèng dàn lǐ wù 명 크리스마스(圣诞) 선물(礼物)	

● **알맞은 중국어 단어를 써 넣고, 듣고 따라 해 보세요.**

1 오늘은 크리스마스 이다.
今天 是

今天 是 ＿＿＿＿＿。
jīn tiān shì shèng dàn jié

2 그가 나에게 보내준 크리스마스 선물은 프랑스제 향수 한 병 이다.
他 送给我的 法国 香水 一瓶 是

他 送给我的 ＿＿＿＿＿ 是 一瓶 法国 香水。
tā sòng gěi wǒ de shèng dàn lǐ wù shì yì píng fǎ guó xiāng shuǐ

잠깐만요!

- 圣诞树 [shèng dàn shù] 크리스마스(圣诞) 트리(树)
  圣诞老人 [shèng dàn lǎo rén] 성탄절(圣诞) 노인(老人), 산타클로스
  圣诞卡 [shèng dàn kǎ] 크리스마스(圣诞) 카드(卡)
- 法国 [fǎ guó] 명 프랑스 香水 [xiāng shuǐ] 명 향수 一瓶 [yì píng] 한 병
  一瓶香水(yì píng xiāng shuǐ) 향수(香水) 한 병(一瓶)
  一瓶法国香水(yì píng fǎ guó xiāng shuǐ) 프랑스(제)(法国) 향수(香水) 한 병(一瓶)

정답 **1.** 圣诞节 **2.** 圣诞礼物

247 교육용 1800자 / 신HSK 1급 247.mp3

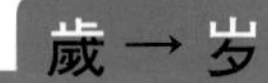

岁 suì	岁(나이/살) = 山(산) + 夕(저녁) 산(山) 아래에서 저녁(夕: 저녁 석)을 맞이하니 나이(岁 suì)가 들었구나.	歲 해 **세** 나이 **세**
양 살, 세(歲)	几 岁 jǐ suì 몇(几) 살(岁)이니? 几 岁 了 jǐ suì le 몇 살(几岁) 됐니(了)?(了: 상태의 변화)	

● **알맞은 중국어 단어를 써 넣고, 듣고 따라 해 보세요.**

1 너 몇 살 이니?(10세 이하, 또는 전후의 어린이의 나이를 물을 때)
你

你 __________?
nǐ jǐ suì

2 나는 올해 21살 이다
我 今年

我 今年 二十一 ______。
wǒ jīn nián èr shí yī suì

 잠깐만요!

- '几岁(jǐ suì)'는 10살 전후의 나이를 물을 때만 사용할 수 있습니다. 일반적으로 나이가 몇 살인지 물을 때는 '多大 [duō dà]'를 많이 씁니다.
  你几岁(nǐ jǐ suì)? 너 몇(几) 살(岁) 이니?
  你今年二十几(岁)(nǐ jīn nián èr shí jǐ (suì))? 너 올해 스물(二十) 몇 살(几岁)이니?
  你今年多大(nǐ jīn nián duō dà)? 당신 올해 나이가 어떻게 되십니까?
- 우리말은 존대어가 발달되어 '나'와 '저'를 반드시 구분해서 써야 하지만, 중국어는 존대어가 발달되어 있지 않기 때문에 '나'와 '저' 구분 없이 모두 '我'라고 씁니다.

정답 **1.** 几岁 **2.** 岁

248

교육용 1800자 / 신HSK 1.5급 248.mp3

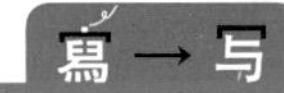

写 xiě	写(쓰다) = 冖(덮다) + 与(주다) 덮고(冖: 덮을 멱) 그 아래 주는(与: 줄 여) 것의 목록을 써라(写 xiě).	寫 베낄 **사**
동 글씨를 쓰다	请 写 qǐng xiě 쓰(写)세요(请)! 写 字 xiě zì 동 글씨(字)를 쓰다(写) 写 信 xiě xìn 동 편지(信)를 쓰다(写) 写 完了 xiě wán le 다(完) 썼다(写~了) 写 作 xiě zuò 동 글을 짓다, 작문하다	

● **알맞은 중국어 단어를 써 넣고, 듣고 따라 해 보세요.**

1 당신의 이름을 써 넣으세요(기입하세요).
你的 名字

请 ________ 你的 名字。
qǐng xiě shàng nǐ de míng zì

2 나는 한자를 조금(몇 글자) 쓸 줄 안다.
我 汉字 一些 会

我 会 ______ 一些 汉字。
wǒ huì xiě yì xiē hàn zì

잠깐만요!

- '写(xiě)'의 머리 부분은 '宀'가 아니라 '冖'입니다.
- '写 完了(xiě wán le)'중의 '完 [wán]'은 보어로 동작 '写'의 완성을 나타내고, '了 [le]'는 상태의 변화를 나타냅니다.
- 写上 [xiě shàng] 동 써(写) 넣다(上), 기입하다, 기록하다(上: 위의 방향을 나타내는 방향보어)
  请写上(qǐng xiě shàng)。써 넣으세요, 기입하세요.
- 会 [huì] 할 줄 알다　　一些 [yì xiē] 약간, 조금
  会写一些(huì xiě yì xiē)。조금(一些) 쓸 줄 안다(会写).
  会说一些(huì shuō yì xiē)。조금(一些) 말 할 줄 안다(会说).

정답 **1.** 写上 **2.** 写

249 교육용 1800자 / 신HSK 2,4,5급 249.mp3

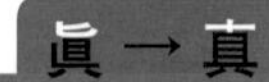

zhēn

真(정말/진짜)
= 十(열) + 目(눈) + 一(하나) + 八(여덟)
열(十) 개의 눈(目)을 하나(一) 같이 여덟팔자(八)로 받치고 있으니 정말/진짜(真 zhēn) 신기하다.

眞
참 **진**

부 정말, 참으로	真 可爱 zhēn kě ài 정말(真) 귀엽다(可爱) 真 漂亮 zhēn piào liang 정말(真) 예쁘다(漂亮) 真 高兴 zhēn gāo xìng 정말(真) 기쁘다(高兴) 真 好吃 zhēn hǎo chī 정말(真) 맛있다(好吃) 真 便宜 zhēn pián yi 정말(真) 싸다(便宜)
형 진짜이다, 사실이다	真 的 zhēn de 진짜이다, 사실이다

● **알맞은 중국어 단어를 써 넣고, 듣고 따라 해 보세요.**

1 너희 학교는 정말 크구나!
你们 学校

你们 学校 ______ 大！
nǐ men xué xiào zhēn dà

2 이 상점의 물건은 정말 싸다.
这家 商店的 东西

这家 商店的 东西 __________。
zhè jiā shāng diàn de dōng xi zhēn pián yi

잠깐만요!

- 家 [jiā] 양 상점 등 건물을 세는 단위
  一家商店(yì jiā shāng diàn) 상점(商店) 하나(一家)
  一家银行(yì jiā yín háng) 은행(银行) 하나(一家)

- 真 [zhēn] 참, 진짜 ↔ 假 [jiǎ] 거짓, 가짜
  真花 [zhēn huā] 진짜(真) 꽃(花)　　假花 [jiǎ huā] 가짜(假) 꽃(花), 조화
  真话 [zhēn huà] 참(真) 말(话)　　假话 [jiǎ huà] 거짓(假)말(话)

정답 **1.** 真 **2.** 真便宜

250 교육용 1800자 / 신HSK 3~5급 250.mp3 **節 → 节**

节	jié	节(명절) = ⺿(풀) + 卩(무릎을 꿇다) 풀(⺿)이 아래로 무릎을 꿇고(卩: 무릎 꿇을 절) 명절(节 jié)을 쇤다.	節 마디 **절** 시절 **절** 명절 **절**
명 마디		季 节 jì jié 명 계절 第一 节 课 dì yī jié kè 첫째(第一 节) 시간(课)	
명 기념일, 명절		节 日 jié rì 명 명절 "五一" 劳动 节 wǔ yī láo dòng jié 명 5월 1일 근로자의 날 "三八" 妇女 节 sān bā fù nǚ jié 명 3월 8일 부녀자의 날 "六一" 儿童 节 liù yī ér tóng jié 명 6월 1일 어린이날 "十一" 国庆 节 shí yī guó qìng jié 명 10월 1일 국경절 情人 节 qíng rén jié 명 발렌타인데이	

● **알맞은 중국어 단어를 써 넣고, 듣고 따라 해 보세요.**

1 오늘은 발렌타인데이이다.
今天 是

今天 是 ＿＿＿＿＿。
jīn tiān shì qíng rén jié

2 5월 1일 근로자의 날, 3월 8일 부녀자의 날, 6월 1일 어린이날은 3개의
五一 三八 六一 三个

국제 명절 이다.
国际 节日 是

"五一" ＿＿＿＿＿、"三八" ＿＿＿＿＿、"六一" ＿＿＿＿＿ 是 三个 国际 节日。
wǔ yī láo dòng jié sān bā fù nǚ jié liù yī ér tóng jié shì sān ge guó jì jié rì

잠깐만요!

- 중국의 명절(节日)은 크게 전통명절(음력)과 국가명절(양력)로 나눌 수 있습니다. 국가명절은 부녀자의 날, 근로자의 날, 어린이날, 국경절이 있으며, 전통명절은 다음과 같습니다.
  端午节 [duān wǔ jié] 단오　　中秋节 [zhōng qiū jié] 추석
  春节 [chūn jié] 설　　元宵节 [yuán xiāo jié] 정월 대보름

정답 **1.** 情人节 **2.** 劳动节, 妇女节, 儿童节

251 교육용 1800자 / 신HSK 4급 251.mp3 **質 → 质**

质	zhì	质(품질) = 厂(바위 밑) + 十(열/십) + 贝(재물) 바위 밑(厂)의 열(十) 개의 재물(贝)은 품질(质 zhì)이 최고다.	質 모양 **질**
명 질, 품질		质 量 zhì liàng 명 (제품의) 질, 품질 物 质 wù zhì 명 [철학] 물질 本 质 běn zhì 명 [철학] 본질	

● **알맞은 중국어 단어를 써 넣고, 듣고 따라 해 보세요.**

1 너 봐라, 품질이 얼마나 좋니!(품질이 아주 좋다.)
你 看 多好

你看，__________ 多好！
nǐ kàn zhì liàng duō hǎo

2 이 신발은 품질이 정말 좋다.
这 鞋子 真 好

这鞋子 __________ 真好。
zhè xié zi zhì liàng zhēn hǎo

잠깐만요!

- 한국에서는 '품질이 좋다'라는 표현보다는 '질(質)이 좋다'라는 표현을 더 자주 사용합니다. 하지만 중국에서는 '질(質)'이 아닌 두 글자로 된 '质量 [zhì liàng] 질량'이라는 단어를 써서 '질이 좋다'를 '质量好'라고 합니다.
- '多好 [duō hǎo] 얼마나 좋아'에서 '多 [duō]'는 부사로 '多么 [duō me] 얼마나'라는 의미이며, '형용사(好)'를 수식하는 구조입니다.
  你看, 多漂亮(nǐ kàn duō piào liang)! 너 봐라(你看), 얼마나(多) 예쁘니(漂亮)!

정답 **1.** 质量 **2.** 质量

252 교육용 1800자 / 신HSK 5급 252.mp3 麥 → 麦

麦 mài	麦(보리/밀) = 三(셋) + 丨(줄기) + 夂(천천히 걸어오다) 세 부분(三)이 한 줄기(丨)로 이어져 아래로 천천히 걸어오는 것(夂: 천천히 걸을 쇠)이 흔들거리는 보리/밀(麦 mài) 같다.	麥 보리 **맥**
명 **보리, 밀**	大 麦 dà mài 명 보리 小 麦 xiǎo mài 명 밀	
麦 [mài]의 음역어	麦 当 劳 mài dāng láo 명 맥도날드(McDonald) 麦 克 风 mài kè fēng 명 마이크(microphone)	

● **알맞은 중국어 단어를 써 넣고, 듣고 따라 해 보세요.**

1 마이크 어디 있지?
哪儿 在

__________ 在哪儿?
mài kè fēng zài nǎr

2 내일 나는 맥도날드에서 그를 만난다.
明天 我 在 他 见

明天 我 在 __________ 见 他。
míng tiān wǒ zài mài dāng láo jiàn tā

- 荞麦 [qiáo mài] 명 메밀
  荞麦面条 [qiáo mài miàn tiáo] 명 메밀(荞麦) 국수(面条)
  荞麦凉粉 [qiáo mài liáng fěn] 명 메밀(荞麦) 묵(凉粉)

정답 **1.** 麦克风 **2.** 麦当劳

확인문제 | 246-252

1. 밑줄 친 중국어 한자의 발음과 성조를 쓰시오.

❶ 节日 → _____ rì　　❷ 麦当劳 → _____ dāng láo

❸ 圣诞节 → _____ dàn jié　　❹ 几岁 → jǐ _____

❺ 写信 → _____ xìn　　❻ 真好吃 → _____ hǎo chī

❼ 质量 → _____ liàng

2. 다음 중국어 발음에 해당하는 중국어 한자를 보기에서 골라 ____에 써 넣고, 전체의 뜻을 (　　)에 써 넣으시오.

보기　写　真　麦　质　岁　节　圣

❶ 几 _____(suì) → _________　　❷ _____(xiě) 信 → _________

❸ _____(zhēn) 好吃 → _________　　❹ _____(zhì) 量 → _________

❺ _____(jié) 日 → _________　　❻ _____(mài) 当劳 → _________

❼ _____(shèng) 诞节 → _________

정답　1. ❶ jié　❷ mài　❸ shèng　❹ suì　❺ xiě　❻ zhēn　❼ zhì
2. ❶ 岁 / 몇 살　❷ 写 / 편지를 쓰다　❸ 真 / 정말 맛있다　❹ 质 / 품질
❺ 节 / 명절　❻ 麦 / 맥도날드　❼ 圣 / 크리스마스, 성탄절

03 한국어 한자(정자)의 **일부를 취해** 간략하게 바뀐 현대중국어 한자(간체자)

裏 → 里	飛 → 飞	醫 → 医
麽 → 么	開 → 开	時 → 时
習 → 习	號 → 号	電 → 电
兒 → 儿	氣 → 气	點 → 点
麵 → 面	從 → 从	離 → 离
條 → 条	務 → 务	畫 → 画
盤 → 盘	聰 → 聪	樣 → 样
復 → 复	聲 → 声	辦 → 办
角 → 角	業 → 业	週 → 周
總 → 总	術 → 术	礦 → 矿
鹹 → 咸	親 → 亲	

253

교육용1800자 / 신HSK 1급 253.mp3

里	lǐ li	里(안/속) = 田(밭) + 土(흙) 밭(田: 밭 전) 아래에 흙(土: 흙 토)이 있는 마을(里 lǐ)은 산 안쪽(里 lǐ)에 있다.	裏 안 리 속 리

뜻	단어
[lǐ] 접미 '这, 那, 哪' 등의 뒤에서 장소를 나타냄	这 里 zhè lǐ 여기, 이곳 那 里 nà lǐ 저(거)기, 저(그)곳 哪 里 nǎ lǐ 어디
명 안, 속	里 边 lǐ bian 안(里)쪽(边), 속
[li] 명 안 (명사 뒤에서 방위를 나타냄)	屋 里 wū li 방(屋)안(里)

● 알맞은 중국어 단어를 써 넣고, 듣고 따라 해 보세요.

1 안쪽으로 앉으세요.
请~坐

请 ____________ 坐。
qǐng lǐ bian zuò

2 책가방 속에 뭐가 있죠?
书包 什么 有

书包 ______ 有 什么?
shū bāo li yǒu shén me

잠깐만요!

- 宿舍里 [sù shè li] 기숙사(宿舍) 안(里), 기숙사에
  教室里 [jiào shì li] 교실(教室) 안(里), 교실에
  书包里 [shū bāo li] 책(书)가방(包) 안(里), 책가방에
  图书馆里 [tú shū guǎn li] 도서관(图书馆) 안(里), 도서관에
- 실제 회화에서는 '안/속(里)'의 의미가 분명히 나타나지 않는 경우가 많습니다.
  图书馆里有很多书(tú shū guǎn li yǒu hěn duō shū)。 도서관(图书馆里)에는 책(书)이 아주(很) 많다(多).
  书包里有什么(shū bāo li yǒu shén me)? 책가방(书包里)에 뭐(什么)가 있니(有)?

정답 1. 里边 2. 里

254

교육용1800자 / 신HSK 1급 254.mp3

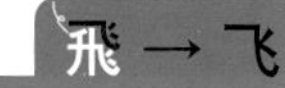

fēi

飞(날다)
= 乙(새) + ⺀(두 날개)
새(乙: 새 을)가 두 날개(⺀)를 펴고 날다(飞 fēi).

飛
날 비

동 (새 · 곤충 · 비행기 등이) 날다

飞机 fēi jī 명 비행(飞)기(机)
坐飞机 zuò fēi jī 비행기(飞机)를 타다(坐)
飞机票 fēi jī piào 명 비행기(飞机) 표(票) (= 机票 jī piào)
飞机场 fēi jī chǎng 명 비행(飞机)장(场) (= 机场 jī chǎng)

● 알맞은 중국어 단어를 써 넣고, 듣고 따라 해 보세요.

1 나는 비행기를 타고 왔습니다.
我 来的

我是 ________ 来的。
wǒ shì zuò fēi jī lái de

2 나는 내일 비행기 표를 사러 갑니다.
我 明天 买 去

我明天去买 ________。
wǒ míng tiān qù mǎi fēi jī piào

잠깐만요!

- '공항'은 중국어로 '飞机场 [fēi jī chǎng]' 혹은 '机场 [jī chǎng]'이라고 하며, 일상생활에서는 일반적으로 '机场 [jī chǎng]'을 더 많이 사용합니다. '飞机票'도 보통 줄여서 '机票'라고 많이 말합니다.
  国际机场 [guó jì jī chǎng] 국제(国际)공항(机场)
  机场巴士 [jī chǎng bā shì] 공항(机场) 버스(巴士), 리무진 버스
- '巴士'는 'bus'에 대한 음역어입니다.
- 是 + 장소/방법/시간 + 的 : 是~的 강조용법으로, 주로 '장소, 방법, 시간'을 강조함
  你是从哪儿来的(nǐ shì cóng nǎr lái de)? 너(你) 어디서(从哪儿) 왔니(是~的)? (장소 '哪儿'을 강조)

정답 1. 坐飞机 2. 飞机票

255

교육용1800자 / 신HSK 1급 255.mp3

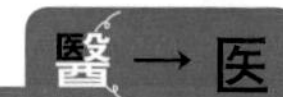

医	yī	医(의사) = 一(한 번) + 矢(화살) + ㄴ(감싸다) 한 번(一) 화살(矢: 화살 시)에 맞은 자리를 감싼(ㄴ) 것은 의사(医 yī)였다.	醫 의원 **의**
명 의사		医生 yī shēng 명 의사 医院 yī yuàn 명 병원 中医 zhōng yī 명 한의사 西医 xī yī 명 양의사	

● **알맞은 중국어 단어를 써 넣고, 듣고 따라 해 보세요.**

1 어제 나는 병원에 갔다.
昨天 我 去~了

昨天我去＿＿＿＿＿了。
zuó tiān wǒ qù yī yuàn le

2 우리 아버지는 의사이시며, 병원에서 일하신다.
我 父亲 是 在 工作

我父亲是＿＿＿＿＿，他在＿＿＿＿＿工作。
wǒ fù qīn shì yī shēng tā zài yī yuàn gōng zuò

잠깐만요!

- '병원(病院)'은 중국어로 '医院 [yī yuàn]'이라고 하며, '한의원(한방병원)'은 '中医院 [zhōng yī yuàn]', 양방병원은 '西医院 [xī yī yuàn]' 이라고 합니다. 여기서 '中医'는 '한의(漢醫)'를, '西医 [xī yī]'는 '양의(洋醫)'을 의미하는 말입니다.
  한의원은 '中医院 [zhōng yī yuàn]'이라는 문구가 반드시 들어가 있으나, '西医院 [xī yī yuàn]'은 '西医院 [xī yī yuàn]' 혹은 '~医院 [~yī yuàn]'이라고 합니다.
- '医生 [yī shēng]'은 '의사'라는 의미로 서면어입니다. 회화체에서는 '医生 [yī shēng]'도 가끔 쓰지만 일반적으로 '大夫 [dài fu]'를 더 많이 씁니다. 서면어에서는 우리와 같은 한자인 '医师(의사)'를 쓰기도 합니다.

정답 **1.** 医院 **2.** 医生, 医院

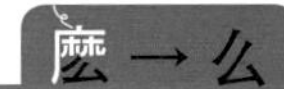

么 me	么(접미사) = 丿(비스듬하다) + 厶(팔꿈치) 비스듬히(丿) 팔꿈치를 구부리고(厶) 있는 접미사 머(么 me).	麽 그런가 **마**
접미 의문사나 부사 뒤에 흔히 쓰임	怎么 zěn me 대 어떻게, 왜 怎么样 zěn me yàng 어때(요)? 怎么了 zěn me le 어떻게(怎么) 된 거야(了)? 무슨 일이야? 왜 그래? 那么 nà me 접 그러면, 그렇다면	

● **알맞은 중국어 단어를 써 넣고, 듣고 따라 해 보세요.**

1 어떻게 하면 좋지?
(하면: 办, 좋지: 好)

_______ 办好?
zěn me bàn hǎo

2 너 어떻게 된 거야(왜 그래, 무슨 일이야)?
(너: 你)

你 _______?
nǐ zěn me le

잠깐만요!

- '怎么 [zěn me]'는 '방법(어떻게)'과 '이유(왜)'의 두 가지 의미를 나타냅니다. '방법'을 의미하는지, '이유'를 의미하는지는 '怎么' 뒤에 나오는 술어를 통해서 의미상 파악해야 합니다.
  怎么办(zěn me bàn) 어떻게(怎么) 하지(办)?
  怎么卖(zěn me mài)? 어떻게(怎么) 팔지(卖)요?
  怎么不吃(zěn me bù chī)? 왜(怎么) 안 먹지(不吃)?
  怎么不去(zěn me bú qù)? 왜(怎么) 안 가니(不去)?

정답 **1.** 怎么 **2.** 怎么了

교육용1800자 / 신HSK 1,2,4,5급 257.mp3

開 → 开

开 kāi	开(시작하다/시작) = 一(문의 빗장) + 廾(두 손) 문의 빗장(一)을 빼고 두 손(廾)으로 젖히니 문이 열리기 시작(开 kāi)한다.	開 열 **개**
동 (닫힌 것을) 열다, (불을) 켜다, (자동차 등을) 운전하다	开 门 kāi mén 동 문(门)을 열다(开) 开 灯 kāi dēng 동 불(灯)을 켜다(开) 开 车 kāi chē 동 차(车)를 운전하다(开)	
동 시작하다	开 始 kāi shǐ 동 시작하다 开 学 kāi xué 동 학업(学)을 시작하다(开), 개학(開學)하다	

● **알맞은 중국어 단어를 써 넣고, 듣고 따라 해 보세요.**

1 문 좀 여세요.
　一下 请

请 ______ 一下 ______。
qǐng kāi yí xià mén

2 나는 잠을 자려고 하니, 불 켜지 마세요!
　我 要睡觉 请别

我 要睡觉，请 别 __________。
wǒ yào shuì jiào qǐng bié kāi dēng

잠깐만요!

- 请 [qǐng] ~해 주세요, ~하세요　　一下 [yí xià] 양 좀
  请开一下(qǐng kāi yí xià)。좀(一下) 여세요(请开).
  请开一下门(qǐng kāi yí xià mén)。문(门)을 좀(一下) 여세요(请开).
- 睡觉 [shuì jiào] 잠(觉)을 자다(睡觉), 잠자다

정답 **1.** 开, 门 **2.** 开灯

258

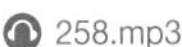
교육용1800자 / 신HSK 1,2,5급 258.mp3

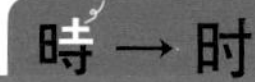

shí

时(시간)
= 日(해) + 寸(법칙)
해(日)가 일정한 법칙(寸: 법칙 촌)에 따라 흘러 가는 것이 때/시간(时 shí)이다.

時
때 시

명 때, 시간

时 候 shí hou 명 ~때
什么 时候 shén me shí hou 무슨(什么) 때(时候), 언제
有 时候 yǒu shí hou 어떤(有) 때(时候)
时 间 shí jiān 명 시간

● 알맞은 중국어 단어를 써 넣고, 듣고 따라 해 보세요.

1 너 언제 수업하니?
你 上课

你 ___________ 上课?
nǐ shén me shí hou shàng kè

2 나는 어떤 때는 기숙사 에서 쉬고, 어떤 때는 도서관에 가서 공부한다.
我 宿舍 在 休息 图书馆 去 学习

我 ___________ 在宿舍 休息, ___________ 去图书馆 学习。
wǒ yǒu shí hou zài sù shè xiū xī yǒu shí hou qù tú shū guǎn xué xí

- 上课 [shàng kè] 동 수업(课)하다(上)
- 在(전치사) + 宿舍(명사) = 부사구
  在宿舍(zài sù shè) 기숙사(宿舍)에서(在)
- 동사 '去 [qù]' 다음에 장소목적어가 올 때는 목적어를 부사적으로 해석합니다.
  去图书馆(qù tú shū guǎn) 도서관(图书馆)에 가다(去).
  你去哪儿(nǐ qù nǎr)? 너(你) 어디(哪儿) 가니(去)?

정답 **1.** 什么时候 **2.** 有时候, 有时候

259 교육용1800자 / 신HSK 1,3,4급 259.mp3

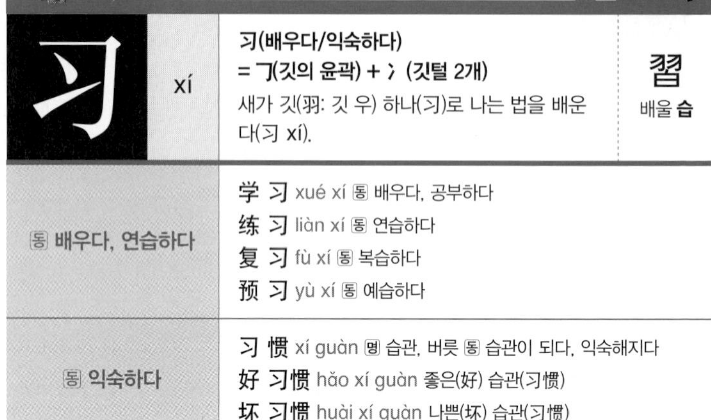

习	xí	习(배우다/익숙하다) = ㇆(깃의 윤곽) + ㇀(깃털 2개) 새가 깃(羽: 깃 우) 하나(习)로 나는 법을 배운다(习 xí).	習 배울 **습**
동 배우다, 연습하다		学习 xué xí 동 배우다, 공부하다 练习 liàn xí 동 연습하다 复习 fù xí 동 복습하다 预习 yù xí 동 예습하다	
동 익숙하다		习惯 xí guàn 명 습관, 버릇 동 습관이 되다, 익숙해지다 好习惯 hǎo xí guàn 좋은(好) 습관(习惯) 坏习惯 huài xí guàn 나쁜(坏) 습관(习惯)	

● **알맞은 중국어 단어를 써 넣고, 듣고 따라 해 보세요.**

1 나는 한국에서 중국어를 배운다.
我 在韩国 汉语

我 在韩国 ________ 汉语。
wǒ zài hán guó xué xí hàn yǔ

2 중국에 온 지 반 년이 되어, 나는 이미 이곳 생활에 익숙해졌다.
中国 来 半年 了 我 已经 这里的生活 ~了

来中国 半年 了，我 已经 ________ 这里的 生活 了。
lái zhōng guó bàn nián le wǒ yǐ jīng xí guàn zhè lǐ de shēng huó le

잠깐만요!

- 우리 한자어는 '익힐 습(習)'이라 쓰고 있으나, 중국어 번체자는 '習'으로 쓰고 있습니다. 중국어 간체자 '习 [xí]'는 번체자 '習'의 오른쪽 위 날개 '习' 하나만을 취한 형태입니다.
- 已经 [yǐ jīng] ~了 : 이미(已经) ~했다(了) (了: 상태의 변화)
  我已经习惯这里的生活了(wǒ yǐ jīng xí guàn zhè lǐ de shēng huó le)。나는 이미(已经) 이곳 생활(这里的生活)에 익숙해졌다(习惯了).

정답 **1.** 学习 **2.** 习惯

260

교육용1800자 / 신HSK 1.4급  260.mp3

號 → 号

号 hào

号(부호/번호)
= 口(입) + 丂(벌리다)
입(口)을 아래로 벌려(丂) 부호/번호(号 hào)를 외친다.

號
이름 **호**
부호 **호**

명 **부호, 번호**

号 码 hào mǎ 명 번호
电话 号码 diàn huà hào mǎ 전화(电话)번호(号码)
房间 号码 fáng jiān hào mǎ 방(房间) 번호(号码)
多 少 号 duō shao hào 몇(多少) 번/호/치수(号)?
穿 多少号 chuān duō shao hào 몇(多少) 호(号) 입으세요?, 몇(多少) 호(号) 신의세요(穿)?
几 号 楼 jǐ hào lóu (기숙사 · 아파트의) 몇(几号) 동(楼)?
几月 几号 jǐ yuè jǐ hào 몇(几) 월(月) 며칠(几号)?

● **알맞은 중국어 단어를 써 넣고, 듣고 따라 해 보세요.**

1 너의 방은 몇 호니?
你的 房间

你的 房间 是 ________?
nǐ de fáng jiān shì duō shao hào

2 너는 몇 동에 사니?
你 住

你 住 ________?
nǐ zhù jǐ hào lóu

잠깐만요!

- 방 번호, 전화번호, 옷, 신발 치수 등은 10보다 큰 수이기 때문에 '几 [jǐ]'를 쓰지 않고 '多少 [duō shao]'를 씁니다. 그러나 중국 기숙사나 아파트의 '동'은 10동 미만인 경우도 많아서 보통 '几'를 씁니다.
- 住 [zhù] 동 묵다, 살다
  住在 [zhù zài] ~에(在)살다(住)
  你住哪儿(nǐ zhù nǎr)? 너 어디 사니? [你(S) + 住(V) + 哪儿(O)]
  你住在哪儿(nǐ zhù zài nǎr)? 너 어디 사니? [你(S) + 住(V) + 在哪儿(부사구)]
  "너 어디 사니?"는 "你住哪儿?"이나 "你住在哪儿?"이라고 합니다. 두 문장은 구조가 다를뿐 그 의미는 같습니다.

정답 **1.** 多少号 **2.** 几号楼

261 교육용1800자 / 신HSK 1,3,5급  261.mp3 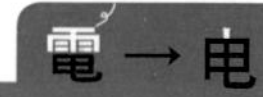

电 diàn	电(전기) = 申(펴다) + ㄴ(오그라들다) 옷이 펴지고(申: 펼 신) 오그라드는(ㄴ) 것은 전기(电 diàn)의 힘이다.	電 번개 **전**
명 전기	电话 diàn huà 명 전화 电视 diàn shì 명 전기(电)로 보는 것(视), TV 电影 diàn yǐng 명 전기(电) 그림자(影), 영화 电影院 diàn yǐng yuàn 명 영화(电影)관(院), 극장 电脑 diàn nǎo 명 전기(电) 뇌(脑), 컴퓨터	

● **알맞은 중국어 단어를 써 넣고, 듣고 따라 해 보세요.**

1 이 컴퓨터 얼마에요?
这 多少钱

这 台 ＿＿＿＿＿ 多少钱?
zhè tái diàn nǎo duō shao qián

2 학교 부근에 영화관이 하나 있다.
学校 附近 一个 有

学校 附近 有 一个 ＿＿＿＿＿。
xué xiào fù jìn yǒu yí ge diàn yǐng yuàn

 잠깐만요!

- 打电话(dǎ diàn huà) 전화(电话)를 걸다(打)
  看电视(kàn diàn shì) TV(电视)를 보다(看)
  看电影(kàn diàn yǐng) 영화(电影)를 보다(看)
- 台 [tái] 양 대(기계를 세는 단위)
  一台电脑(yì tái diàn nǎo) 컴퓨터(电脑) 한 대(一台)

정답 1. 电脑 2. 电影院

儿	ér	儿(아이/아들) = 丿(삐치다) + ㄴ(구부리다) 왼쪽 다리는 삐치고(丿) 오른쪽 다리는 구부리고(ㄴ) 있는 아이(儿 ér)가 내 아들(儿 ér)이다.	兒 아이 **아**
명 아이, 아들		儿子 ér zi 명 아들 儿童 ér tóng 명 아동, 어린이	
접미 단음절 명사의 뒤에 붙어 하나의 단어로 만듦		这儿 zhèr 대 여기, 이곳 那儿 nàr 대 그곳, 저곳 哪儿 nǎr 대 어디, 어느 곳 一下(儿) yí xiàr 수량 한 번, 좀	
접미 아이처럼 작고 귀여운 것을 나타냄		女儿 nǚ ér 명 딸 小孩儿 xiǎo hár 명 작은(小) 아이(孩儿), 어린아이, 애, 꼬마 花儿 huār 명 꽃	

● **알맞은 중국어 단어를 써 넣고, 듣고 따라 해 보세요.**

1 말씀 좀 묻겠습니다, 사무실은 어디에 있지요? 바로 저곳에 있습니다.
请问 办公室 在 就 在

请问，办公室 在 ______？ 就在 ______。
qǐng wèn bàn gōng shì zài nǎr jiù zài nàr

2 제가 소개 좀 하겠습니다.
我 介绍 来

我来 介绍 __________。
wǒ lái jiè shào yí xiàr

잠깐만요!

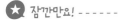

- '来 [lái]'는 구체적인 동사를 대신하는 대동사입니다.
  我来(wǒ lái)。내가 할게. 제가 할게요.(= 我来吧。)

정답 **1.** 哪儿, 那儿 **2.** 一下儿

교육용1800자 / 신HSK 1,4~6급 263.mp3

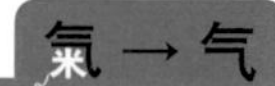

气 qì	气(기운) = 人(사람) + 一(입) + ㄟ(새) 사람(人→ 𠂉) 입(一)에서 새(乙→ ㄟ: 새 을)처럼 나오는 증기(气 qì)가 기체/기운(气 qì)이다.	氣 기운 **기**
명 (자연계의) 현상, 기후	天 气 tiān qì 명 날씨 力 气 lì qi 명 힘 气 候 qì hòu 명 기후 气 温 qì wēn 명 기온	
명 기질, 태도	客 气 kè qi 형 사양하다, 체면을 차리다 不 客气 bú kè qi 사양하지 않다, 체면 차리지 않다, 천만에요, 별말씀을요 别 客气 bié kè qi 사양하지 마세요, 겸손해 하지 마세요, 괜찮아요, 별말씀을요	

● **알맞은 중국어 단어를 써 넣고, 듣고 따라 해 보세요.**

1 오늘(今天) 날씨가 정말(아주)(真) 좋다(好).

今天 ________ 真好。

jīn tiān tiān qì zhēn hǎo

2 그는(他) 힘이 매우(很) 세다(大).

他 ________ 很大。

tā lì qi hěn dà

잠깐만요!

- 우리는 '힘(力)'이라고 한 글자로 쓰지만, 중국인은 '力气 [lì qi]'라고 두 글자로 씁니다. 역시 한국인은 홀수를, 중국인은 짝수를 좋아하죠!
- 不客气 [bú kè qi] 는 '谢谢!'에 대한 대답으로, "별말씀을요!"라는 의미입니다.
  A: 谢谢(你/您)(xiè xie nǐ(nín))! 감사합니다! B: 不客气(bú kè qi)! 별말씀을요.
- 别客气(bié kè qi) 는 "사양하지 마세요, 겸손해 하지 마세요"라는 뜻이나, 우리말의 "괜찮아요, 별말씀을요."의 의미로도 자주 사용됩니다. '不客气' 보다 사양(겸손)의 의미가 더 강합니다.
  A: 谢谢(你/您)(xiè xie nǐ(nín))! 감사합니다! B: 别客气(bié kè qi)! 별말씀을요!

정답 1. 天气 2. 力气

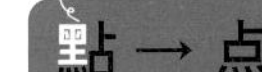

diǎn

点(주문하다)
= 占(점치다) + 灬(네 점)
점(占: 점칠 점)을 쳐 그 아래에 네 점(灬)을 찍어 시간(点 diǎn)을 표시하거나, 요리를 주문한다(点 diǎn).

點
점 **점**
시간 **점**

명 소수점	零点一 líng diǎn yī 0(零).(点)1(一), 0.1
양 (~儿) 약간, 조금	一 点儿 yì diǎr 좀, 조금, 약간 (긍정 의미) 有 点儿 yǒu diǎr 좀, 조금, 약간 (부정 의미)
양 시(时)	点 钟 diǎn zhōng 명 시(시간의 양) 几 点钟 jǐ diǎn zhōng 몇(几) 시(点钟)? (= 几点 jǐ diǎn)
동 (요리를) 주문하다	点 菜 diǎn cài 동 요리(菜)를 주문하다(点)

● **알맞은 중국어 단어를 써 넣고, 듣고 따라 해 보세요.**

1 이 신발은 좀 작아요, 좀 큰 것 있습니까?
这双鞋 小 大 的 有~吗

这双鞋 ________ 小，有 大 ________ 的 吗?
zhè shuāng xié yǒu diǎn xiǎo yǒu dà yì diǎr de ma

2 이것은 메뉴 입니다. 주문하십시오!
这 菜单 是 请

这是 菜单，请 ________ !
zhè shì cài dān qǐng diǎn cài

잠깐만요!

- "몇 시?"하고 물을 때 회화체에서는 "几点钟(jǐ diǎn zhōng)?" 보다는 "几点(jǐ diǎn)?"을 더 많이 씁니다.
- '一点儿 [yì diǎr]'은 '조금, 약간'이라는 뜻으로, 뒤에 긍정적인 의미를 내포하는 말이 옵니다. 반면 '有点儿 [yǒu diǎr]'은 '조금, 약간'이라는 의미는 같지만, 뒤에 부정적인 의미를 내포하는 말이 옵니다.
  会一点儿(huì yì diǎr) 조금(一点儿) 할 줄 안다(会)
  便宜一点儿(pián yi yì diǎr) 좀(一点儿) 싸게(便宜) 해 주세요.
  有点儿 冷(yǒu diǎnr lěng/rè) 좀(有点儿) 춥다(冷)
  有点儿热(yǒu diǎnr rè) 좀(有点儿) 덥다(热)
- 鞋 [xié] 신발 = 鞋子 [xié zi] 一 双鞋(yì shuāng xié) 신발(鞋) 한 켤레(一 双) (双: 양사)

정답 **1.** 有点, 一点儿 **2.** 点菜

265

신HSK 2,3급 265.mp3

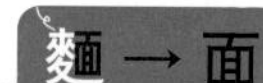

面	miàn	面(밀가루/국수) = 一(머리) + 丿(이마) + 冂(얼굴 둘레) + 丨丨(눈, 코, 입 테두리) + 三(눈, 코, 입) 밀의 얼굴(面 miàn) 껍질을 벗겨 밀가루/국수(麵→面 miàn)를 만든다.	麵 밀가루 **면**
명 밀가루, 국수		面 包 miàn bāo 명 빵 面 条 miàn tiáo 명 국수 冷 面 lěng miàn 명 냉면 炸酱 面 zhá jiàng miàn 명 짜장(炸酱)면(面)	

● **알맞은 중국어 단어를 써 넣고, 듣고 따라 해 보세요.**

1 나는 빵을 즐겨 먹는다.
我 爱吃

我 爱吃 ＿＿＿＿＿＿ 。
wǒ ài chī miàn bāo

2 국수 한 그릇 주세요.
一碗 来

来 一碗 ＿＿＿＿＿＿ 。
lái yì wǎn miàn tiáo

잠깐만요!

- '面包 [miàn bāo]', '面条 [miàn tiáo]'에 쓰인 '面 [miàn]'은 '麵(면)'의 간체자로 '밀가루, 국수'라는 의미입니다. '面前 [miàn qián](면전), 面谈 [miàn tán](면담)'의 '面 [miàn]'은 '얼굴'이라는 의미로, 간체자가 아니라 정자로 쓰였습니다.
- 碗 [wǎn] 양 그릇, 공기, 사발　　一碗面条(yì wǎn miàn tiáo) 국수(面条) 한 그릇(一碗)
- 짜장면은 원래 중국에서 온 음식이지만 중국의 '炸酱面 [zhá jiàng miàn]'과 '한국 짜장면'의 맛은 완전히 다릅니다. 중국 '炸酱面 [zhá jiàng miàn]'에는 칼국수 같은 면에 노란 콩으로 만든 '자장'이 들어가 매우 짜며, 또한 중국 특유의 소스 때문에 한국인의 입맛에 맞지 않습니다. 최근에는 오히려 중국인들이 달콤한 한국 '짜장면'을 더 즐겨 먹고 있습니다.

정답 **1.** 面包 **2.** 面条

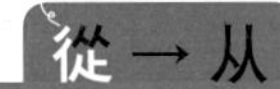

从 cóng	从(~부터) = 人(사람) + 人(사람) 모든 소문은 사람 둘(人+人)로 부터(从 cóng) 시작된다.	從 부터 **종**

전 ~부터, ~에서 (거리를 나타냄)	**从~到…** cóng~ dào…(거리 · 시간) ~로부터(从) …까지(到) **从这儿 到那儿** cóng zhèr dào nàr 여기(这儿)부터(从) 거기(那儿)까지(到) **从北京 到上海** cóng běi jīng dào shàng hǎi 베이징(북경)(北京)에서(从) 상하이(상해)(上海)까지(到)
전 ~부터 (시간을 나타냄)	**从明天 开始** cóng míng tiān kāi shǐ 내일(明天)부터(从) 시작한다(开始) **从几点 到几点** cóng jǐ diǎn dào jǐ diǎn 몇 시(几点)부터(从) 몇 시(几点)까지(到)

● **알맞은 중국어 단어를 써 넣고, 듣고 따라 해 보세요.**

1 우리집에서 학교까지 아주 가깝다.
我家 学校 很 近

______ 我家 ______ 学校 很近。

cóng wǒ jiā dào xué xiào hěn jìn

2 동물원에서 미술관까지 어떻게 가지요?
动物园 美术馆 怎么 走

______ 动物园 ______ 美术馆 怎么 走?

cóng dòng wù yuán dào měi shù guǎn zěn me zǒu

★ 잠깐만요!

• '从 [cóng]'은 영어의 'from'에 해당하는 전치사로 '장소나 시간의 출발점'을 나타내며, 단독으로도 쓰이나 주로 '从~ 到…'의 형식으로 많이 쓰입니다.
从今天开始运动(cóng jīn tiān kāi shǐ yùn dòng)。오늘(今天)부터(从) 운동(运动)을 시작한다(开始).
从上午八点到十二点(cóng shàng wǔ bā diǎn dào shí èr diǎn) 오전(上午) 8시(八点)부터(从) 12시(十二点)까지(到)

정답 **1.** 从, 到 **2.** 从, 到

267 교육용1800자 / 신HSK 2,3,5급 267.mp3 **離 → 离**

离	lí	**离(떠나다/ ~에서)** **= 亠(머리) + 凶(흉하다) + 冂(골대) + 厶(팔꿈치)** 머리(亠: 머리 부분 두) 아래가 흉한(凶: 흉할 흉) 골키퍼가 골대(冂) 안에서 팔꿈치를 구부려(厶) 볼을 자기 쪽으로 감싸 안고 골대에서(离 lí) 떠난다(离 lí).	離 떠날 **리**
동 떠나다		离开 lí kāi 동 (사람 · 장소를) 떠나다 离婚 lí hūn 동 이혼하다	
전 ~에서, ~로부터		离这儿 lí zhèr 여기(这儿)서(离) 离教室 lí jiào shì 교실(教室)에서(离)	

● **알맞은 중국어 단어를 써 넣고, 듣고 따라 해 보세요.**

1 너는 언제 도서관을 떠난 거니?
你 什么时候 图书馆

你 是 什么时候 ________ 图书馆 的?
nǐ shì shén me shí hou lí kāi tú shū guǎn de

2 나의 기숙사는 교실에서 아주 가깝다.
我的 宿舍 教室 很 近

我的 宿舍 ______ 教室 很近。
wǒ de sù shè lí jiào shì hěn jìn

잠깐만요!

- 우리말 한자어의 '기숙사(寄宿舍)'에 해당하는 중국어는 '宿舍 [sù shè]'입니다. 한국에서 쓰이는 한자 어휘는 대부분 세 글자가 많지만, 중국어는 두 글자로 된 어휘가 많습니다. 왜냐하면 한국인은 일반적으로 '홀수'를 선호하나, 중국인은 '짝수'를 선호하기 때문입니다.

大學校(대학교) → 大学 [dà xué]　　地下鐵(지하철) → 地铁 [dì tiě]
街路燈(가로등) → 路灯 [lù dēng]　　乾電池(건전지) → 电池 [diàn chí]

정답 1. 离开 2. 离

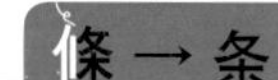

条 tiáo

条(가늘고 긴 물건)
= 夊(천천히 걸어가다) + 木(나무)
천천히 걸어가는(夊: 천천히 걸을 쇠) 발 아래 나무(木)는 가늘고 긴(条 tiáo) 나뭇가지이다.

條
가지 **조**
법규 **조**

명 가늘고 긴 물건	面条 miàn tiáo 명 국수
양 가늘고 긴 물건을 세는 단위	一条鱼 yì tiáo yú 물고기(鱼) 한 마리(一条) 一条河 yì tiáo hé 강(河) 하나(一条) 一条路 yì tiáo lù 길(路) 하나(一条) 一条裤子 yì tiáo kù zi 바지(裤子) 하나(一条) 一条裙子 yì tiáo qún zi 치마(裙子) 하나(一条) 一条烟 yì tiáo yān 담배(烟) 한 보루(一条)

● 알맞은 중국어 단어를 써 넣고, 듣고 따라 해 보세요.

1 이 바지 얼마에요?
这 多少钱

这 ＿＿＿＿＿ 多少钱?
zhè tiáo kù zi duō shao qián

2 이 치마 어때?
这 怎么样

这 ＿＿＿＿＿ 怎么样?
zhè tiáo qún zi zěn me yàng

잠깐만요!

- 대명사(这) + 양사(条) + 명사(裤子/裙子) : 条: 바지나 치마에 대한 양사
  这条裤子(zhè tiáo kù zi) 이(这) 바지(裤子)　　这条裙子(zhè tiáo qún zi) 이(这) 치마(裙子)
- '怎么样 [zěn me yàng]'은 의문문에서 '어떻다, 어떠하다'라는 의미를 나타냅니다.
  A : 你最近过得怎么样(nǐ zuì jìn guò de zěn me yàng)? 너(你) 요즘(最近) 지내는 거(过得) 어때(怎么样)? 너 요즘 어떻게 지내니?
  B : 不怎么样(bù zěn me yàng)。별로 좋지 않다. 그저 그렇다. 별로다.
  味道不怎么样(wèi dào bù zěn me yàng)。맛(味道)은 별로다(不怎么样).

정답 1. 条裤子 2. 条裙子

교육용1800자 / 신HSK 2~6급 269.mp3 **務 → 务**

务 wù	务(힘쓰다/일) = 夊(천천히 걸어가다) + 力(힘) 천천히 걸어가는(夊: 천천히 걸을 쇠) 사람 밑에서 힘(力)을 쓰며 일(务 wù)을 한다.	務 힘쓸 무
동 힘쓰다, 일하다, 종사하다	服 务 fú wù 동 서비스하다, 봉사하다 服务 员 fú wù yuán 명 서비스하는(服务) 사람(员), 종업원 服务 台 fú wù tái (호텔 라운지의) 프런트 데스크	
명 일, 임무	任 务 rèn wu 명 임무 家 务 jiā wù 명 집안(家)일(务), 가사(家事)	
부 꼭, 반드시	务 必 wù bì 부 [서면어] 꼭, 반드시	

● **알맞은 중국어 단어를 써 넣고, 듣고 따라 해 보세요.**

1 인민(국민)을 위해 봉사한다.
人民 为

为人民 ________。
wèi rén mín fú wù

2 그녀의 언니는 종업원이다.
她的 姐姐 是

她的 姐姐 是 ________。
tā de jiě jie shì fú wù yuán

잠깐만요!

- 为 [wèi] ~을 위해, ~하기 위하여 (= 为了 [wèi le])
  都是为你好(dōu shì wèi nǐ hǎo)。 모두(都) 네(你)가 잘되게(好) 하기 위한 거야(为). 모두 너를 위한 거야.
- 중국어에서 '姐姐 [jiě jie]'는 '언니', '누나'도 되며, '哥哥 [gē ge]'는 '오빠'도 되고 '형'도 됩니다.
- 服务台 [fú wù tái] (호텔 라운지의) 프런트 데스크
  = 总服务台 [zǒng fú wù tái], 服务中心 [fú wù zhōng xīn] 서비스(服务) 센터(中心)

정답 **1.** 服务 **2.** 服务员

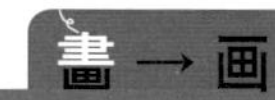

畫 → 画

画	huà	画(그림/그리다) = 一(하늘) + 田(밭) + 凵(위가 터진 그릇) 이 그림은 하늘(一) 밑에 밭(田: 밭 전)을 위가 터진 그릇(凵)으로 받치고 있는 모양을 그린 그림(画 huà)이다.	畫 그림 **화**
명 (~儿) 그림		画儿 huàr 명 그림 画 家 huà jiā 명 화가 漫 画 màn huà 명 만화 动 画 片 dòng huà piān 명 움직이는(动)그림(画)영화(片), 만화 영화(片), 애니메이션	
동 (그림을) 그리다		画 画(儿) huà huà(r) 그림(画)을 그리다(画)	

● **알맞은 중국어 단어를 써 넣고, 듣고 따라 해 보세요.**

1 네가 그린 것은 무엇이니?
你 的 是什么

你 ______ 的 是 什 么?
nǐ huà de shì shén me

2 그녀는 그림을 그리는 것을 아주 좋아한다.
她 很 喜欢

她 很 喜 欢 __________。
tā hěn xǐ huan huà huàr

잠깐만요!

- 漫画书 [màn huà shū] 만화(漫画)책(书)　　漫画家 [màn huà jiā] 만화(漫画)가(家)
- 동사 + 的 : ~한 것
  画的(huà de) 그린(画) 것(的), 그은(画) 것(的)　　吃的(chī de) 먹는(吃) 것(的)
  看的(kàn de) 본(看) 것(的)　　写的(xiě de) 쓴(写) 것(的)

정답 **1.** 画 **2.** 画画儿

盘 pán	**盘(쟁반)** **= 舟(배) + 皿(그릇)** 배(舟: 배 주) 아래 그릇(皿: 그릇 명)은 쟁반(盘 pán)이다.	盤 쟁반 **반**
명 **큰 접시, 쟁반**	**盘 子** pán zi 명 큰 접시, 쟁반 **洗 盘子** xǐ pán zi (큰) 접시(盘子)를 닦다(洗), 설거지하다 **光 盘** guāng pán 명 CD **游戏 光盘** yóu xì guāng pán 게임(游戏) CD(光盘)	

● **알맞은 중국어 단어를 써 넣고, 듣고 따라 해 보세요.**

1 여기 아직 큰 접시 3개가 있다.
这儿 还 三个 有

这儿 还 有 三个 ________。
zhèr huái yǒu sān ge pán zi

2 밥 다 먹고 나서, 내가 이 큰 접시들을 닦을 게.
饭 吃完 以后 我 这 些 洗 吧

吃完饭 以后，我来 洗 这些 ________ 吧。
chī wán fàn yǐ hòu wǒ lái xǐ zhè xiē pán zi ba

잠깐만요!

- 중국어는 '수'의 일치를 하지 않기 때문에 복수의 의미라도 '盘子' 뒤에 복수어미를 붙이지 않습니다.
  这些(zhè xiē) 이것들　　这些盘子(zhè xiē pán zi) 이 (큰)접시들(盘子)
- 중국요리 중 간단한 요리는 양이 적어 '碟子 [dié zi] 작은 접시'에 담지만, 주 요리인 더운 요리는 대체적으로 양이 많아 일반적으로 '盘子 [pán zi] 큰 접시'에 담습니다.
  一盘饺子(yì pán jiǎo zi) 만두(饺子) 한 접시(一盘)

정답 **1.** 盘子 **2.** 盘子

cōng

聪(총명하다/똑똑하다)
= 耳(귀) + 丷(요리조리) + 口(입) + 心(마음)
귀(耳)로 잘 듣고 요리(丶)조리(丿) 입(口)으로 잘 말하여 사람의 마음(心)을 움직이니 똑똑하다 (聪 cōng).

聰
귀 밝을 **총**

형 **총명하다, 똑똑하다, 영리하다**

聪 明 cōng ming 형 총명하다, 똑똑하다, 영리하다
很 聪明 hěn cōng ming 아주(很) 똑똑하다(聪明)
聪明得 很 cōng ming de hěn 아주(~得很) 똑똑하다(聪明) (강조 용법)

● **알맞은 중국어 단어를 써 넣고, 듣고 따라 해 보세요.**

1 그는 아주 똑똑하다.
他 很

他 很 ________。
tā hěn cōng ming

2 그녀는 똑똑한 학생 이다.
她 学生 是

她 是 一个 ________ 的学生。
tā shì yí ge cōng míng de xué sheng

- 很聪明(hěn cōng ming) 아주 똑똑하다
  聪明得很(cōng ming de hěn) 아주 똑똑하다
  두 가지 표현 모두 '아주 똑똑하다'라는 의미입니다. 단 뒷문장의 경우 정도를 나타내는 구조조사 '得[de]'를 사용하여 '똑똑한데 아주 똑똑하다'라고 그 정도를 강조하고 있습니다.
- 小聪明 [xiǎo cōng ming] 명 잔머리, 잔꾀(좋은 의미가 아님)
  耍小聪明 [shuǎ xiǎo cōng ming] 잔머리(小聪明)를 굴리다(耍), 잔꾀(小聪明)를 부리다(耍)

정답 **1.** 聪明 **2.** 聪明

교육용1800자 / 신HSK 3,4급 273.mp3

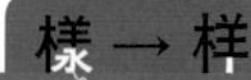

样 yàng	样(모양) = 木(나무) + 羊(양) 나무(木) 오른쪽에 양(羊)이 있는 모양(样 yàng)이다.	樣 모양 **양**
명 모양, 꼴	样子 yàng zi 명 모양, 스타일 一样 yí yàng 형 (똑)같다, 동일하다, 한 가지이다	
수 한 종류, 한 가지	一样一支 yí yàng yì zhī 종류 마다(一样) 한 자루(一支) 怎么样 zěn me yàng 어떠니(어때요)? (= 怎样 zěn yàng?)	

● **알맞은 중국어 단어를 써 넣고, 듣고 따라 해 보세요.**

1 모양도 아주 보기 좋다.
也 挺 好看

＿＿＿＿＿ 也 挺好看。
yàng zi yě tǐng hǎo kàn

2 너희 학교식당은 어떠니?
你们 学校食堂

你们学校食堂 ＿＿＿＿＿ ?
nǐ men xué xiào shí táng zěn me yàng

잠깐만요!

- 挺 [tǐng] 부 아주, 매우(회화체에서 자주 쓰임)
  挺好(tǐng hǎo) 아주(挺) 좋다(好)　　好看(hǎo kàn) 보기(看) 좋다(好)
  挺好看(tǐng hǎo kàn) 아주(挺) 보기 좋다(好看)
- '食堂 [shí táng]'은 학교나 회사의 '구내식당'을 의미합니다. 길거리의 식당은 '食堂'이 아니라, '饭馆 [fàn guǎn]', '餐厅 [cān tīng]' 혹은 '饭店 [fàn diàn] 소규모의 작은 식당'이라고 합니다.

정답 **1.** 样子 **2.** 怎么样

274

교육용1800자 / 신HSK 3,4,5급  274.mp3

fù

复(다시/반복하다)
= 人(사람) + 日(해) + 夊(천천히)
사람(人)은 해(日)가 뜨면 천천히 걸어(夊: 천천히 걸을 쇠) 다시(复 fù) 일을 한다.

復
되풀이 할
복

동 **반복하다**
부 **다시**

复 习 fù xí 동 복습하다
复 习 功课 fù xí gōng kè 학과목(功课)을 복습하다(复习)
反 复 fǎn fù 동 (같은 일을) 반복하다, 되풀이 하다
重 复 chóng fù 동 (같은 것을) 다시(重) 반복하다(复)

● **알맞은 중국어 단어를 써 넣고, 듣고 따라 해 보세요.**

1 제 2과 너 복습 다 했니?
第二课 你 完了吗

第二课 你 ________ 完了 吗?
dì èr kè nǐ fù xí wán le ma

2 선생님, 다시 한 번 반복해 주세요.
老师 再 一遍

老师，再 ________ 一遍。
lǎo shī zài chóng fù yì biān

잠깐만요!

- 동사 + 完了[wán le] : 동작의 완료를 나타냄(문장 끝의 '了'는 상태의 변화를 나타냄)
  吃完了(chī wán le)。다 먹었다.
  写完了(xiě wán le)。다 썼다.
  说完了(shuō wán le)。다 말했다.
- '重'은 '[chóng]'과 '[zhòng]' 2가지로 발음됩니다. '重 [zhòng]'으로 읽으면 형용사로 '무겁다, (정도가) 심하다'라는 의미이며, '重 [chóng]'으로 읽으면 동사로 '중복되다', 부사로 '다시'라는 의미입니다.
  这东西很重(zhè dōng xi hěn zhòng)。이(这) 물건(东西)은 아주(很) 무겁다(重).
  重新开始(chóng xīn kāi shǐ) 다시(重新) 시작하다(开始).

정답 **1. 复习 2. 重复**

275 교육용1800자 / 신HSK 3.5급 275.mp3 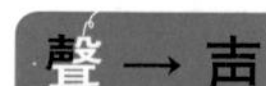

声 shēng	声(소리) = 士(선비) + 巴 → 𠂆(뱀) 선비(士: 선비 사) 아래의 뱀(巴→ 𠂆: 뱀 파)이 소리(声 shēng)를 낸다.	聲 소리 **성**
명 소리	声音 shēng yīn 명 소리, 목소리 大声 dà shēng 명 큰(大) 소리(声)	
명 성조	声调 shēng diào 명 성조, 억양, 톤 四声 sì shēng 명 4가지(四)의 성조(声), 4(四)성(声)	

● **알맞은 중국어 단어를 써 넣고, 듣고 따라 해 보세요.**

1 TV는 이상한 소리를 냈다.
电视 奇怪的 发出了

电视 发出了 奇怪的 ＿＿＿＿＿＿。
diàn shì fā chū le qí guài de shēng yīn

2 너의 목소리는 내가 들어봤던 목소리 중 가장 듣기 좋은 목소리다.
你的 我 听过 最 好听 是

你的 ＿＿＿＿＿＿ 是 我 听过的 最好听的。
nǐ de shēng yīn shì wǒ tīng guò de zuì hǎo tīng de

잠깐만요!

- 고대중국어 어휘는 한 글자 위주였으나, 현대중국어 어휘는 두 글자가 합해져 하나의 어휘가 된 경우가 많습니다.
  소리 : 声 [shēng] → 声音 [shēng yīn] 힘 : 力 [lì] → 力气 [lì qi] 품질 : 质 [zhì] → 质量 [zhì liang]
- 发出 [fā chū] 소리(声音)를 내다(发出) 奇怪 [qí guài] 이상하다
  发出奇怪的声音(fā chū qí guài de shēng yīn) 이상한(奇怪的) 소리(声音)를 내다(发出).
- [동사 + 过]'는 '~한 적이 있다'라는 의미로, 동사 뒤에 쓰여 어떤 동작이나 변화가 일찍이 발생하였음을 나타냅니다.
  听过(tīng guo) 들어본 적이 있다 去过(qù guo) 가 본 적이 있다
  我听过他的声音(wǒ tīng guò tā de shēng yīn)。 내(我)는 그(他)의 목소리(声音)를 들어(听) 본 적이 있다(过).
  你去过中国吗(nǐ qù guò zhōng guó ma)? 너(你) 중국(中国) 가 본 적(去过) 있니(吗)?

정답 1. 声音 2. 声音

276.mp3

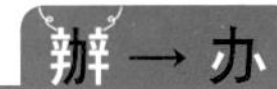

bàn

办(일을 처리하다)
= 力(힘) + ˊˋ(땀)

힘(力)을 써서 땀을 뻘뻘(ˊˋ) 흘리며 일을 처리한다(办 bàn).

辦
힘쓸 **판**

동 (일을) 처리하다

办 公 bàn gōng 동 공무/사무(公)를 처리하다(办)
办 事 bàn shì 동 일(事)을 처리하다(办)
办公 室 bàn gōng shì 명 사무를 처리하는(办公) 교실(室), 사무실
办公 楼 bàn gōng lóu 명 사무를 처리하는(办公) 건물(楼), 사무동, 행정동

● **알맞은 중국어 단어를 써 넣고, 듣고 따라 해 보세요.**

1 말씀 좀 묻겠습니다(请问), 사무실이 어디에 있어요(在哪儿)?

请问，＿＿＿＿＿＿ 在哪儿？
qǐng wèn bàn gōng shì zài nǎr

2 말씀 좀 묻겠습니다(请问), 사무동(행정동)이 어디에요(在哪儿)?

请问，＿＿＿＿＿＿ 在哪儿？
qǐng wèn bàn gōng lóu zài nǎr

- 在 [zài] + 장소 : (사람 · 사물이) ~에 있다
  你在哪儿(nǐ zài nǎr)? 너(你) 어디에(哪儿) 있니(在)? 너 어디니?
- 楼 [lóu] 명 ① 건물, 빌딩 ② 아파트의 동(棟) ③ (건물의) 층(floor)
  六层楼(liù céng lóu) 6층(六层) 건물(楼)
  你住几号楼(nǐ zhù jǐ hào lóu)? 너(你) 몇 동(几号楼)에 사니(住)?
  办公室在二楼(bàn gōng shì zài èr lóu)。사무실(办公室)은 2층(二楼)에 있다(在).

정답 **1.** 办公室 **2.** 办公楼

角 jiǎo	角(뿔/10전) = ⺈(짐승의 의 두 뿔) + 用(사용하다) 짐승의 두 뿔(ㅎ → ⺈)을 사용한(用) 뿔(角 jiǎo) 조각이다.	角 뿔 각
명 (소 · 양 · 사슴의) 뿔	牛角 niú jiǎo 명 소(쇠)(牛) 뿔(角)	
명 10전	角 jiǎo 10전 (= 毛 máo) ('角'는 문어체에, '毛'는 구어체에 많이 쓰임) 五角 wǔ jiǎo 50전 (= 五毛 wǔ máo) 10角 shí jiǎo 1원(元) (= 1块 yí kuài)	

● **알맞은 중국어 단어를 써 넣고, 듣고 따라 해 보세요.**

1 수박은 한 근에 50전 이다.
西瓜 一斤

西瓜 ________ 钱 一斤。
xī guā wǔ máo qián yì jīn

2 이 과일들은 모두 10원 50전이다.
这些水果 一共

这些 水果 一共 ________。
zhè xiē shuǐ guǒ yí gòng shí kuài wǔ

잠깐만요!

- 五毛钱一斤(wǔ máo qián yì jīn)。50전이 한 근이다. ('돈(五毛)'을 강조함)
  一斤五毛钱(yì jīn wǔ máo qián)。한 근에 50전이다. ('근(一斤)'을 강조함)
  위의 두 문장은 '한 근에 50전'이라는 의미는 같지만, 강조하는 부분이 조금 다릅니다. 전자는 '돈(五毛)'을 강조하며, 후자는 '一斤'을 강조하는데, 일반적으로 "五毛钱 一斤。"을 더 많이 씁니다.
- 这些 [zhè xiē] 대 이것들 水果 [shuǐ guǒ] 명 과일
  这些水果(zhè xiē shuǐ guǒ) 이 과일들
- '10원 50전'은 '十块钱 五毛(shí kuài qián wǔ máo)'입니다. 하지만 회화체에서는 일반적으로 간단히 '十块五(shí kuài wǔ)'라고 합니다.

정답 1. 五毛 2. 十块五

业 yè	**业(일/업무/학업)** **= ㅣㅣ(두 막대) + ` ′ (작은 막대) + 一(땅)** 먼저 곧은 두 막대(ㅣㅣ)를 세우고 난 후, 다시 양쪽에 작은 막대를 비스듬히(` ′) 땅(一) 위에 세우는 일/업무(业 yè)이다.	業 업 **업**
명 일, 업무, 학업	业 务 yè wù 명 업무 农 业 nóng yè 명 농업	
명 학업	毕 业 bì yè 동 학업(业)을 마치다(毕), 졸업하다 作 业 zuò yè 명 숙제 做 作业 zuò zuò yè 숙제(作业)를 하다(做) 做完 作业 zuò wán zuò yè 숙제(作业)를 다(完) 하다(做)	

● **알맞은 중국어 단어를 써 넣고, 듣고 따라 해 보세요.**

1 숙제는 적을수록 좋다.
越少 越好

______ 越少越好。
zuò yè yuè shǎo yuè hǎo

2 너 숙제 다 했니?
你 了吗

你 ______ 了吗?
nǐ zuò wán zuò yè le ma

잠깐만요!

- 중국어로 "대학을 졸업하다"를 "毕业大学(X)"라고 하면 틀립니다. 왜냐하면 '毕业 [bì yè]'는 [毕(V)+业(O)] 의 구조로 목적어 '业' 뒤에 또다시 목적어 '大学'가 올 수 없기 때문입니다. 따라서 '나는 대학을 졸업했다'는 '我大学毕业了。'라고 해야 합니다.
- 越 [yuè]~ 越 [yuè]… : ~하면 할수록 …하다
  越多越好(yuè duō yuè hǎo) 많을수록 좋다　　越快越好(yuè kuài yuè hǎo) 빠를수록 좋다
- 중국어의 '作业 [zuò yè]'는 한국어의 '작업(作業)'이라는 의미가 아니라, '숙제'라는 의미입니다.
- 동사 + 完 [wán]~了 : ~를 다 했다
  동작(V)의 완성(完)을 나타내며, 문장 끝의 '了'는 상태의 변화를 나타냅니다.
  做完作业了(zuò wán zuò yè le) 숙제(作业)를 다 했다(做完~了)

정답 1. 作业 2. 做完作业

279

신HSK 3~5급 279.mp3

周 zhōu

周(주/week)
= 冂(성) + 土(흙) + 口(입구)
성(冂) 안에 흙(土)을 쌓고 그 밑에 입구(口)를 내는 일을 일주일(周 zhōu) 동안 했다.

週
돌 **주**

명 주(week)

上 周 shàng zhōu 명 지난(上) 주(周)
(= 上星期 shàng xīng qī)
下 周 xià zhōu 명 다음(下) 주(周) (= 下 星期 xià xīng qī)
周 末 zhōu mò 명 주말
周 日 zhōu rì 명 주일, 일요일 (= 星期天 xīng qī tiān)

● **알맞은 중국어 단어를 써 넣고, 듣고 따라 해 보세요.**

1 이번 주 일요일 우리 따통(大同) 갈래?
这 咱们 大同 去~好吗

这 ________ 咱们 去 大同，好吗?
zhè zhōu rì zán men qù dà tóng hǎo ma

2 이 번 주말에 너 뭐 할 거니?
这个 你 什么 要做

这个 ________ 你要 做什么?
zhè ge zhōu mò nǐ yào zuò shén me

잠깐만요!

• '주(week)'는 중국어로 '周 [zhōu]', '星期 [xīng qī]' 혹은 '礼拜 [lǐbài]'라고 합니다. 예전에는 '礼拜 [lǐ bài]'를 많이 썼으나, 요즘은 '周 [zhōu]'나 '星期 [xīng qī]'를 많이 씁니다.

월요일	화요일	수요일	목요일	금요일	토요일	일요일
周一	周二	周三	周四	周五	周六	周日
星期一	星期二	星期三	星期四	星期五	星期六	星期天
礼拜一	礼拜二	礼拜三	礼拜四	礼拜五	礼拜六	礼拜天

• 周末愉快(zhōu mò yú kuài)! 즐거운(愉快) 주말(周末) 보내세요!

정답 **1.** 周日 **2.** 周末

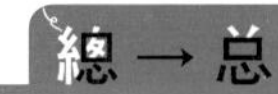

總 → 总

总 zǒng	总(모으다/총괄하다) = `´(이리저리) + 口(입) + 心(마음) 이리(`) 저리(´) 입(口)으로 잘 설명하여 사람들의 마음(心)을 모았다/총괄했다(总 zǒng).	總 모을 총 거느릴 총
형 총괄적인, 주요한, 우두머리의	总统 zǒng tǒng 명 대통령 总理 zǒng lǐ 명 총리	
동 모으다, 총괄하다	总结 zǒng jié 동 총(总)결산하다(结), 총정리하다 명 총결산, 최종결론	
부 늘, 줄곧, 언제나	总是 zǒng shì 부 늘, 언제나, 항상	

● 알맞은 중국어 단어를 써 넣고, 듣고 따라 해 보세요.

1 나는 대통령이 되고 싶다.
我 想当

我 想当 ＿＿＿＿＿。
wǒ xiǎng dāng zǒng tǒng

2 나는 늘 우산 가져오는 것을 잊어 먹는다.
我 伞 带 忘记

我 ＿＿＿＿＿ 忘记 带伞。
wǒ zǒng shì wàng jì dài sǎn

잠깐만요!

- 중국에서는 대통령(总统 [zǒng tǒng])을 '国家主席 [guó jiā zhǔ xí]'라고 합니다.
  韩国总统 朴槿惠(hán guó zǒng tǒng Piáo jǐn huì) 한국(韩国) 대통령(总统) 박근혜(朴槿惠)
  中国国家主席 习近平(zhōng guó guó jiā zhǔ xí Xí Jìn píng) 중국 국가주석(中国 国家主席) 시진핑(习近平)
- 想当 [xiǎng dāng] ~이 되고(当) 싶다(想)
- 중국인은 '雨伞 [yǔ sǎn] 우산'을 간단히 줄여 '伞 [sǎn]'이라고도 말하기 때문에 '带伞 [dài sǎn]'은 '우산(伞)을 몸에 휴대하다(带)'라는 의미가 됩니다.

정답 **1.** 总统 **2.** 总是

281

교육용1800자 / 신HSK 4급 281.mp3

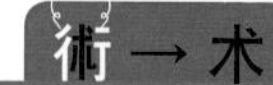

shù

术(기술)
= 木(나무) + 丶(점)
나무(木) 오른쪽 위에 점(丶)을 찍을 수 있는 것도 일종의 기술/기예(术 shù)이다.

術
꾀 **술**

명 기술, 기예

技 术 jì shù 명 기술
技术 人员 jì shù rén yuán 명 기술(技术)자(人员)
美 术 měi shù 명 미술
魔 术 mó shù 명 마술
武 术 wǔ shù 명 무술

● **알맞은 중국어 단어를 써 넣고, 듣고 따라 해 보세요.**

1 나의 자전거 타는 기술은 별로 높지 않다(나는 자전거를 잘 타지 못한다).
我的 车 骑 不太高

我的 骑车 ________ 不太高。
wǒ de qí chē jì shù bú tài gāo

2 우리 아빠는 기술자 이다.
我爸爸 是

我爸爸 是 ________。
wǒ bà ba shì jì shù rén yuán

 잠깐만요!

- 중국어 어휘는 회화체에서 두 글자로 간략하게 줄여 쓰는 경우가 상당히 많습니다.
  骑自行车 [qí zì xíng chē] 자전거(自行车)를 타다(骑) → 骑车 [qí chē]
  北京大学 [běi jīng dà xué] 북경대학 → 北大 [běi dà]
  清华大学 [qīng huá dà xué] 청화대학 → 清华 [qīng huá]
  中国银行 [zhōng guó yín háng] 중국은행 → 中行 [zhōng háng]

정답 **1.** 技术 **2.** 技术人员

282

교육용1800자 / 신HSK 4급 282.mp3

kuàng

矿(광석)
= 石(돌) + 广(집)
돌(石: 돌 석) 옆에 집(广)같이 생긴 것은 광석(矿 kuàng)이다.

礦
쇳돌 **광**

명 광석, 광산

矿泉水 kuàng quán shuǐ 명 광(矿)천(泉)수(水), 생수
矿石 kuàng shí 명 광석
金矿 jīn kuàng 명 금광
矿山 kuàng shān 명 광산

● **알맞은 중국어 단어를 써 넣고, 듣고 따라 해 보세요.**

1 생수 한 병에 얼마죠?
一瓶 多少钱

一瓶 ________ 多少钱?
yì píng kuàng quán shuǐ duō shao qián

2 오늘 나는 생수를 여러 병 마셨다.
今天 我 好几瓶 喝了

今天 我 喝了 好几瓶 ________。
jīn tiān wǒ hē le hǎo jǐ píng kuàng quán shuǐ

잠깐만요!

- '생수'는 중국어로 '矿泉水 [kuàng quán shuǐ]'라고 합니다. 한국에도 '광천수(鑛泉水)'가 있지만 중국에서 쓰는 '矿'이 아닌 '鑛(쇳돌 광)'을 쓰고 있습니다. 혼돈하지 마세요!
一瓶矿泉水(yì píng kuàng quán shuǐ) 생수(矿泉水) 한 병(一瓶) (瓶: 양사)
请给我一瓶矿泉水(qǐng gěi wǒ yì píng kuàng quán shuǐ)。 저에게(给我) 생수(矿泉水)한 병(一瓶) 주세요(请).

정답 **1.** 矿泉水 **2.** 矿泉水

신HSK 4급 283.mp3

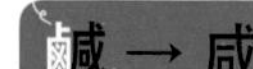

xián

咸(짜다)
= 戌(개) + 口(입)
개(戌: 개 술) 속의 입(口)은 짜다(咸 xián).

鹹
짤 **함**

동 **짜다**	**咸 的** xián de 짠(咸) 것(的) **咸 菜** xián cài 명 짠(咸) 요리(菜), (소금에 절인) 장아찌 **咸 味** xián wèi 명 짠(咸) 맛(味) **咸 淡** xián dàn 명 짜고(咸) 싱거움(淡), (음식의) 간

● **알맞은 중국어 단어를 써 넣고, 듣고 따라 해 보세요.**

1 나는 짠 것을 즐겨 먹는다.
我 喜欢 吃

我 喜欢吃 ＿＿＿＿＿＿。
wǒ xǐ huān chī xián de

2 이 요리는 너무 짜다.
这个 菜 太 了

这个 菜 太 ＿＿＿＿ 了。
zhè ge cài tài xián le

- 喜欢吃(xǐ huān chī) 즐겨(喜欢) 먹다(吃) = 爱吃(ài chī)
  我爱吃甜的(wǒ ài chī tián de)。나(我)는 단 것(甜的)을 즐겨(爱) 먹는다(吃).
- 太 [tài] ~了 : 너무(太) ~하다(了)
  정도가 지나침을 나타낼 때 쓰는 표현으로, 긍정과 부정의 의미 모두에 다 쓸 수 있습니다.
  太幸福了(tài xìng fú le)。너무(太) 행복(幸福)하다(了).
  太贵了(tài guì le)。너무(太) 비싸다(贵了).

정답 **1.** 咸的 **2.** 咸

284 교육용1800자 / 신HSK 4.5급 284.mp3

亲 qīn	亲(친척/친하다) = 立(서다) + 木(나무) 나란히 서(立: 설 립) 있는 나무는 친한(亲 qīn) 친척/친족(亲 qīn)같다.	親 친할 **친**
명 친족, 친척	父亲 fù qīn 명 아버지 母亲 mǔ qīn 명 어머니 亲戚 qīn qi 명 친척	
형 친하다, 가깝다	亲切 qīn qiè 형 다정하다	

● **알맞은 중국어 단어를 써 넣고, 듣고 따라 해 보세요.**

1 네 아버지는 어디에서 일하시니?
你 在哪儿 工作

你 ________ 在哪儿 工作?
nǐ fù qīn zài nǎr gōng zuò

2 너의 어머니는?
你 呢

你 ________ 呢?
nǐ mǔ qīn ne

잠깐만요!

- '妈妈 [mā ma] 엄마', '爸爸 [bà ba] 아빠'는 일반적으로 회화체에 쓰이고, '母亲 [mǔ qīn] 어머니', '父亲 [fù qīn] 아버지'은 문어체에 쓰입니다. 단 회화체에서 상대방의 부모를 높여 아주 정중하게 말할 때 '母亲 [mǔ qīn]', '父亲 [fù qīn]'을 쓰기도 합니다.
- '亲切 [qīn qiè]'는 '친절하다'라는 의미가 아니라 '다정하다'라는 의미입니다. 우리말의 '친절하다'에 해당하는 중국어는 '热情 [rè qíng]'입니다.
  妈妈那亲切的声音(mā ma nà qīn qiè de shēng yīn)。 엄마(妈妈)의 그(那) 다정한(亲切) 목소리(声音).
  谢谢你的热情帮助(xiè xie nǐ de rè qíng bāng zhù)。 너의(你的) 친절한(热情) 도움(帮助)에 감사한다(谢谢).

정답 **1.** 父亲 **2.** 母亲

확인문제 | 253-284

1. 밑줄 친 중국어 한자의 발음과 성조를 쓰시오.

❶ 电脑 → _____ nǎo　　❷ 作业 → zuò _____

❸ 医生 → _____ shēng　　❹ 周末 → _____ mò

❺ 总是 → _____ shì　　❻ 技术 → jì _____

❼ 复习 → _____ xí　　❽ 离开 → _____ kāi

❾ 从~到… → _____ ~ dào …　　❿ 点菜 → _____ cài

2. 다음 중국어 발음에 해당하는 중국어 한자를 보기에서 골라 ___에 써 넣고, 전체의 뜻을 (　　)에 써 넣으시오.

보기　电　业　总　周　从　点　医　术　复　离

❶ _____ 是 → _________ (zǒng)　　❷ _____ 开 → _________ (lí)

❸ 技 _____ → _________ (shù)　　❹ 作 _____ → _________ (yè)

❺ _____ 生 → _________ (yī)　　❻ _____ 习 → _________ (fù)

❼ _____ 末 → _________ (zhōu)　　❽ _____ 脑 → _________ (diàn)

❾ _____ ~到 → _________ (cóng)　　❿ _____ 菜 → _________ (diǎn)

정답　1. ❶ diàn　❷ yè　❸ yī　❹ zhōu　❺ zǒng　❻ shù　❼ fù　❽ lí　❾ cóng　❿ diǎn　2. ❶ 总 / 늘, 줄곧, 언제나　❷ 离 / 떠나다　❸ 术 / 기술　❹ 业 / 숙제, 과제　❺ 医 / 의사　❻ 复 / 복습하다　❼ 周 / 주말　❽ 电 / 컴퓨터　❾ 从 / ~에서 ~까지　❿ 点 / 요리를 주문하다

04 한국어 한자(정자)의 **전체 모양**이 간략하게 바뀐 현대중국어 한자(간체자)

買 → 买	賣 → 卖	幾 → 几
機 → 机	東 → 东	個 → 个
後 → 后	來 → 来	書 → 书
兩 → 两	倆 → 俩	輛 → 辆
爲 → 为	樂 → 乐	衹 → 只
隻 → 只	發 → 发	髮 → 发
頭 → 头	萬 → 万	雙 → 双
關 → 关	臺 → 台	葉 → 叶
專 → 专	傳 → 传	轉 → 转
龍 → 龙	華 → 华	擊 → 击

교육용 1800자 / 신HSK 1급 285.mp3

買 → 买

买	mǎi	买(사다) = 乛(하늘) + 丶丶(점 점) + 大(크다) 하늘(乛) 아래 점점(丶丶) 커지는 것(大)을 산다(买 mǎi).	買 살 **매**
동 사다		买 东西 mǎi dōng xi 물건(东西)을 사다(买) 买 衣服 mǎi yī fu 옷(衣服)을 사다(买) 买 本子 mǎi běn zi 공책(本子)을 사다(买) 买 词典 mǎi cí diǎn 사전(词典)을 사다(买) 买 卖 mǎi mai 명 사고(买) 파는(卖) 것, 장사	

● **알맞은 중국어 단어를 써 넣고, 듣고 따라 해 보세요.**

1 그녀는 옷을 사고 있다.
她 衣服 在

她 在 ______ 衣服。
tā zài mǎi yī fu

2 너는 무얼 사고 싶니?
你 什么 想

你 想 ______ 什么?
nǐ xiǎng mǎi shén me

• 在 [zài] + 동사 : ~을 하고 있다(동사의 진행형을 나타냄)
在买(zài mǎi) 사고 있다　　在等(zài děng) 기다리고 있다

• 想 [xiǎng] + 동사 : ~을 하고 싶다
想吃(xiǎng chī) 먹고 싶다　　想去(xiǎng qù) 가고 싶다
想睡(xiǎng shuì) 자고 싶다　　想看(xiǎng kàn) 보고 싶다

정답 **1.** 买 **2.** 买

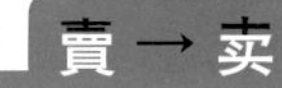

mài

卖(팔다)
= 十(열) + 买(사다)
열(十) 번 사(买 mǎi)서 판다(卖 mài).

賣
팔 **매**

동 **팔다**

买 卖 mǎi mai 명 사고(买) 파는(卖) 것, 장사
卖 东西 mài dōng xi 물건(东西)을 팔다(卖)
小卖 部 xiǎo mài bù 소형매점, 구멍가게, (구내)매점

● **알맞은 중국어 단어를 써 넣고, 듣고 따라 해 보세요.**

1 어디서 맥주를 팔지요?
哪儿 啤酒

哪儿 ______ 啤酒?
nǎr mài pí jiǔ

2 토마토 어떻게 팔아요?
西红柿 怎么

西红柿 怎么 ______?
xī hóng shì zěn me mài

- '卖 [mài]' 자의 머리 부분은 '士'나 '土'가 아니라 '十'입니다.
- '哪儿 [nǎr]'은 '어디'라는 뜻으로 3성으로 읽어야 하며, '那儿 [nàr]'은 '저기 혹은 거기'라는 뜻으로 4성으로 읽어야 합니다.
  在哪儿(zài nǎr)? 어디(哪儿) 있어(在)요?
  就在那儿(jiù zài nàr)。바로(就) 저기(那儿) 있어(在)요.

정답 **1.** 卖 **2.** 卖

几	jǐ	几(몇) = 丿 + ㇏ 먼저 삐침(丿)을 내려긋고, 그 위에 새을(㇏ → 乙)을 이어 쓰면 몇(几 jǐ)이 된다.	幾 얼마 **기**
수 몇		几 岁 jǐ suì 몇(几) 살(岁)? 几 点 jǐ diǎn 몇(几) 시(点)? 几月 几号 jǐ yuè jǐ hào 몇(几) 월(月) 며칠(几号)? 几 口人 jǐ kǒu rén 몇(几) 식구(口人)? 几 个 jǐ ge 몇(几) 개(个)? 几 位 jǐ wèi 몇(几) 분(位)? 几 天 jǐ tiān 며(几)칠(天)? 几乎 jī hū 부 거의, 하마터면	

● **알맞은 중국어 단어를 써 넣고, 듣고 따라 해 보세요.**

1 지금 몇 시니?
现在

现在 ___________?
xiàn zài jǐ diǎn

2 너희 집은 몇 식구가 있니?
你家 有

你家 有 ___________?
nǐ jiā yǒu jǐ kǒu rén

잠깐만요!

- 우리는 '가족'을 '식구(食口)'라고 표현합니다. '식구(食口)'에서 '口'는 '입'을 의미하는 것으로, '食口'란 곧 '먹는(食) 입(口)'을 의미합니다. 예로부터 중국은 실제를 체면 보다 중시하여 '食(먹는 것), 衣(입는 것), 住(사는 것)' 중에서 '먹는 것(食)'을 가장 중시했기 때문에 가족 수를 세는 말에 '口(입)'라는 한자를 쓴 것입니다.
  你家有几口人(nǐ jiā yǒu jǐ kǒu rén)? 너희 집(你家) 식구(食口)는 몇(几) 사람(口人)이니?

정답 **1.** 几点 **2.** 几口人

机 jī	机(기계/기회) = 木(나무) + 几(몇 개) 나무(木) 몇(幾→几: 몇 기) 개를 엮어 기계(机 jī)의 틀을 만들 기회(机 jī)가 있었다.	機 기계 **기** 기회 **기**
명 기계, 기회	飞 机 fēi jī 명 비행(飞)기(机) 手 机 shǒu jī 명 핸드폰, 휴대전화 游戏 机 yóu xì jī 명 게임(游戏)기(机), 오락기 (照)相 机 (zhào) xiàng jī 명 카메라 机器 人 jī qì rén 명 기계(机器)로 만든 사람(人), 로봇 司 机 sī jī 명 운전 기(机)사(司) 机 会 jī huì 명 기회	

● **알맞은 중국어 단어를 써 넣고, 듣고 따라 해 보세요.**

1 나는 운전기사 이다.
我 是

我 是 ____________。
wǒ shì sī jī

2 이 기회를 놓치면 너는 평생 후회 할 것이다.
这个 错过 你 一辈子 后悔 会~的

错过 这个 ____________ 你 会后悔 一辈子的。
cuò guò zhè ge jī huì nǐ huì hòu huǐ yí bèi zi de

잠깐만요!

- 중국인들은 보통 '照相机 [zhào xiàng jī]'를 줄여서 두 글자로 '相机 [xiàng jī]'라고 많이 말합니다.
- 우리는 '기사(機司)'라고 하지만, 중국에서는 거꾸로 '司机 [sī jī]'라고 합니다. 한국어의 어순은 [목적어(機)+동사(司)]로 '기계를 맡은 사람'이지만, 중국어는 반대로 [동사(司)+목적어(機)]의 어순이기 때문입니다.
- 错过机会(cuò guò jī huì) 기회(机会)을 놓치다(错过) 一辈子(yí bèi zi) 평생
- 会 [huì] ~的 [de] : ~일 것이다(강조)
  他会不知道的(tā huì bù zhī dào de)。그(他)는 모를(不知道) 것이다(会~的).

정답 1. 司机 2. 机会

289 교육용 1800자 / 신HSK 1,3급 289.mp3 東 → 东

东	dōng	东(동쪽) = 一(지평선) + レ(둘러싸이다) + 小(작다) 지평선(一)으로 둘러싸여(レ) 있는 작은(小) 마을은 동쪽(东 dōng)에 있다.	東 동녘 **동**
명 동쪽		东 边(儿) dōng biānr 명 동(东)쪽(边) 东 方 dōng fāng 명 동방, 동양, 아시아 东 西 南 北 dōng xī nán běi 동서남북 东 西 dōng xi 명 물건, 것(things), 놈(욕하는 말)	

● **알맞은 중국어 단어를 써 넣고, 듣고 따라 해 보세요.**

1 동쪽에 상점이 하나 있다.
商店 一个 有

__________ 有 一个商店。
dōng biān yǒu yí ge shāng diàn

2 우리 뭐(먹을 것) 좀 먹자.
咱们 点儿 吃吧

咱们吃点儿 __________ 吧。
zán men chī diǎr dōng xi ba

 잠깐만요!

- '东西南北 [dōng xī nán běi]'에서 '东 [dōng]'은 '동쪽'을, '西 [xī]'는 '서쪽'을 의미이지만, 두 글자가 합쳐진 东西 [dōng xi]'는 '물건'이라는 의미를 가지고 있습니다. '东西 [dōng xi]'는 때로 '놈, 자식, 새끼'라는 의미의 '욕'으로도 쓰입니다.
  你是什么东西(nǐ shì shén me dōng xi)? 너(你) 뭐하는(什么) 물건/놈(东西)이야? 너는 뭐야!

정답 **1.** 东边 **2.** 东西

교육용 1800자 / 신HSK 1,3,5급 290.mp3 **個 → 个**

个 gè	个(개/명/키) = 人(사람) + 丨(기둥) 사람(人) 밑에 기둥(丨)이 하나(个 gè) 있다.	個 낱 **개**
양 개, 명, 사람	一 个 yí ge 하나, 한 개, 한 명 一个人 yí ge rén 명 한(一个) 사람(人)	
명 (사람의) 키	个子 gè zi 명 키	

● **알맞은 중국어 단어를 써 넣고, 듣고 따라 해 보세요.**

1 교실(안)에 두 사람이 있다.
教室里 有

教室里 有 ＿＿＿＿＿。
jiào shì li yǒu liǎng ge rén

2 그는 키가 얼마나 크니?
他 多 高

他 ＿＿＿＿＿ 多高?
tā gè zi duō gāo

잠깐만요!

- 중국어에서 키가 '크다'라고 할 때 '크다'라는 말은 '大 [dà](X)'를 쓰지 않고, '高 [gāo]'를 사용합니다. '키가 작다'는 '矮 [ǎi]'라고 합니다.
  个子高(gè zi gāo) 키가 크다 　　个子矮(gè zi ǎi) 키가 작다
  高个子(gāo gè zi) 큰 키 　　矮个子(ǎi gè zi) 작은 키
- 个子 [gè zi] 키 = 个儿 [gèr]
  多 [duō] 얼마나

정답 1. 两个人 2. 个子

291 교육용 1800자 / 신HSK 1,3,4,5급 291.mp3 後 → 后

后 hòu	后(뒤/후) = 厂(굴) + 一(막대) + 口(입구) 굴(厂) 밑에 막대(一)를 받쳐 입구(口)를 만드는 일은 뒤/후(后 hòu)에 하자.	後 뒤 후
명 (공간적 · 시간적인) 뒤, 후	后 边(儿) hòu biān(r) 명 뒤, 뒤쪽 后 天 hòu tiān 명 모레 以 后 yǐ hòu 명 이후, 나중 然 后 rán hòu 접 그런(然) 후에(后), 다음에	

● **알맞은 중국어 단어를 써 넣고, 듣고 따라 해 보세요.**

1 수업 끝나고 (난 후) 너 어디 가니?
下课 你 去哪儿

下课 __________ 你 去哪儿?
xià kè yǐ hòu nǐ qù nǎr

2 큰 길을 건너서 먼저 2번 버스를 타고, 그런 후에 지하철로 갈아타세요.
马路 过 先 2路公共汽车 坐 地铁 换

过马路 先 坐2路公共汽车, __________ 换地铁。
guò mǎ lù xiān zuò èr lù gōng gòng qì chē rán hòu huàn dì tiě

잠깐만요!

- 下课 [xià kè] 동 수업(课)이 끝나다(下) ↔ 上课 [shàng kè]
- 先 [xiān] ~ 然后 [rán hòu] … : 먼저(先) ~하고, 그런 후에(然后) …하다
- 过马路(guò mǎ lù) 큰 길(马路)을 건너다(过) 换地铁(huàn dì tiě) 지하철(地铁)로 갈아타다(换)
- 우리는 버스 번호가 번호(番)의 개념이지만, 중국에서는 길(路)의 개념입니다.
  2路公共汽车(èr lù gōng gòng qì chē) 2번(路) 버스(公共汽车)

정답 **1.** 以后 **2.** 然后

교육용 1800자 / 신HSK 1.4급 292.mp3

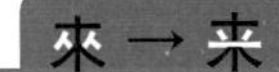

lái

来(오다/대동사)
= 一(작은 줄기) + ` ′ (이리 저리) + 木(나무)
작은 줄기(一) 아래로 이리(`) 저리(′) 잔가지가 나오는 큰 나무(木)가 나오네(来 lái).

來
올 **래**

동 오다	来 lái 동 오다 来自 lái zì 동 ~에서(自) 오다(来) 来得及 lái de jí 동 제 시간에 댈 수 있다, 늦지 않다 来不及 lái bu jí 동 제 시간에 댈 수 없다, 늦는다
동 (어떤 동작이나 행동을) 하다, (구체적인) 동사를 대신한다	我来! wǒ lái 제가 할게요! 내가 할게! 来一个! lái yí ge 하나(一 个) (가져다) 주세요(来)! (식당에서)

● **알맞은 중국어 단어를 써 넣고, 듣고 따라 해 보세요.**

1 너 어디서 왔니?
你 从哪儿

你 从哪儿 ______?
nǐ cóng nǎr lái

2 제가 소개 좀 할게요!(상대방에게 제 3자를 소개할 때)
我 介绍 一下

我 ______ 介绍 一下。
wǒ lái jiè shào yí xià

잠깐만요!

- '来 [lái]'는 기본적으로 '(나한테 가까이) 오다'라는 의미를 가지고 있습니다. 하지만 이 외에도 '来'는 구체적인 동작을 대신하는 대동사로도 자주 쓰이고 있습니다.
  来一个麻婆豆腐(lái yí ge má pó dòu fu)! 마파 떠우 푸(마파두부)(麻婆豆腐) 하나(一个) (가져다) 주세요(来)!
  再来一个(zài lái yí ge)! 하나(一 个) 더(再) 주세요(来)!

정답 **1.** 来 **2.** 来

293

교육용 1800자 / 신HSK 1.5급 293.mp3

書 → 书

shū

书(책)
= ㄱ + ㄱ + ㅣ(막대) + 丶(점)
종이를 'ㄱ'자로 작게 한 번 접고(ㄱ) 크게 한 번 접어(ㄱ) 막대(ㅣ)에 꽂아 오른쪽 위에 점(丶)을 찍으면 책(书 shū)이 된다.

書
글 서

명 책

汉语 书 hàn yǔ shū 중국어(汉语) 책(书)
看 书 kàn shū 동 책(书)을 보다(看)
书 包 shū bāo 명 책(书)가방(包)
书 店 shū diàn 명 서점
书 架 shū jià 명 책(书) 시렁(架), 책꽂이, 책장

● 알맞은 중국어 단어를 써 넣고, 듣고 따라 해 보세요.

1 서점은 어디에 있죠?
哪儿 在

_________ 在哪儿?
shū diàn zài nǎr

2 내(나의) 책가방 어디 있지?
我的 哪儿 在

我的 _________ 在哪儿?
wǒ de shū bāo zài nǎr

잠깐만요!

• '包 [bāo]'는 동사로 쓰이면 '싸다'라는 의미이지만, 명사로 쓰이면 '꾸러미, 보따리'라는 의미입니다. '包 [bāo]'가 명사로 쓰인 단어 중에는 '书包 [shū bāo] 책가방', '钱包 [qián bāo] 돈(钱) 가방(包), 지갑' 등이 있습니다.
我的包在哪儿呢(wǒ de bāo zài nǎr ne)? 내(我的) 짐(보따리)(包) 어디(在哪儿) 있지(呢)?
我的钱包丢了(wǒ de qián bāo diū le)。내(我) 지갑(钱包)을 잃어버렸다(丢了).

정답 1. 书店 2. 书包

294

교육용 1800자 / 신HSK 2급 294.mp3

两 liǎng	两(둘) = 一(하늘) + 冂(성벽) + 人人(두 사람) 하늘(一) 아래 성벽(冂) 위로 두 사람(人人)이 매달려 있는 모습은 둘(两 liǎng)을 의미한다.	兩 두 량
수 둘(두)	两 个 liǎng ge 두 개 两 个 人 liǎng ge rén 두(两个) 사람(人) 两 次 liǎng cì 두(两) 차례(次), 두(两) 번(次) 两 本 书 liǎng běn shū 두 권(两 本)의 책(书)	

● 알맞은 중국어 단어를 써 넣고, 듣고 따라 해 보세요.

1 나한테 2개 있습니다.
我 有

我 有 ________。
wǒ yǒu liǎng ge

2 나는 중국에 두 번 가봤다.
我 中国 去过

我 去过 中国 ________。
wǒ qù guo zhōng guó liǎng cì

잠깐만요!

- 중국어에서 '두 개'는 '二个 [èr ge](X)'라고 하지 않고, '两 个 [liǎng ge]'라고 해야 합니다. '二 [èr]'은 서수에 쓰이고, '两 [liǎng]'은 기수에 쓰입니다.
  两个(liǎng ge) 2개　　第二次(dì èr cì) 두 번째
- 동사 + 过 [guo] : ~한 적이 있다(과거 경험을 나타냄)
  去过(qù guo) 가(去)본 적이 있다(过)　　看过(kàn guo) 본(看)적이 있다(过)
  吃过(chī guo) 먹어(吃)본 적이 있다(过)

정답 **1.** 两个 **2.** 两次

신HSK 4급 295.mp3 **俩 → 倆**

俩 liǎ	俩(두 사람/두 개) = 亻(사람) + 两(둘/2) 사람(人→亻)이 둘(两 liǎng)이니 두 사람/두 개를 의미한다.	倆 둘 **량**
수 두 사람(两个人), 두 개(两个)	俩 人 liǎ rén 두 사람 (= 两个人 liǎng ge rén) 我们 俩 wǒ men liǎ 우리(我们) 두 사람(俩) (일반적 의미) 咱 俩 zán liǎ 우리(咱) 두 사람(俩) (친근한 의미) 你们 俩 nǐ men liǎ 너희(你们) 두 사람(俩)	

● **알맞은 중국어 단어를 써 넣고, 듣고 따라 해 보세요.**

1 아직도 두 사람이 있습니다.
现在还 有

现在 还有 ＿＿＿＿＿。
xiàn zài hái yǒu liǎ rén

2 우리 두 사람 자리 좀 바꿉시다.
座位 一下 换~吧

＿＿＿＿＿ 换一下 座位 吧。
zán liǎ huàn yí xià zuò wèi ba

잠깐만요!

- '俩 [liǎ]'는 주로 회화체에서 '두 사람'의 의미로 쓰이나, 간혹 두 개의 의미로도 쓰입니다. '세 사람(세 개)'는 '仨 [sā]'라고 합니다.
  俩仨 [liǎ sā] 두(俩) 세(仨) 개
- '咱们 [zán men]'은 '(나와 너 그리고 제3자를 포함한) 우리'를 의미합니다. '我们'은 상대를 포함하지 않을 수도 있으나, '咱们' 반드시 상대를 포함해야 하며, 때로는 회화체에서 친근한 의미로 '우리'를 뜻하는 경우에도 쓰입니다.
- 换座位(huàn zuò wèi) 자리(座位)를 바꾸다(换)

정답 **1.** 俩人 **2.** 咱俩

辆 liàng

辆(대/차량)
= 车(차) + 两(둘/2)
차(車 → 车) 바퀴가 둘(两 liǎng) 달려 있는 한 대(辆 liàng)의 차량(辆 liàng).

輛 수레 **량**

양 대(臺)
(차량을 세는 데 쓰는 단위)

一 辆 汽车 yí liàng qì chē 자동차(汽车) 한 대(一 辆)
一 辆 公共汽车 yí liàng gōng gòng qì chē 버스(公共汽车) 한 대(一 辆)
一 辆 自行车 yí liàng zì xíng chē 자전거(自行车) 한 대(一 辆)
两 辆 卡车 liǎng liàng kǎ chē 트럭(卡车) 두 대(两 辆)

● **알맞은 중국어 단어를 써 넣고, 듣고 따라 해 보세요.**

1 어느(哪) 차가 네 것(你的) 이니(是)?

哪 ______ 车 是 你的?
nǎ liàng chē shì nǐ de

2 버스(公共汽车) 한 대가 또(又) 왔다(来了). 우리(我们) 차에 오르자(타자)(上车 吧).

又 来了 一 ______ 公共汽车，我们 上车吧。
yòu lái le yí liàng gōng gòng qì chē wǒ men shàng chē ba

잠깐만요!

- 우리는 차에 '오르다'라고 할 때는 '乘(승)'을, 차에서 '내리다'라고 할 때는 '下(하)'를 써서 차에 오르내리는 것을 '승하차(乘下車)'라고 씁니다. 하지만 중국어에서는 '타다, 오르다'라고 할 때는 동사 '上 [shàng]'을 쓰고, '내리다'라고 할 때는 동사 '下 [xià]'를 사용합니다.

上车 [shàng chē] 차에 타다　　下车 [xià chē] 차에서 내리다

정답 **1. 辆 2. 辆**

교육용 1800자 / 신HSK 2,3급 297.mp3

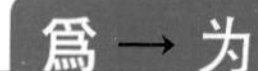

wèi

为(~ 때문에/~을 위하여)
= 力(힘) + 丷(땀)
힘(力) 들여 일하면 땀을 뚝뚝(丷) 흘리기 때문에(为 wèi) 건강에 좋다.

爲
행할 **위**

전 때문에	为 什么 wèi shén me 무엇 때문에, 왜 (= 怎么 zěn me) 因 为 yīn wèi 접 ~ 때문에, 왜냐하면 (~ 때문이다) 因为 什么 yīn wèi shén me 무엇(什么) 때문에(因为)
전 ~을 위하여 (~을 하다)	为 wèi ~을 위해 (= 为了 wèi le) 为 你 wèi nǐ 너(你)를 위해(为) (= 为了 你 wèi le nǐ)

● **알맞은 중국어 단어를 써 넣고, 듣고 따라 해 보세요.**

1 너 왜 우니?
你 哭呢

你 __________ 哭 呢?
nǐ wèi shén me kū ne

2 나는 너를 위해 생일 선물을 준비했다.
我 你 生日礼物 准备了

我 ______ 你 准备了 生日礼物。
wǒ wèi nǐ zhǔn bèi le shēng rì lǐ wù

잠깐만요!

- '为'의 쓰는 순서는 다음과 같습니다.
  ㄱ 力 为 为
- '怎么 [zěn me]'는 '왜'와 '어떻게'라는 두 가지 의미가 있으나, '왜?'라고 단독으로 강조해서 물을 때는 일반적으로 '为什么 [wèi shén me]'로 묻습니다.
  A: 我不吃(wǒ bù chī)。나 안 먹어.　　B: 为什么(wèi shén me)? 왜?
  你怎么哭(nǐ zěn me kū)? 너(你) 왜(怎么) 우니(哭)?
- 哭 [kū] 동 (소리 내어) 울다
  你怎么哭了(nǐ zěn me kū le)? 너(你) 왜(怎么) 우니(哭了)? (了 : 상태의 변화)

정답 **1.** 为什么 **2.** 为

교육용 1800자 / 신HSK 2.5급 298.mp3

樂 → 乐

乐 lè	乐(즐겁다/즐거움) = ⼕(감춰진 상자) + 小(작다) 감춰진 상자(⼕: 감출 혜) 속의 작은(小) 보석을 보니 즐겁다(乐 lè).	樂 즐거울 **락**
형 즐겁다	快乐 kuài lè 형 즐겁다 可乐 kě lè 명 [음역어] 콜라(Cola) 乐观 lè guān 형 낙관적이다	
명 즐거움, 쾌락	游乐园 yóu lè yuán 명 놀이공원 (= 游乐场 yóu lè chǎng) 娱乐 yú lè 명 오락, 즐거움 乐天 lè tiān 명 [음역어] 롯데(Lotte)	

● **알맞은 중국어 단어를 써 넣고, 듣고 따라 해 보세요.**

1 생일 축하해!
生日

祝你生日 ______。
zhù nǐ shēng rì kuài lè

2 새해 복 많이 받으세요!
新年

新年 ______！
xīn nián kuài lè

잠깐만요!

- '可乐 [kě lè]'는 콜라(Cola)를 소리나는 대로 음역한 것입니다.
  可口可乐 [kě kǒu kě lè] 코카(Coca) 콜라(Cola)
  百事可乐 [bǎi shì kě lè] 펩시(Pepsi) 콜라(Cola)
- 儿童乐园 [ér tóng lè yuán] 어린이(儿童) 놀이공원(乐园)
  爱宝乐园 [ài bǎo lè yuán] 에버(爱宝) 랜드(乐园)
  乐天世界 [lè tiān shì jiè] 롯데(乐天) 월드(世界)
  '爱宝'는 'ever(에버)'에 대한 음역어이고, '乐天'은 'Lotte(롯데)'에 대한 음역어입니다.

정답 **1.** 快乐 **2.** 快乐

교육용 1800자 / 신HSK 3급 299.mp3

祇 → 只

只 zhǐ	只(단지/다만) = 口(입 구) + 八(여덟 팔) 입(口) 밑에 팔자(八) 수염이 단지(只 zhǐ) 결점이다.	祇 다만 **지**
뷔 단지, 다만, 오직	只是 zhǐ shì 뷔 단지, 다만, 오직 只能 zhǐ néng 동 단지/다만 ~할 수밖에 없다 只好 zhǐ hǎo 뷔 할 수 없이, 어쩔 수 없이 只要 zhǐ yào 접 단지(只) ~하기만 하면(要)	

● **알맞은 중국어 단어를 써 넣고, 듣고 따라 해 보세요.**

1 그는 단지 나의 학우 일뿐, 남자 친구는 아니다.
他 我的 同学 男朋友 不是

他 ________ 我的 同学，不是 男朋友。

tā zhǐ shì wǒ de tóng xué bú shì nán péng you

2 나는 단지 나 혼자서 병원에 갈 수밖에 없었다.
我 自己 医院 去

我 ________ 自己 去 医院了。

wǒ zhǐ néng zì jǐ qù yī yuàn le

★ 잠깐만요!

- '只是 [zhǐ shì]'는 두 단어가 아니고, '단지, 오직'이라는 의미의 하나의 부사입니다.
  我们只是朋友(wǒ men zhǐ shì péng you)。 우리(我们)는 단지(只是) 보통 친구(朋友)일 뿐이다.
- 自己 [zì jǐ] 명 자기, 자신, 스스로 뷔 혼자서
  我自己去(wǒ zì jǐ qù)。 나(我) 혼자서(自己) 간다(去).
  我自己去医院(wǒ zì jǐ qù yī yuàn)。 나(我) 혼자서(自己) 병원(医院)에 간다(去).

정답 **1.** 只是 **2.** 只能

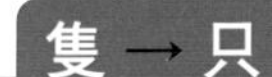

只	zhī	只(한 쪽/한 짝) = 口(입 구) + 八(여덟 팔) 입(口) 밑에 팔자(八) 수염이 한쪽(只 zhī)으로 치우쳐 있다.	隻 하나 **척**
양 (쌍을 이루는 것 중의) 한 쪽		**一 只 眼睛** yì zhī yǎn jing 눈(眼睛) 한 쪽(一只) **一 只 手** yì zhī shǒu 손(手) 한 쪽(一只) **一 只 鞋** yì zhī xié 신발(鞋) 한 짝(一只) **一 只 耳朵** yì zhī ěr duo 귀(耳朵) 하나(一只)	
양 짝, 마리		**一 只 鸡** yì zhī jī 닭(鸡) 한 마리(一只)	

● **알맞은 중국어 단어를 써 넣고, 듣고 따라 해 보세요.**

1 한쪽 손을 내밀다.
伸出

伸出 ________。
shēn chū yì zhī shǒu

2 닭 한 마리 얼마에 팔 수 있나요?
多少钱 能卖

________ 能卖 多少钱?
yì zhī jī néng mài duō shao qián

잠깐만요!

- 伸出 [shēn chū] 동 (손 따위를) 내밀다(出:방향 보어)
  伸出手(shēn chū shǒu)。손(手)을 내밀다(伸出).
- '衹'와 '隻'의 간체자는 모두 '只' 입니다. 간체자는 같지만 번체자가 다르고, 성조도 다릅니다. 그렇기 때문에 전후 문맥을 보고 '只'가 '단지, 다만(衹)'의 의미일 때는 제3성 [zhǐ]로 읽어야 하고, '한쪽, 한 쌍, 한 마리(隻)'의 의미일 때는 제1성 [zhī]으로 읽어야 합니다.

정답 **1.** 一只手 **2.** 一只鸡

301 교육용 1800자 / 신HSK 3~5급 301.mp3 **發 → 发**

发	fā	发(발생하다/생기다) = レ(둘러싸이다) + 友(벗) + 、(점) 사람들에게 둘러싸인(レ) 벗(友: 벗 우)의 오른쪽 어깨 위에 점(、)이 찍혔으니, 무슨 일이 일어났는가(发 fā)?	發 쏠 **발** 일으킬 **발**
동 발생하다, 일어나다, 생기다, 출발하다		发 生 fā shēng 동 발생하다, 일어나다, 생기다 发 烧 fā shāo 동 열(烧)이 나다(发) 出 发 chū fā 동 출발(出发)하다	
동 (전신으로) 보내다, 발송하다		发 短信 fā duǎn xìn 문자(短信)를 보내다(发)	

● **알맞은 중국어 단어를 써 넣고, 듣고 따라 해 보세요.**

1 무슨 일이 일어났니?
什么事

________ 了 什么事?
fā shēng le shén me shì

2 우리 언제 출발하죠?
我们什么时候

我们 什么时候 ________?
wǒ men shén me shí hou chū fā

잠깐만요!

- '我们 [wǒ men]'과 '咱们 [zán men]'은 모두 '우리'를 뜻하지만, 의미상 작은 차이가 있습니다. '我们'은 상대방을 포함하지 않은 '우리'를 뜻할 수도 있지만, '咱们'은 반드시 상대방을 포함한 '우리'를 의미합니다.
  我们什么时候出发(wǒ men shén me shí hou chū fā)? (너희들 말고) 우리들(我们)은 언제(什么时候) 출발하죠(出发)?
  咱们什么时候出发(zán men shén me shí hou chū fā)? 우리들 모두(咱们)는 언제(什么时候) 출발하죠(出发)?

정답 **1.** 发生 **2.** 出发

302

교육용 1800자 / 신HSK 3급 

髮 → 发

发 fà

发(머리카락)
= ㇾ(둘러싸이다) + 友(벗) + 丶(점)
사람들에게 둘러싸인(ㇾ) 벗(友: 벗 우)의 오른쪽 어깨 위 점(丶)같은 것은 머리카락(发 fà)이다.

髮
터럭 **발**

명 **머리카락**

白 发 bái fà 명 흰(白)머리(发)
理 发 lǐ fà 동 이발하다
理发 店 lǐ fà diàn 명 이발소, 미용실
美发 厅 měi fà tīng 명 이발소, 미용실 (= 发廊 fà láng)
理发 馆 lǐ fà guǎn 명 (아이들이나 노인들이 주로 가는 동네) 모범 이발관
发 型 fà xíng 명 헤어(发) 스타일(型)

● **알맞은 중국어 단어를 써 넣고, 듣고 따라 해 보세요.**

1 이발소(미용실)는 어디에 있나요?
在哪儿

________ 在哪儿?
lǐ fà diàn zài nǎr

2 헤어스타일을 바꾸다.
改变

改变 ________。
gǎi biàn fà xíng

 잠깐만요!

- '發 [fā]'와 '髮 [fà]'의 간체자는 모두 '发'입니다. 간체자는 같지만 번체자가 다르며, 성조도 다릅니다. 따라서 전후 문맥을 보고 '发'가 '발생하다, 출발하다, 발송하다'의 의미일 때는 제1성 [fā]로 읽어야 하고, '머리카락(髮)'의 의미일 때는 제4성 [fà]로 읽어야 합니다.
- '理发馆 [lǐ fà guǎn]'은 옛말로 주로 남성이 가는 '이발소'를 의미하며, '理发店 [lǐ fà diàn]', '美发厅 [měi fà tīng]', '发廊 [fà láng]' 등은 남녀노소 모두가 갈 수 있는 곳을 의미합니다.

정답 **1.** 理发店 **2.** 发型

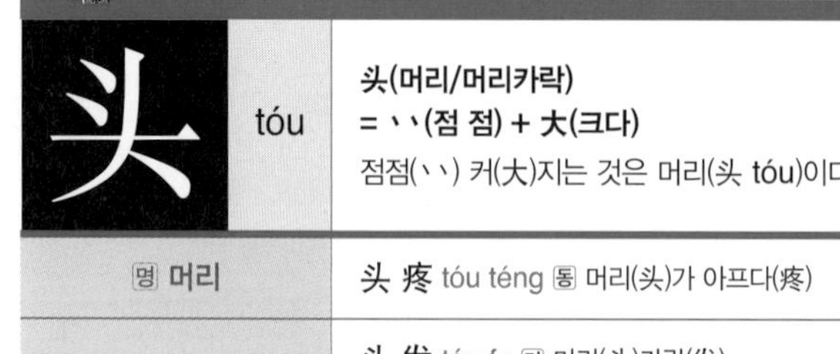

头 tóu	头(머리/머리카락) = 丶丶(점 점) + 大(크다) 점점(丶丶) 커(大)지는 것은 머리(头 tóu)이다.	頭 머리 **두**
명 머리	头 疼 tóu téng 동 머리(头)가 아프다(疼)	
명 머리카락	头 发 tóu fa 명 머리(头)카락(发) 长 头发 cháng tóu fa 긴(长) 머리(头发) 短 头发 duǎn tóu fa 짧은(短) 머리(头发) 头发 长 tóu fa cháng 머리카락(头发)이 길다(长) 头发 短 tóu fa duǎn 머리카락(头发)이 짧다(短)	

● **알맞은 중국어 단어를 써 넣고, 듣고 따라 해 보세요.**

1 나의(내) 머리가 너무 길었다.
我 的 太长了

我的 ＿＿＿＿＿ 太长了。
wǒ de tóu fa tài cháng le

2 나는 긴 머리가 보기 좋다고(예쁘다고) 생각한다.
我 好看 觉得

我 觉得 ＿＿＿＿＿ 好看。
wǒ jué de cháng tóu fa hǎo kàn

잠깐만요!

- 太 [tài] + 형 + 了 [le] : 너무 ~하다(了: 상태의 변화)
  太短了(tài duǎn le) 너무(太) 짧다(短了)
  太多了(tài duō le) 너무(太) 많다(多了)
- '觉得 [jué de]'는 '~라고 생각하다'라는 의미로, 주관적인 견해를 나타낼 때 쓰입니다.
  我觉得这本书最好(wǒ jué de zhè běn shū zuì hǎo)。 나(我)는 이 책(这本书)이 가장(最) 좋다(好)고 생각한다(觉得).

정답 **1.** 头发 **2.** 长头发

교육용 1800자 / 신HSK 3.5급 304.mp3

萬 → 万

万 wàn	万(일만/매우 많은) = 一(하늘) + 丿(허리를 구부리다) + 勹(에워싸다) 이 나무는 하늘(一) 아래 허리를 구부려(丿) 두 팔로 에워쌀(勹) 만(万 wàn)하다.	萬 일만 **만**
수 만	一 万 yí wàn 일 만, 만(10000) 万 一 wàn yī 접 만에 하나, 만일	
형 [비유] 매우 많은	成 千 上 万 chéng qiān shàng wàn 성 수천수만, 대단히 많다 千 万 qiān wàn 부 부디, 제발, 절대로	

● **알맞은 중국어 단어를 써 넣고, 듣고 따라 해 보세요.**

1 일 만은 두렵지 않으나(不怕), 만에 하나 실수할까봐 두렵다(就怕).
(무슨 일을 하던 반드시 신중하게 대처해야 한다)

不怕 ＿＿＿＿＿＿，就怕 ＿＿＿＿＿＿。
bú pà yí wàn　　jiù pà wàn yī

2 제발 가지(走) 마(不要)!

＿＿＿＿＿＿ 不要 走!
qiān wàn bú yào zǒu

잠깐만요!

- 不要 [bú yào] ~하지 마라 = 别 [bié]
  不要 出去(bú yào chū qù) 나가지(出去) 마(不要)!
  不要 喝酒(bú yào hē jiǔ) 술(酒) 마시지(喝) 마라(不要)!
- 千万 [qiān wàn] 제발, 절대로
  千万不要说(qiān wàn bú yào shuō)。제발(千万) 말하지 마(不要说).
  千万不要去(qiān wàn bú yào qù)。제발(千万) 가지 마(不要去).

정답 **1.** 一万, 万一 **2.** 千万

305 교육용 1800자 / 신HSK 3.5급 305.mp3 **雙 → 双**

双 shuāng	双(쌍) = 又(또) + 又(또) 또(又: 또 우) 또(又: 또 우) 쌍(双 shuāng)으로 덤비네!	雙 쌍 **쌍**
형 쌍의, 쌍방의	双 方 shuāng fāng 명 쌍방 双 喜 shuāng xǐ 명 겹경사(喜+喜 = 囍), 결혼	
양 쌍, 켤레	一 双 鞋 yì shuāng xié 신발(鞋) 한 켤레(一 双) 一 双 筷子 yì shuāng kuài zi 젓가락(筷子) 한 쌍(一 双)	

● **알맞은 중국어 단어를 써 넣고, 듣고 따라 해 보세요.**

1 이 한 켤레 신발은 몇 호죠?(是 ~ 的 : 강조 용법)
(이: 这, 신발: 鞋, 몇 호: 多大号)

这 ________ 鞋 是 多大号的?

zhè yì shuāng xié shì duō dà hào de

2 중국에 온 후, 친구가 나에게 아주 예쁜 젓가락 한 쌍을 선물해 주었다.
(중국에 온: 来中国, 후: 以后, 친구: 朋友, 나: 我, 아주: 非常, 예쁜: 漂亮的, 젓가락: 筷子, 선물해 주었다: 送了)

来中国 以后, 朋友 送了 我 ________ 非常 漂亮的 筷子。

lái zhōng guó yǐ hòu péng you sòng le wǒ yì shuāng fēi cháng piào liang de kuài zi

잠깐만요!

• 중국에서는 일반적으로 여자가 결혼하면 집 대문에 '喜 [xǐ]'를 붙이고, 남자가 결혼하면 '囍 [shuāng xǐ]'를 붙입니다. '囍' 중 하나의 기쁨(喜)은 과거시험에 합격한 것이고, 또 하나의 기쁨(喜)은 '좋은 배필을 만나 결혼을 한다'는 의미입니다. 즉, 남자가 과거시험에 합격해서 기쁠 뿐 아니라 좋은 배필을 만나 결혼을 하게 되어 또 기쁘니, '겹경사가 났다'는 고사에서 유래한 단어입니다.

정답 1. 一双 2. 一双

guān

关(닫다/관계되다)
= `′(이쪽저쪽) + 天(하늘 천)
이쪽(`) 저쪽(′)으로 빗장을 걸어 하늘 천자(天)로 닫는다(关 guān).

關
닫을 **관**
관계할 **관**

동 (문을) 닫다, (기계를) 끄다	关 门 guān mén 동 문(门)을 닫다(关) 关 机 guān jī 동 기계(机)를 끄다(关), (휴대폰 · 컴퓨터를) 끄다
동 관계되다	关 系 guān xi 명 관계 没 关系 méi guān xi 관계(关系)없다(没), 괜찮다

● **알맞은 중국어 단어를 써 넣고, 듣고 따라 해 보세요.**

1 너 문 닫아라, 너무 추워.
你 太冷了

你 __________ 吧，太冷了。
nǐ guān shàng mén ba tài lěng le

2 우리는 친구 관계(사이) 이다.
我们 朋友 是

我们 是 朋友 __________。
wǒ men shì péng you guān xi

- 关上门(guān shàng mén) 문(门)을 닫다(关上) (上: 방향보어)
  闭上眼睛(bì shàng yǎn jing)。눈(眼睛)을 감다(闭上).
- 太 [tài] + 형 + 了 [le] : 너무 ~하다
  太冷了(tài lěng le) 너무(太) 춥다(冷了). 太好了(tài hǎo le) 너무(太) 좋다(好了).
- 我们是普通朋友关系(wǒ men shì pǔ tōng péng you guān xi)。우리(我们)는 보통(普通) 친구(朋友) 관계(关系)이다(是). 우리는 그냥 친구 사이이다.

정답 **1.** 关上门 **2.** 关系

台 tái	台(테이블/방송국/대만) = 厶(사사롭다) + 口(입) 사사로운(厶: 사사로울 사 ('私'의 고자)) 입(口)을 가지고 무대(台 tái)에 오르다.	臺 대, 탁자 **대**
명 탁자, 테이블	台 灯 tái dēng 명 탁상(台)용 전등(灯), 전기스탠드	
명 단, 무대	台 阶 tái jiē 명 계단, 층계	
양 대	一台机器 yì tái jī qì 기계(机器) 한 대(一台)	
명 방송국	电视 台 diàn shì tái 명 TV(电视) 방송국(台) 广播 电台 guǎng bō diàn tái 명 라디오(广播) 방송국(台)	
명 대만(Tai wan)	港 台 gǎng tái 명 홍콩(港)과 대만(台)	

● **알맞은 중국어 단어를 써 넣고, 듣고 따라 해 보세요.**

1 테이블 위에 스탠드가 하나 있습니다.
桌子 上边 有一个

桌子 上边 有 一个 ________。
zhuō zi shàng biān yǒu yí ge tái dēng

2 그는 중국 중앙방송국(CCTV)에 근무한다.
他 中国 中央 在 工作

他 在中国 中央 ________ 工作。
tā zài zhōng guó zhōng yāng diàn shì tái gōng zuò

잠깐만요!

- 우리는 일상생활에서 세 글자로 줄여 쓰는 단어(교과부, 국과수, 국정원, 특목고, 자사고 등등)가 많은 반면, 중국은 두 글자로 줄여 쓰는 단어(北大 [běi dà] 북경대학교, 清华 [qīng huá] 청화대학교, 人大 [rén dà] 인민대학교 혹은 인민대표대회(人民代表大会), 南大 [nán dà] 남경대학교 등등)가 많습니다. 그래서 '홍콩(香港 [xiāng gǎng])'과 '대만(台湾 [tái wān])'을 줄여서 '港台 [gǎng tái]'라고 합니다.
  港台音乐 [gǎng tái yīn yuè] 홍콩(港)과 대만(台) 음악
  港台明星 [gǎng tái míng xīng] 홍콩(港)과 대만(台)의 스타(明星)

정답 **1.** 台灯 **2.** 电视台

308 교육용 1800자 / 신HSK 4급 308.mp3 葉 → 叶

叶 yè

叶(잎)
= 口(입구) + 十(십)
입구(口) 옆에 열십자(十)가 있으니 나뭇잎(叶 yè)같다.

葉
잎 **엽**

명 (초목의) 잎

叶 子 yè zi 명 (초목의) 잎
红 叶 hóng yè 명 붉은(红) 잎(叶), 단풍
茶 叶 chá yè 명 찻(茶)잎(叶)
茶 叶 店 chá yè diàn 찻잎(茶叶)을 파는 가게(店), 차가게

● **알맞은 중국어 단어를 써 넣고, 듣고 따라 해 보세요.**

1 잎이 가을에 붉은색 으로 변하는 것을 단풍이라 한다.
秋天 红色 变成 叫

_________ 秋天 变成 红色，叫 _________。
yè zi qiū tiān biàn chéng hóng sè jiào hóng yè

2 약국 옆에는 차 가게가 하나 있다.
药店 旁边 一个 是

药店 旁边 是 一个 _________。
yào diàn páng biān shì yí ge chá yè diàn

잠깐만요!

- 고대중국어에서는 '葉(잎)'이라고 한 글자로 썼으나, 현대중국어에 와서는 두 글자인 '叶子 [yè zi]'로 바뀌었습니다.
- 变成 [biàn chéng] 동 변(变)해서 ~로 되다(成), ~로 변하다(로 되다)
水变成冰(shuí biàn chéng bīng)。물(水)이 얼음(冰)으로 되었다(变成).
- 장소 + 是 + 사물 : ~에 …가 있다('是'는 '있다'라는 존재를 나타냄)
左边是学校，右边是银行(zuǒ bian shì xué xiào, yòu bian shì yín háng)。왼쪽(左边)에는 학교가 있고(是), 오른쪽(右边)에는 은행(银行)이 있다(是).

정답 **1.** 叶子, 红叶 **2.** 茶叶店

309 교육용 1800자 / 신HSK 4.5급 309.mp3 **專 → 专**

专 zhuān	专(전문적인) = 二(둘) + ㄣ(휘 두르다) + 丶(내 치다) 둘(二)을 한꺼번에 휘둘러(ㄣ) 내 치는(丶) 것이 전문적(专 zhuān)이다.	專 오로지 **전**
형 전문적이다	专 门 zhuān mén 형 전문(专门)적이다 부 전문(专门)적으로 专 家 zhuān jiā 명 전문(专)가(家) 专 业 zhuān yè 명 전공 专 心 zhuān xīn 동 전심하다, 몰두하다, 전념하다 专 名 zhuān míng 명 고유(专) 명사(名)	

● **알맞은 중국어 단어를 써 넣고, 듣고 따라 해 보세요.**

1 그는 한 분의 자동차 전문가 이다.
他 一位 汽车 是

他 是 一位 汽车 ________。
tā shì yí wèi qì chē zhuān jiā

2 너의 전공은 무엇이니?
你的 是什么

你的 ________ 是 什么?
nǐ de zhuān yè shì shén me

잠깐만요!

- '专名 [zhuān míng]'은 '专有名词 [zhuān yǒu míng cí] (고유명사)'의 줄임말입니다.
- '位 [wèi]'는 '분, 명'이라는 뜻으로 사람을 나타내는 어휘의 양사로 쓰이며, 공경의 뜻을 내포하고 있습니다.
  一位专家(yí wèi zhuān jiā) 전문가(专家) 한 분(一位)
  一位汽车专家(yí wèi qì chē zhuān jiā) 한 분의(一位) 자동차(汽车) 전문가(专家)

정답 **1.** 专家 **2.** 专业

교육용 1800자 / 신HSK 4,5급 310.mp3 **傳 → 传**

传 chuán

传(전하다/널리 퍼뜨리다)
= 亻(사람) + 专(전문적이다)
사람(人→亻)이 전문적(专 zhuān)으로 전하다(传 chuán).

傳
전할 **전**

동 **전하다, 전파하다, 널리 퍼뜨리다**

传统 chuán tǒng 명 전통
传统 服装 chuán tǒng fú zhuāng 전통(传统) 복장(服装), 전통의상
传真 chuán zhēn 명 팩스
传真机 chuán zhēn jī 명 팩시밀리
传播 chuán bō 동 전파하다, 널리 퍼뜨리다
传染 chuán rǎn 동 전염하다, 감염하다

● **알맞은 중국어 단어를 써 넣고, 듣고 따라 해 보세요.**

1 중국의 전통 복장은 치파오 이다.
中国的 旗袍 是

中国的 ＿＿＿＿＿＿ 是 旗袍。
zhōng guó de chuán tǒng fú zhuāng shì qí páo

2 인사부에서 나에게 팩스 한 통을 보내왔다.
人事部 给我 一份 发来

人事部 给我 发来 一份 ＿＿＿＿＿＿。
rén shì bù gěi wǒ fā lái yí fèn chuán zhēn

잠깐만요!

- '旗袍 [qí páo]'는 중국 여성이 입는 옆이 터진 원피스 모양의 전통의상을 말합니다. 원래 만주족 여인들이 초원을 다닐 때 편하게 입기 위해서 옆을 좀 터서 입었는데, 그 모양이 깃발(旗 [qí]) 모양의 두루마기(袍 [páo]) 같다고 하여 '旗袍 [qí páo]'라고 부르게 되었습니다. 현재는 의식을 담당하는 여성이나 호텔, 대형식당 등의 여종업원들의 행사복장으로 쓰이며, 개량 '旗袍 [qí páo]'를 많이 입고 있습니다.
- '传染 [chuán rǎn]'의 '染'은 '[lǎn]'이 아니라 '[rǎn]'입니다.

정답 **1. 传统服装 2. 传真**

311 교육용 1800자 / 신HSK 4.5급 311.mp3 轉 → 转

转 zhuǎn	转(방향을 바꾸다/전달하다) = 车(차) + 专(전문적이다) 차(車→ 车)가 전문적(专 zhuān)으로 방향을 바꾼다(转 zhuǎn).	轉 구를 **전** 돌릴 **전**
동 (방향을) 바꾸다, 돌다, 전환하다	旋 转 xuán zhuǎn 동 빙빙(旋) 돌다(转), 회전하다 旋转 木马 xuán zhuǎn mù mǎ 회전(旋转)목마(木马) 转 变 zhuǎn biàn 동 바뀌다, 바꾸다 转 身 zhuǎn shēn 동 몸(身)을 돌리다(转), 방향을 바꾸다	
동 (중간에서) 전하다, 전달하다	转 告 zhuǎn gào 동 (말을) 전하다, 전달하다 转 给 zhuǎn gěi ~에게(给) 전달하다(转), 넘겨주다	

● **알맞은 중국어 단어를 써 넣고, 듣고 따라 해 보세요.**

1 일방(이쪽)의 말 을 다른 일방(저쪽)에게 전달하다.
一方 的话 把 另 一方 给

把 一方的话 ＿＿＿＿＿ 给 另一方。
bǎ yì fāng de huà zhuǎn gào gěi lìng yì fāng

2 그는 몸을 돌려 가버렸다.
他 走 了

他 ＿＿＿＿＿ 走了。
tā zhuǎn shēn zǒu le

잠깐만요!

• 转给 [zhuǎn gěi] ~에게(给) 전(전달)하다(转)
请把这封信转给他(qǐng bǎ zhè fēng xìn zhuǎn gěi tā)。이 편지를(把这封信) 그에게(给他) 전해(转) 주세요(请).

정답 **1.** 转告 **2.** 转身

312 교육용 1800자 / 신HSK 5급 312.mp3 **龍 → 龙**

龙 lóng	龙(용) = 尤(더욱) + 丿(삐쳐 오르다) 더욱(尤: 더욱 우) 하늘로 삐쳐(丿)오르려고 하는 것은 용(龙 lóng)이다.	龍 용 **룡**
명 용(龍)	龙 lóng 명 용 恐龙 kǒng lóng 명 공룡 成龙 chéng lóng 동 용(龙)이 되다(成) 명 [인명] 청룡(성룡)(홍콩 배우) 龙舟 lóng zhōu 명 단오절(端午节 duān wǔ jié)에 용(龙)머리를 뱃머리에 장식하고 경주하는 배(舟)	

● **알맞은 중국어 단어를 써 넣고, 듣고 따라 해 보세요.**

1 나는 용띠 이다.
我 属

我 属 ______。
wǒ shǔ lóng

2 담장에 9마리 용이 새겨져 있다.
墙上 九条 刻着

墙上 刻着 九条 ______。
qiáng shàng kè zhe jiǔ tiáo lóng

잠깐만요!

- 属 [shǔ] 동 (십이지의) ~띠이다
  属马(shǔ mǎ) 말(马) 띠다(属)　　属狗(shǔ gǒu) 개 띠다
- 墙上 [qiáng shàng] 담장(에), 벽(에) (上 : 방향보어)　　刻 [kè] 동 새기다
- 동사 + 着 [zhe] : 상태의 지속을 나타냄
  画着(huà zhe) 그려져 있다　　听着(tīng zhe) 들어봐
- 条 [tiáo] 가늘고 긴 것을 세는 양사
  一条龙(yì tiáo lóng) 용 한 마리

정답 **1. 龙 2. 龙**

313 교육용 1800자 / 신HSK 5~6급 313.mp3 華 → 华

华	huá	华(화려하다/중국) = 化(변화하다) + 十(열) 변화(化: 변화할 화)가 열(十) 번 되니 화려하다(华 huá).	華 빛날 **화**
형 빛나다, 화려하다		**中华 人民 共和国** zhōng huá rén mín gòng hé guó 중화인민공화국(中國의 풀 네임), 중국 **豪 华** háo huá 형 (생활이) 호화스럽다, 사치스럽다	
명 중국		**法国 驻华 大使馆** fǎ guó zhù huá dà shǐ guǎn 주(驻)중(华) 프랑스(法国) 대사관(大使馆) **华 商** huá shāng 명 중국(华) 상인(商) **华 侨** huá qiáo 명 화교, 중국(华) 교포(侨) (국외에 머물고 있는 중국 국적의 중국인) **华 人** huá rén 명 중국(华)인(人) (국외에 거주하고 있는 거주국 국적의 중국인)	

● **알맞은 중국어 단어를 써 넣고, 듣고 따라 해 보세요.**

1 그는 미국 국적의 중국인이다.
他 美籍 是

他 是 美籍 ＿＿＿＿＿。
tā shì měi jí huá rén

2 화교와 외국 국적의 중국인은 총수가 대략 3,000만 명 쯤 된다.
和 外籍 总数 约 万人 有

＿＿＿＿＿ 和 外籍 ＿＿＿＿＿ 总数 约有 3000万人。
huá qiáo hé wài jí huá rén zǒng shù yuē yǒu sān qiān wàn rén

잠깐만요!

- '华 [huá]'는 원래 '화려(華麗)한 문화'라는 의미로 '(화려한 문화를 자랑하는) 중국'을 지칭합니다. 그래서 타이완(대만)에서는 '중국어'를 '華語'라고 합니다.
- 美籍 [měi jí] 미국(美) 국적(籍)　　外籍 [wài jí] 외국(外) 국적(籍)
- 约 [yuē] 약, 대략　　约有(yuē yǒu) 대략(约) ~쯤 된다(有)
  约有3000人(yuē yǒu sān qiān rén) 대략(约) 3000명(人) 쯤 된다(有).

정답 **1.** 华人 **2.** 华侨, 华人

교육용 1800자 / 신HSK 6급 314.mp3

jī

击(치다/공격하다)
= 二(두개 조) + 丨(아래로 곧장) + 山(산)
두 개(二)의 조를 짜서 아래로 곧장(丨) 산(山)을 치다/공격하다(击 jī).

擊
칠 격

동 공격하다, 치다

攻击 gōng jī 동 공격하다
打击 dǎ jī 동 (물체를) 타격하다, 치다
冲击 chōng jī 명 충격, 쇼크

● 알맞은 중국어 단어를 써 넣고, 듣고 따라 해 보세요.

1 뒤에서 공격을 받다.
背后 受到

背后 受到 ______。
bèi hòu shòu dào gōng jī

2 그 일 때문에(로) 그녀는 커다란 충격을 받았다.
那件事 因为 她 很大 受到了

因为 那件事 她 受到了 很大的 ______。
yīn wèi nà jiàn shì tā shòu dào le hěn dà de chōng jī

• 背后 [bèi hòu] 뒤, 뒤에서
背后受到攻击(bèi hòu shòu dào gōng jī) 뒤에서(背后) 공격(攻击)을 받다(受到)

• 因为 [yīn wèi] ~ 때문에, ~로(원인을 나타냄)
因为你(yīn wèi nǐ) 너(你) 때문에(因为)
因为那件事(yīn wèi nà jiàn shì) 그 일(那件事) 때문에(因为), 그 일(那件事)로(因为)

정답 1. 攻击 2. 冲击

확인문제 | 285-314

1. 밑줄 친 중국어 한자의 발음과 성조를 쓰시오.

❶ 茶叶 → chá ______　　❷ 快乐 → kuài ______

❸ 一只鸡 → yī ______ jī　　❹ 专业 → ______ yè

❺ 传统 → ______ tǒng　　❻ 转告 → ______ gào

❼ 发型 → ______ xíng　　❽ 结账 → jié ______

❾ 冲击 → chōng ______　　❿ 买卖 → mǎi ______

2. 다음 중국어 발음에 해당하는 중국어 한자를 보기에서 골라 ____에 써 넣고, 전체의 뜻을 (　　)에 써 넣으시오.

보기	关	龙	账	击	传	双	只	发	卖	头

❶ 成 ______(lóng) → ______　　❷ ______(tóu) 发 → ______

❸ 结 ______(zhàng) → ______　　❹ 一 ______(zhī) 鸡 → ______

❺ 一 ______(shuāng) 鞋 → ______　　❻ ______(chuán) 统 → ______

❼ ______(guān) 门 → ______　　❽ 买 ______(mài) → ______

❾ 冲 ______(jī) → ______　　❿ ______(fà) 型 → ______

정답　1. ❶ yè ❷ lè ❸ zhī ❹ zhuān ❺ chuán ❻ zhuǎn ❼ fà ❽ zhàng ❾ jī ❿ mai 2. ❶ 龙 / 용이 되다 ❷ 头 / 머리카락, 두발 ❸ 账 / 계산하다, 결산하다 ❹ 只 / 닭 한 마리 ❺ 双 / 신 한 켤레 ❻ 传 / 전통 ❼ 关 / 문을 닫다 ❽ 卖 / 사업, 장사, 매매 ❾ 击 / 충격 ❿ 发 / 헤어스타일

색인 1

한어병음으로 중국어 한자 찾아보기

색인 2

한국어 한자의 음으로 중국어 한자 찾아보기

비즈니스 중국어회화&이메일 핵심패턴 233

기초밖에 몰라도 233개 패턴만 암기하면 실무에 바로 쓴다!

중국어 비즈니스의 **모든 상황은 233개 패턴으로** 이뤄진다!
전화, 이메일, 프레젠테이션, 협상 등 **필요한 것부터 빠르게 찾아 쓸 수 있습니다.**

난이도	첫걸음 | **초급** | 중급 | 고급	기간	80일
대상	기초를 끝내고 비즈니스 중국어를 배울 학습자, 중국어 실무를 담당하는 학습자	목표	비즈니스 상황에서 바로 쓸 수 있는 표현 마스터하기